KiWi
PAPERBACK
909

Über das Buch:

Die NPD ist in den vergangenen Jahren zu einer Bedrohung der Demokratie geworden – aber nicht, weil sie bald in den Bundestag oder gar irgendwann ins Kanzleramt einziehen könnte. Sondern weil sie – von der Öffentlichkeit weitgehend unbemerkt – an einer Faschisierung der ostdeutschen Provinz arbeitet. Dort ist sie inzwischen fest verankert (»national befreite Zonen«), hat einen stabilen Wählerstamm, sickert in die Gesellschaft. Wer dort nicht dem völkischen Weltbild entspricht, muss im Alltag entweder sehr tapfer sein – oder er geht. Die NPD ist die älteste rechtsextremistische Partei Deutschlands, aber sie ist auch die modernste. Mit der konservativen Partei der sechziger Jahre hat die neue NPD nichts mehr zu tun. Mit kalkulierten Eklats wie im sächsischen Landtag (»Bomben-Holocaust«) trägt sie Positionen in die Öffentlichkeit, die noch vor kurzem tabu waren. Anders, als man es von rechtsextremen Parteien gewohnt ist, nutzen ihre Abgeordneten clever die parlamentarische Bühne. Die NPD hat heute ein revolutionär-antikapitalistisches Programm, sie setzt auf aktuelle Themen, sie schwimmt mitten in der rechtsextremen Jugendkultur. Ignorieren hilft nicht mehr.

Über den Autor:

Toralf Staud, Jahrgang 1972, studierte Journalistik und Philosophie in Leipzig und Edinburgh. Als Redakteur der ZEIT hat er jahrelang die rechtsextremistische Szene und die NPD beobachtet.

Toralf Staud

Moderne Nazis

Die neuen Rechten
und der Aufstieg der NPD

Kiepenheuer & Witsch

1. Auflage 2005

Umschlaggestaltung: Barbara Thoben, Köln
Gesetzt aus der Sabon und der Neuen Helvetica
Satz: Greiner & Reichel, Köln
Druck und Bindung: Clausen & Bosse, Leck
ISBN 3-462-03638-6

Inhalt

Einleitung

Gefahr von der NPD droht nicht
im Bundestag. Sie arbeitet an einer
Faschisierung der Provinz

Über Rechtsextremismus wird in Deutschland entweder hysterisch oder gar nicht geredet. Rechtsextremistische Parteien sind immer dann ein Thema, wenn sie bei Wahlen mehr als fünf Prozent der Stimmen erhalten. Die NPD wird bei der Bundestagswahl im Herbst 2005 voraussichtlich ein schwaches Ergebnis einfahren, und etwas Besseres könnte ihr kaum passieren. Dann werden sich alle zufrieden zurücklehnen und glauben, das Problem habe sich erledigt. Die Mahner und Warner werden mahnen und warnen, und andere werden sich darüber lustig machen. Und die NPD kann in Ruhe weiterarbeiten. In einigen Regionen Ostdeutschlands ist sie auf einem schleichenden Vormarsch, dort erodiert längst die Demokratie.

Der vorgezogene Wahltermin hat auch die Planungen der NPD über den Haufen geworfen. Bis zum Herbst 2006 hatte sie eigentlich noch versuchen wollen, bei den Landtagswahlen in Rheinland-Pfalz und in ihrer alten Hochburg Baden-Württemberg über die Ein-Prozent-Grenze zu springen, um mit staatlichen Geldern die Kassen aufzufüllen. Das hatte im Februar 2005 schon in Schleswig-Holstein geklappt, im Mai in Nordrhein-Westfalen ging es nur ganz knapp daneben. Die Wahl in Sachsen-Anhalt im März 2006 sollte –

so die Absprache mit dem rechtsextremen Verleger Gerhard Frey – dessen DVU nutzen, um dort wieder in den Landtag einzuziehen. 1998 war das schon einmal mit 12,9 Prozent gelungen. Danach hatte sich die Magdeburger DVU-Fraktion in peinlichen Streitereien zerfleischt; diese Scharte auszuwetzen ist Freys persönlicher Ehrgeiz.

Mit diesem Rückenwind und unterstützt von Gerhard Freys Millionenvermögen sollte dann ein rabiater Bundestagswahlkampf geführt werden. Die großspurigen Ankündigungen, man werde wie einst die NSDAP in den Reichstag einziehen und die Berliner Politik aufmischen, waren Propagandagetöse. Die Parteiführung hat nicht wirklich damit gerechnet, aber das bundesweite Aufsehen, das sie erhoffte, sollte Rückenwind geben für die gleichzeitig stattfindende Wahl in Mecklenburg-Vorpommern; dort sollte der zweite Einzug in einen Landtag gelingen. Die Chancen standen nicht so schlecht, im Nordosten gibt es wie in Sachsen flächendeckend Neonazi-Kameradschaften, aus Hamburg sind in den vergangenen Jahren erfahrene Kader zugezogen, und es war Mecklenburg-Vorpommern, wo Udo Voigts neue NPD 1998 ihren ersten kleinen Wahlerfolg erringen konnte.

Dieses Szenario ist nun durchkreuzt. In einem kurzen und zwischen Angela Merkel und Gerhard Schröder polarisierten Wahlkampf wird es die NPD schwer haben, auf sich aufmerksam zu machen. Auf ihrer Propagandabühne im sächsischen Landtag wird sie es sicherlich versuchen, ähnlich wie mit dem Eklat um das Wort vom »Bomben-Holocaust« im Januar 2005. Hilfreich für die Partei ist außerdem, dass wegen des vorgezogenen Wahltermins vielen anderen Kleinparteien und wohl auch den Republikanern die Zeit fehlt, die vorgeschriebenen Unterstützungsunterschriften zu sammeln; die NPD als Landtagspartei ist von dieser Pflicht befreit. Der Wahlzettel im Herbst wird also wahrscheinlich sehr kurz ausfallen, und die NPD wird wohl als einzige rechtsextremistische Partei draufstehen.

Die NPD setzt große Hoffnungen in Angela Merkel. Eine schwarz-gelbe Regierung, so das Kalkül, werde bei den sozialen Sicherungssystemen weiter kürzen und weitere Wähler für rechtsextreme Weltdeutungen empfänglich machen. Gut möglich, dass sich dann bei den Wahlen in Magdeburg und Schwerin erste Enttäuschungen bereits zu Mandaten machen lassen.

Jedenfalls versucht die NPD bei der vorgezogenen Bundestagswahl den Sprung über die Fünf-Prozent-Hürde gar nicht erst. Schnell hat sie umgeschaltet, will nun unter anderem in der Sächsischen Schweiz, im Erzgebirge, im Spreewald und in Vorpommern um Direktmandate kämpfen. Die wird sie zwar auch nicht gewinnen, aber für die Partei ist es die goldrichtige Strategie: Sie konzentriert ihre Ressourcen auf genau jene Regionen, in denen sie bereits jetzt stark ist. Sie macht dort ihre Kader weiter bekannt, in der Sächsischen Schweiz zum Beispiel tritt ihre Galionsfigur an, der Fahrlehrer Uwe Leichsenring. Die Partei verankert sich dadurch fester in der dortigen Wählerschaft, Ergebnisse zwischen zehn und zwanzig Prozent sind durchaus möglich.

Diese Schwerpunktwahlkämpfe bringen die NPD näher an ihr Ziel, sich dauerhaft an der Basis der Gesellschaft zu etablieren. Berlin ist weit weg. Gefährlich ist die Partei nicht, weil sie in den Bundestag oder gar irgendwann ins Kanzleramt einziehen könnte. Auch in den Landtagen werden Holger Apfel und seine Kameraden »das System« kaum stürzen können. Gefährlich ist die NPD, weil sie an einer Faschisierung der ostdeutschen Provinz arbeitet. In einigen Gegenden ist sie schon ziemlich weit gekommen, überregional interessiert das kaum jemanden, denn solange sie bei den großen Wahlen unter fünf Prozent bleibt, scheint ja alles in Ordnung.

In Teilen Sachsens, aber auch in Brandenburg, Thüringen, Sachsen-Anhalt und Mecklenburg-Vorpommern gelten Freiheiten und Grundrechte heute nur noch eingeschränkt. »National Befreite Zonen« gibt es dort nicht, aber Gegenden, die von den Organen des Rechtsstaates nur noch mühsam erreicht werden. In denen rechte Jugendcliquen vorgeben, was auf der Straße erlaubt ist und was nicht. Und wo in den Köpfen der Bevölkerung ein völkisches Weltbild herrscht – übrigens weit über die Wählerschaft der NPD hinaus und praktisch unwidersprochen. Misst man dort Rechtsextremismus nicht in Wählerstimmen, sondern an den Einstellungen, kommt man leicht auf Ergebnisse von 30 Prozent. Wer zum Beispiel Punk ist oder mit einer Afrikanerin verheiratet ist, muss entweder sehr tapfer sein, um den Alltag zu ertragen – oder er geht. Stück für Stück wird so die Gesellschaft homogener, kommt dem völkischen Ideal näher.

Vielerorts hat die NPD 2004 ohne größeren Widerstand die Montagsdemonstrationen gekapert; in einigen Städten wird noch heute jede Woche protestiert, es kommt zwar nur noch ein Häufchen Leute, aber die Rechtsextremisten haben das Thema besetzt. In einem Ort in der Oberlausitz wird der traditionelle Maibaum von der dortigen Neonazi-Kameradschaft aufgestellt. Ein Bürgermeister aus Vorpommern erzählt, die einzigen Jugendlichen, die in seinem Städtchen überhaupt noch gesellschaftlich aktiv seien, fänden sich bei den Rechten. In einer Stadt bei Magdeburg hat die NPD eine Umweltgruppe gegründet, und die Behörden hielten das anfangs für eine tolle Sache. Viele frühere Skinheads kommen jetzt in ein Alter, wo sie selbst Kinder haben. Schon tauchen in den ersten Elternvertretungen rechte Eltern auf, die mehr Volkslieder im Musikunterricht fordern. Zur Schöffenwahl im Jahr 2004 rief ein Neonazi-Kader seine Leute auf, die Gerichte zu unterwandern. Weil man dort »die Möglichkeit hat, sein individuelles Rechtsempfinden zumindest teilweise in den Gerichtsbeschluss einfließen zu lassen«.

Aus der ostdeutschen Provinz wandern viele Engagierte und besser Gebildete ab. Von den Zurückbleibenden mag sich ein Großteil nicht engagieren, weil sie die politische Ordnung auch fünfzehn Jahre nach der Wiedervereinigung als vom Westen übergestülpt empfinden – und die von Helmut Kohl zugesagten blühenden Landschaften hat sie ihnen ja auch nicht gebracht. Das war der Grund, warum im Sommer 2004 die Proteste gegen die rot-grünen Reformen in Ostdeutschland derart maßlos wurden. Hartz IV wird dort empfunden als der endgültige Bruch des Wohlstandsversprechens der Bundesrepublik. Das hat die NPD in Sachsen ausgenutzt, gekonnt vermixt sie Ressentiments gegen »den Westen«, gegen »die da oben« und »die Ausländer«. Hätte es damals in Ostdeutschland einen geschickten und glaubwürdigen Anführer gegeben, die Welle wäre nicht so schnell verebbt. Der Aufruhr hätte für mehr gereicht als nur für zwölf Mandate im sächsischen Landtag.

In der bundesdeutschen Politik, in den Medien, in der Öffentlichkeit fühlen sich die Ostdeutschen nur als Zuschauer (möglicherweise kann eine Kanzlerin Angela Merkel etwas daran ändern). Aber bisher ist es den großen Parteien nicht gelungen, ostdeutsche Identität und Erfahrungen aufzunehmen, die PDS schafft es immer weniger, die NPD immer mehr. Sie macht sich die autoritären Einstellungen zunutze, die in den neuen Ländern weit verbreitet sind, und knüpft clever an positive DDR-Erfahrungen an. »Alles für das Wohl das Volkes«, hieß es damals. Die völkischen Konzepte der NPD klingen so ähnlich.

Die Institutionen, die im Westen Deutschlands die Gesellschaft zusammenhalten, sind im Osten schwach. Die Kirchen haben kaum Mitglieder, die »Volksparteien« sind dort keine Volksparteien, die Distanz zum Politzirkus von Westerwelle, Christiansen & Co. ist noch größer. Ein »68« mit seiner befreienden Wirkung, eine Liberalisierung der Gesellschaft hat es in den neuen Ländern nicht gegeben. Im Herbst 1989 erlernte die Bevölkerung die Demokratie, doch schon bald ging es nicht mehr um Redefreiheit, sondern um Bananen; und am 3. Oktober 1990 war der Aufbruch ganz vorbei. Eine Selbstverständigung der Gesellschaft über demokratische

Werte oder Menschenrechte fand in den neuen Ländern nicht statt. Eine Verfassungsdebatte aus Anlass der Wiedervereinigung lehnte das westdeutsche Establishment ab. Das nutzt die NPD heute demagogisch aus: Das Grundgesetz sage doch selbst, rechtfertigen sich die NPD-Spitzen scheinheilig, dass es nicht für die Ewigkeit gilt, sondern nur, bis eine endgültige Verfassung »von dem deutschen Volk in freier Entscheidung beschlossen worden ist«. Nur darauf arbeite man hin.

Die NPD ist die älteste rechtsextremistische Partei Deutschlands, aber sie ist auch die modernste. Erstens hat ihr Programm die Ideen der Neuen Rechten aufgesogen. Mit völkischen Sozialismus-Konzepten und einer ethnopluralistischen Begründung von Ausländerfeindlichkeit kann sie über ihre alte Kernklientel hinaus attraktiv sein. Die NPD und ihre Weltanschauung mögen in den Parlamenten isoliert sein, in der Bevölkerung sind sie es nicht. Und durch ihre Graswurzelrevolution in Ostdeutschland prägt sie schon heute die Lebenswelt eines Teils der Bevölkerung mit. Für die Sozialisierung von Menschen und eine langfristige Verankerung der Ideologie ist dies viel wichtiger als Bundestagsmandate. Frei nach Antonio Gramsci: »Ohne kulturelle Hegemonie, ohne Revolution im Kopf, keine Revolution«.

Zweitens – und dies ist der größte Erfolg der Partei – hat es die NPD geschafft, sich an eine vitale Jugendkultur anzuhängen. Aus der kleinen Skinhead-Szene von vor fünfzehn, zwanzig Jahren ist heute eine breite Strömung mit verschiedenen Stilen und unterschiedlichen Graden von Eindeutigkeit geworden. Die NPD schwimmt mittendrin. Sie wächst aus diesem Milieu und fördert es. Sie agiert an der Schnittstelle von Jugendkultur, Ideologie und parlamentarischer Politik. Mit einem Durchschnittsalter der Mitglieder von 37 Jahren dürfte sie jünger sein als alle anderen Parteien. In Wahlen holt sie bei den (eher schlecht gebildeten) Jungen die meisten Stimmen.

Drittens setzt die NPD seit einigen Jahren auf aktuelle

Themen. Zwar ist das Dritte Reich immer noch *das* Identitätsthema der Partei; so viele Demonstranten wie zum jährlichen Rudolf-Hess-Marsch in Wunsiedel oder zum Gedenken an die Bombardierung Dresdens kann die NPD zu keinem anderen Thema mobilisieren. Aber die Proteste gegen den Irak-Krieg oder gegen Hartz IV haben ihr den Anschluss an die gesellschaftliche Mitte ermöglicht. In etlichen Punkten ihres Programms ist die NPD nur der extreme Ausdruck einer durchaus weit verbreiteten Stimmung: die Abschottung gegen Fremdes, Vorrechte für die Alteingesessenen, eine protektionistische Wirtschaftsordnung oder ganz allgemein die Hoffnung auf weniger Unsicherheit und weniger Flexibilisierung, die Sehnsucht nach mehr Homogenität, Stabilität und der eigenen Scholle – all das könnte die NPD für breitere Teile der Bevölkerung attraktiv machen, auch in Westdeutschland.

In gewissem Sinne hat die Rede der NPD von »den Kartellparteien« ja eine Berechtigung: Auf unterschiedliche Art und Weise werben alle etablierten Kräfte für die EU, für eine Öffnung der Grenzen und einen Rückzug des Staates – die Schröder-Clement-SPD ebenso wie die Merkel-Merz-CDU, FDP und Grüne sowieso, und auf gewisse Art auch die PDS. Und CSU bedeutet ja nicht nur Lederhose, sondern auch Laptop. Wenn man dagegen mit der Komplexität der heutigen Welt nicht klarkommt, jeden Wandel als bedrohlich empfindet und sich radikal dagegen wenden will, drängen sich die NPD und ihre Ideologie geradezu auf. Die NPD hat eine Vision – eine schlimme zwar, aber sie hat wenigstens eine.

Das größte Problem der Partei ist ihr lausiges Personal. In der NPD sammeln sich – genau wegen ihrer Vision – gescheiterte Existenzen. Ihnen mangelt es oft an grundlegender politischer und sozialer Kompetenz. Den meisten fehlt es an der Geduld für eine langfristige Arbeit im vorpolitischen Raum, sie müssen immer gleich für »das Reich« kämpfen. Nicht die anderen Parteien setzen der NPD Grenzen – sondern vor allem ihr eigenes Unvermögen. Doch das kann sich ändern. Je mehr gut dotierte Abgeordnetenmandate und Referentenposten die NPD zu verteilen hat, desto anziehender wird sie auch für Bessergebildete. An der Dresdener Landtagsfraktion lässt sich das bereits besichtigen. In den zwanziger Jahren gewann die nationalsozialistische Bewegung in dem Moment an Dynamik, als die arbeitslosen Akademiker der Weimarer Republik sie als Aufstiegschance entdeckten.

Käme es nach der Bundestagswahl zu einer Großen Koalition, wäre das für die NPD der vermutlich günstigste Wahlausgang. In einer solchen Konstellation gelang ihr zwischen 1965 und 1969 ein Höhenflug bei sieben Landtagswahlen. Der Eindruck politischer Alternativlosigkeit *im* System kann dazu führen, *außerhalb* des Systems nach Lösungen zu suchen.

Ende der sechziger Jahre, als die CDU Oppositionspartei wurde, begann der parlamentarische Niedergang der NPD. Aber damals war die NPD eine konservative Partei. Heute könnte ihr eher eine oppositionelle SPD gefährlich werden, nur müsste diese glaubwürdig einen sozialstaatlichen, globalisierungskritischen und kapitalimusskeptischen Kurs verfolgen – Müntefering und Schröder können das nicht mehr, wohl aber könnten es Andrea Nahles und Sigmar Gabriel. Eine populistische Linkspartei wird der NPD ebenfalls Stimmen abnehmen. Aber wenn sie – wie Oskar Lafontaine bei seinem ersten Wahlkampfauftritt in Chemnitz – auch »Fremdarbeiter« für sinkende Löhne verantwortlich macht, sorgt sie vor allem dafür, die Ideologie der Rechtsextremisten salonfähig zu machen.

Auf ähnliche Art hatten PDS und *Bild* im Herbst 2004 in Sachsen gewirkt: Weil die Sozialisten ähnlich rabiat gegen Hartz IV polemisierten und die Boulevardzeitung mit einer Aufkleberkampagne das Motiv einer zuschlagenden Faust (»Ich hab die Schnauze voll!«) bereits eingeführt hatte, wirkten die Parolen und Plakate der NPD wenig extremistisch. Die NPD entzaubert man nicht durch das Kopieren ihrer Forderungen oder das Abjagen ihrer Wähler, sondern nur in der direkten Konfrontation.

Sächsischer Landtag, im April 2005, eine Schulklasse ist zu Besuch. Zum Programm gehört immer auch ein Treffen mit Abgeordneten, die Schüler haben sich je einen von CDU, SPD und NPD gewünscht. Der Vertreter der CDU lässt ausrichten, er komme eine halbe Stunde später. Der SPD-Mann rief eben an, er sei auf dem Weg. Der NPD-Abgeordnete ist schon da – Matthias Paul, 28, das Aushängeschild der Fraktion für die Jugend. In launigen Worten stellt er sich den Schülern vor. Er denkt, das würde ein Heimspiel.

Nach einigen Minuten fragt ihn ein Mädchen nach dem Grundsatzprogramm der NPD, was genau denn gemeint sei mit dem Satz: »Deutschland ist größer als die Bundesrepublik!«

Paul sagt, das sei nicht sein Fachgebiet, aber die Partei sei der Auffassung, »dass die Aufteilung des Territoriums nach dem Krieg völkerrechtlich unzulässig war«.

Das Mädchen hakt nach, was denn daraus folge.

Na ja, schlingert Paul weiter, »das ist in unserer Partei sehr umstritten«.

Die Schülerin bohrt: »Sie wollen von Polen die wirtschaftsstarken Gebiete zurück, oder?«

Der NPD-Mann stottert: »Das ist ein Punkt, wo ich auch selber, pfffffff, also, wie will man das regeln?«

Das Mädchen: »Aber es steht doch in Ihrem Programm!?«

Matthias Paul murmelt, da sei auf dem Parteitag lange drüber diskutiert worden, und er erinnere sich nicht mehr so genau … Paul ist sichtlich erleichtert, dass in diesem Moment der SPD-Abgeordnete eintrifft und das Thema gewechselt wird.

Der Nationalsoldat

Unter Udo Voigt gelang der
NPD ihr Wiederaufstieg.
Wer ist der Mann?

Udo Voigt glaubt, er müsse das deutsche Volk retten. Er glaubt das wirklich. Er ist überzeugt, die Deutschen stünden kurz vor dem Untergang. Überall sieht er Zeichen von Dekadenz und Verderbtheit. Er meint, Deutschland werde seit 1945 von den USA unterjocht. Und er hat ein einfaches Rezept für alle Probleme: Die Volksgemeinschaft müsse im Mittelpunkt der Politik stehen. Dann gäbe es keine Ausländer mehr, keine Arbeitslosigkeit, keine Armut. Das ungefähr ist das Weltbild des Udo Voigt. Er hat simple Antworten für die vertrackte Wirklichkeit.

Ein italienisches Restaurant am Müggelsee in Ostberlin. Udo Voigt begrüßt den Kellner mit »Buona sera!«. Er bestellt Tagliatelle mit Lachs und ein Glas Merlot. Vielleicht liebt Voigt wirklich die italienische Lebensart, vielleicht hat er den Reporter auch bloß hierher geführt, um sich beim Interview als weltoffen zu präsentieren.

Voigt ist der Architekt des Aufschwungs, den die NPD in den vergangenen Jahren erlebte. Als er 1996 an ihre Spitze rückte, übernahm er einen Trümmerhaufen: Der alte Vorsitzende saß wegen Volksverhetzung im Knast. Es gab gerade noch 2800 Mitglieder, vor allem alte Männer, die ihrer Jugend unter Hitler nachtrauerten. Die NPD war pleite, ihre Konten waren gepfändet. Heute kassiert die Partei wieder Staatsgelder. Die Mitgliederzahl hat sich fast verdoppelt – auf immer noch bescheidene 5300 –, aber der Altersschnitt liegt unter dem der meisten anderen Parteien. In Sachsen ist sie das erste Mal seit drei Jahrzehnten wieder in einen Landtag eingezogen, und dank einer Wahlabsprache mit der DVU ist bei der kommenden Bundestagswahl zumindest ein Achtungserfolg möglich. Voigt bastelt an einer »Volksfront von rechts«, und die Öffentlichkeit schaut erschrocken. Seit Franz Schönhuber war kein Politiker der extremen Rechten mehr so erfolgreich. Der Gang zum Italiener illustriert sein Erfolgsrezept: Er ist ein pragmatischer Fundamentalist.

Will man den Politiker Udo Voigt verstehen, muss man weit zurückgehen, wohl bis in seine Kindheit. Er war 16 Jahre alt, als er der NPD beitrat. Seine Mitschüler hörten Beatles und Stones und gingen in die Disko; er dagegen mochte deutsche Schlager, Marschmusik und Lagerfeuer. Damals, 1968, setzte sich die Jugend gerade mit den Verbrechen der Elterngeneration auseinander. Voigt aber hing an den Lippen seines Vaters: Der war Hitlerjunge gewesen, SA-Mitglied, Stabsgefreiter bei den Panzertruppen der Wehrmacht, kämpfte vor Dünkirchen, Moskau und Stalingrad, kam erst 1949 aus russischer Gefangenschaft zurück. Noch heute sagt Udo Voigt »Papa«, wenn er von seinem Vater spricht. Der sei sehr sportlich gewesen und ein richtiger Kumpel.

Voigt verschlang Kriegsliteratur, als 14-Jähriger kannte er alle Rangabzeichen der Wehrmacht auswendig. Als in der Schule ein Lehrer sagte, die Deutschen hätten den Krieg gegen England begonnen, widersprach Voigt junior. Sie stritten lange. Irgendwann musste der Lehrer einräumen, dass es tatsächlich der britische Premierminister Chamberlain gewesen war, der Deutschland den Krieg erklärt hatte. Voigt: »Das war mein erster Triumph.« Auch heute sagt er, Deutschland trage »natürlich nicht die Kriegsschuld«. Der Überfall auf Polen sei eine »Schutzmaßnahme« gewesen. Sein Vater habe es ihm so erzählt. Sein Großvater ebenso. Voigt glaubt nicht den Historikern, sondern denen, die dabei gewesen sind. »Die wissen es besser«, sagt der Diplompolitologe Udo Voigt allen Ernstes. »Du musst dir merken«, habe sein Vater gesagt, »es ging nicht gegen Hitler, es ging darum, Deutschland zu schwächen!« Als der Vater im Jahr 2000 starb, schrieb Voigt in die Traueranzeige: »Denn was immer auf Erden besteht / besteht durch Ehre und Treue. / Wer heute die alte Pflicht verrät / verrät auch morgen die neue.«[1]

So ging es wohl los. Udo, das Einzelkind, das seinen Vater bewunderte. Den Vater, der von soldatischen Tugenden schwärmte, aber – »weil wir kein freies Land sind«, wie er sagte – keine Uniform mehr tragen durfte. Der – eine zusätzliche Demütigung – als Fahrer für die britische Rheinarmee arbeitete, um die Familie zu ernähren. Voigt ging zur NPD, die damals als einzige Partei den Abzug der Besatzungstruppen forderte. Die Ortsgruppe Viersen schickte ihn gleich zu Schulungen, er bekam Lob, Bestätigung, er grub sich tiefer und tiefer in die nationalistische Ideologie, und es dauerte nicht lange, bis er jeden Widerspruch als Bestätigung verstand und alle Kritiker als Opfer der *re-education*, der alliierten Umerziehung nach dem Krieg – sich selbst dagegen als einen der letzten aufrechten Deutschen. Das funktioniert bis heute.

Udo Voigt nimmt sich viel Zeit für das Interview beim Italiener, fast vier Stunden. Er ist ein freundlicher Herr mit Schnauzbart, Pullunder, Hemd und Krawatte. Er müht sich um Erklärungen, um Mäßigung. Und sagt dann plötzlich Sätze wie: »Man muss ja einige Kröten schlucken, wenn man in Deutschland Soldat werden will. Aber irgendwann wird Deutschland frei sein. Dann sollte man das Soldatenhandwerk nicht verlernt haben.« Wahrscheinlich weiß er nach 36 Jahren in der NPD gar nicht mehr, wie so etwas draußen ankommt.

Voigt ging 1972 zur Bundeswehr. Er hatte eine Lehre zum Flugzeugbauer beendet und wollte nun Jetpilot werden. Weil er dafür nicht tauglich war, diente er in einer Flugabwehrraketen-Einheit in Freising. Es muss trotzdem eine tolle Zeit gewesen sein. Voigt schwärmt noch heute von der Ausbildung in Texas und auf Kreta, von Kameradschaft und Korpsgeist. Voigt war weiter in der NPD aktiv, er sagt, er habe in der Truppe für seine Ansichten auch Zustimmung bekommen. 1984, Voigt war inzwischen Hauptmann, stellte ihn der Militärische Abschirmdienst vor die Wahl: Wolle er Berufssoldat werden, müsse er aus der NPD austreten. Voigt blieb, was er einen aufrechten Deutschen nennt, versuchte sich als Unternehmer, erst mit einer Textilreinigung, später mit einem Wohnmobilverleih. Nach Feierabend studierte er Politikwissenschaft, stieg gleichzeitig in der NPD auf.

»Ich wäre lieber Offizier als Parteivorsitzender«, sagt Voigt. Man ahnt, wie sehr ihn der Rausschmiss getroffen haben muss. Nachdem er seine bürgerliche Karriere aufgegeben hatte, konnte – und musste – er mit aller Kraft Nationalist sein. Die Ehe mit seiner Frau blieb kinderlos – ein Makel in völkischen Kreisen, wo das Überleben der Rasse höchstes Gut ist. Voigt deutet das Schicksal zur Tugend um: Mit Kindern wäre er nicht Parteivorsitzender geworden, »meinen Terminkalender würde ich ihnen nicht zumuten«. Voigt lebt bescheiden, das Vorsitzendengehalt einer Splitterpartei ist mager. Er fährt einen alten Mercedes 190. Er wohnt in einem kleinen Reihenhaus in Moosburg bei München. In dem Gärtchen dahinter stehen Schneewittchen und die sieben Zwerge aus Keramik. Der Blumenkübel vor der Haustür ist eine ehemalige Munitionskiste.

Es ist nicht einfach, von anderen etwas über Udo Voigt zu erfahren. Aus der Partei hört man nur Lobpreisungen – den Vorsitzenden zu kritisieren schickt sich nicht, schon gar nicht gegenüber Journalisten. Bei NPD-Aussteigern wiederum überrascht es wenig, wenn sie schlecht über Voigt reden. Die Verfassungsschutzbehörden sind bei ihren Auskünften womöglich nicht ohne eigene Interessen. Und weder bei der Bundeswehr noch an seiner ehemaligen Hochschule ist jemand zu finden, der sich an Voigt erinnert. Vielleicht, weil er nicht auffiel damals. Vielleicht, weil es peinlich ist, was aus dem Kameraden und Kommilitonen von einst wurde.

Artikel, Briefe und Presseerklärungen unterzeichnet Voigt gern mit seinem Titel »Dipl. sc. pol. Univ.«, den er 1987 an der Hochschule für Politik in München erwarb. Dort mag man heute nicht einmal bestätigen, dass Voigt dort studierte. Seine Diplomarbeit wird – entgegen der bisher üblichen Praxis – streng unter Verschluss gehalten. Voigt gibt sie gern weiter. Ihr Titel lautet: *Die Deutschlandtheorien der Bundesregierung nach der Ostvertragspolitik unter besonderer Berücksichtigung der Souveränitätsproblematik.*

Da ist sie wieder, die Halluzination, die Deutschen seien fremdbestimmt, nicht souverän. Voigt untermauert seine These unter anderem mit einem Dokument aus dem Berliner NPD-Landesverband, dem die Alliierte Kommandantur 1985 die Teilnahme an der Abgeordnetenhauswahl untersagt hatte. Die Besatzungsbehörden, schreibt er, hätten »ihre Befugnisse nicht aus dem Recht, sondern aus dem Sieg« bezogen. Er nennt die Brandt'sche Ostpolitik »etwas Ungeheures«. Ausgiebig zitiert Voigt Autoren vom rechten Rand und seinen eigenen Professor Dieter Blumenwitz. Der lässt heute durch seine Sekretärin an der Universität Würzburg ausrichten, er könne sich bei bestem Willen an keinen Udo Voigt erinnern.

1992 wurde Voigt NPD-Chef in Bayern, 1996 Vorsitzender der Gesamtpartei. Seine strategischen Entscheidungen sind die Basis der heutigen Erfolge. Er kassierte alle Unvereinbarkeitsbeschlüsse und öffnete die Partei für Kader von Neonazi-Gruppen, die Anfang der neunziger Jahre verboten worden waren. Voigt erkannte, dass sich in Ostdeutschland eine rechtsextreme Jugendkultur entwickelt hatte, die sich für die Partei nutzen ließ. Voigt verstärkte den Internet-Auftritt der NPD. Er holte einen der wichtigsten Verleger von Nazi-Rock in die Parteispitze, denn Musik ist heute die wichtigste Einstiegsdroge in den Rechtsextremismus.

Vor der Bundestagswahl 1998 erklärte er einmal, wie er die nötigen Unterstützungsunterschriften für seine Partei sammelte: »Ich fahr halt durch die Ortschaften, und wenn ich da drei oder vier Glatzen am Marktplatz stehen sehe, halte ich an.«[2] Bei der Landtagswahl in Mecklenburg-Vorpommern 1998 warb er gezielt um rechte Jugendliche. So bekam die NPD erstmals seit Jahren mehr als ein Prozent der Stimmen und nahm wieder an der staatlichen Parteienfinanzierung teil.

Auf dem NPD-Parteitag 1999 gab Voigt die Parole aus, man müsse künftig Wähler ansprechen, die »eine nationale und soziale Ader in sich tragen«.[3] Das war in der bis dahin strikt antikommunistischen Partei umstritten, aber das Konzept eines »nationalen Sozialismus« kommt an im Osten und hat den erfolgreichen Anti-Hartz-Wahlkampf im Herbst 2004 in Sachsen überhaupt erst ermöglicht. Seit Jahren konzentriert Voigt die Kräfte der Partei auf die neuen Länder. Er schickte verdiente West-Kader in den Osten und verlegte den Sitz des Parteiverlages *Deutsche Stimme* ins sächsische Riesa, so entstanden sichere Jobs für Parteiaktivisten. Heute hat die NPD einen festen Wählerstamm gewonnen, ist in etlichen Regionen der neuen Länder fest etabliert und in der Lokalpolitik verankert.

Voigt sagt, was er bei der Bundeswehr gelernt habe, nütze ihm heute sehr, Strategien der Menschenführung etwa oder der Lageanalyse. Aus seiner Zeit bei der Truppe wisse er auch, wie man mit Männern anderen Alters umgeht. Bevor er Vorsitzender wurde, leitete er das Schulungszentrum der NPD; wie früher als Offizier, sagt Voigt, habe er dort »Lehrgangsdruck und -stress aufgebaut, um Charakter zu erkennen«. Das Soldatische geht bei Voigt bis ins Detail: Als zum Abschluss des NPD-Parteitags im Oktober 2004 im thüringischen Leinefelde alle drei Strophen des Deutschlandliedes gesungen wurden, standen etliche Vorstandsmitglieder locker auf der Bühne herum, manche hielten die Hände vor den Unterleib wie Fußballer beim Elfmeter. Voigt dagegen stand kerzengerade, exakt nach Bundeswehr-Vorschrift, die Hände an der Hosennaht, die Fäuste leicht geballt.

Auf diesem Parteitag gelang Voigt das Kunststück, die NPD in zwei entgegengesetzte Richtungen zu öffnen, zur nationalpopulistischen DVU ebenso wie zu militanten Neonazis. Damit ist die extreme Rechte geeint wie nie zuvor – eine Sensation; und viele fragten sich, wie Voigt das hinbekommen hat. Zum einen kann er – anders als so viele Möchtegern-Führer am rechten Rand – seine Eitelkeit zügeln. Er überließ es dem eigensinnigen DVU-Vorsitzenden Gerhard Frey, die Kooperation beider Parteien in einem Interview mit den ARD-*Tagesthemen* bekannt zu geben. Voigt stört es auch wenig, dass das Gesicht der NPD seit dem Wahlabend von Dresden der dortige Fraktionschef Holger Apfel ist. Als sich beispielsweise am 19. Oktober 2004 der neue sächsische Landtag konstituierte, zog Apfel alle Aufmerksamkeit auf sich, gab Interviews, schob eine Bugwelle von Kameraleuten und Fotografen vor sich in den Plenarsaal. Voigt saß derweil oben auf der Besuchertribüne, unauffällig in der vorletzten Reihe, neben ihm ein Leibwächter, um ihn herum nur Provinzhonoratioren, ehemalige Landtagsabgeordnete, Vertreter von Landkreistag und Sparkassenverband. Voigt kann still genießen.

Zum anderen hilft ihm ein Talent, das man sich am besten von einem NPD-Aussteiger erklären lässt, jemandem wie Steffen Hupka. Der 42-Jährige ist einer der härtesten deutschen Neonazis, Voigt hatte ihn 1997 in die NPD geholt. »Er kann das Gefühl vermitteln, dasselbe zu wollen wie man selbst«, erinnert sich Hupka. Voigt finde sehr schnell heraus, was dem anderen wichtig ist – und verspreche dann genau dieses. Gekonnt könne er etwa beim Bier eine »kumpelhafte Atmosphäre« aufbauen. Ihm, Hupka, sei aber bald klar geworden, »dass ich nur ein Lockvogel war«. Voigt habe ihn bloß geholt, um seiner Partei neue Mitgliederschichten zu erschließen, »nicht weil er eine radikale Politik wollte«. Als wenig später wegen exakt dieser Neumitglieder das Verbot der NPD drohte, drängte Voigt ihn flugs wieder aus der Partei.

Leute wie Hupka werfen dem NPD-Chef vor, er habe »kein festes Weltbild«. Der bayerische Verfassungsschutz sagt, Voigt habe sich in der Partei niemals auf irgendeinem Flügel exponiert, weder im Landesverband Bayern noch auf Bundesebene. Genau das macht Voigt erfolgreich: Er ist ein Taktiker, ein Machtpragmatiker. Anders als viele Rechtsextremisten will er nicht stur mit dem Kopf durch die Wand, sondern tut einfach, was im jeweiligen Moment nützlich erscheint. So diente er dem Vorsitzenden Günter Deckert lange Zeit als Stellvertreter – dann stürzte er ihn. Ende der neunziger Jahre bekämpfte er die DVU, er ließ die NPD überall zur Wahl antreten, »wo es gilt, die Konkurrenz auszuschalten«[4] – heute vertritt er genauso vehement die Wahlabsprachen mit der DVU. Als im Jahr 2001 das Verbot der NPD drohte, sagte er vorübergehend die öffentlichkeitswirksamen Demonstrationen ab. Als der Druck auf die Partei damals am größten war, schrieb er im Parteiorgan *Deutsche Stimme*, Hitler und die NSDAP hätten »vor der Geschichte versagt«[5] – heute, wo die Partei wieder obenauf ist und er an einer rechten Volksfront bastelt, nennt er Hitler wieder provozierend »einen großen deutschen Staatsmann«[6].

Voigt ist kein großer Redner, er ist kein Volkstribun, kein Franz Schönhuber, schon gar kein Jörg Haider. Sein Charisma reicht gerade, die eigenen Parteimitglieder zu begeistern. Doch Biederkeit kann nützlich sein, wenn etwa eifernde Talkshow-Kontrahenten ihn zu entlarven versuchen. So saß Voigt kurz nach dem sächsischen Wahlerfolg beim Nachrichtensender N24, eine knappe Stunde lang ließ er da Anwürfe an sich abperlen, sich nie aus der Ruhe bringen und den schlecht vorbereiteten SPD-Veteranen Peter Glotz alt aussehen. Das sei »5:0 für Voigt« ausgegangen, sagte hinterher ein führender Verfassungsschützer in vertraulicher Runde über die Sendung.

Zurück zum Italiener: Solange Voigt über seine Biographie sprach, blieb er ruhig. Als das Interview aber in die Untiefen seiner Weltanschauung führt, wallt er auf, lockert schon nach wenigen Worten die Krawatte, zieht den Pullunder aus. Dann wettert er gegen das »liberalistische Gleichheitsdogma«. Seine NPD dagegen habe ein »lebensrichtiges Menschenbild«, wenn sie von der »natürlichen Ungleichheit« der Menschen ausgehe. Deren Eigenschaften seien genetisch festgelegt, ihre Gleichbehandlung daher lebensfremd. Aber als Politologe müsse er doch wissen, dass die Liberalen nicht die Gleichartigkeit der Menschen meinen, sondern ihre Gleichheit vor dem Gesetz, hält man Voigt entgegen. Mehrmals. Er überhört das einfach. Er bewegt sich in einem geschlossenen System. Er argumentiert gewandt, ist kein dummer Nazi, wie ihn Medien gern zeichnen. Er blendet bloß aus, was seinem Weltbild widerspricht. Mag ja sein, gibt man zu, dass Deutschland bis 1989 in seiner Souveränität beschränkt war. Aber hat nicht Schröders Nein zum Irak-Krieg die deutsche Unabhängigkeit bewiesen? Seine Gegenargumente sind, dass doch der CIA hierzulande Telefonate abhöre, dass noch GIs in Deutschland stationiert seien, dass die Leute Coca-Cola tränken.

Es ist durchaus spannend, Voigt beim Räsonieren über Hitler zuzuhören, wie er sich müht, dessen Nationalismus von seinen schrecklichen Konsequenzen zu trennen. Hitlers größter Fehler, so Voigt, sei sein imperialistischer Größenwahn gewesen. »Er hätte den Polen und den Ukrainern einen eigenen Staat geben sollen.« Voigt leugnet auch nicht den Massenmord an den Juden. Er wisse »aus Gesprächen mit alten Nazis« ziemlich gut, was damals passiert ist, versichert er. Wenn er aber über das Dritte Reich redet, klingt Voigt sehr verständnisvoll. Und er ist voller Verachtung, sobald es um die Bundesrepublik geht. Zivilität gilt ihm als Schwäche. »Wer würde sich heute mit Begeisterung in die deutsche Fahne wickeln? Wer würde denn in den Tod gehen für Schröder oder Merkel? Dieses System schafft es doch nicht, Treue aufzubauen.«[7]

Voigt meint, nur in einer ethnisch reinen Nation könnten »die Deutschen Großes leisten«. Wie er denn darauf komme, fragt man zurück und bohrt und bohrt, warum ihm denn »das Volk« so ungemein wichtig sei. »Ich *muss* mich doch in einer Großgemeinschaft verorten!«, sagt er irgendwann genervt. Vielleicht ist nur mit einem solchen Selbstbild, nur mit der Überzeugung, Teil von etwas Großem zu sein, der öffentliche Druck zu ertragen, all die Versammlungen in verräucherten Hinterzimmern oder die schäbige Parteizentrale.

Nur so kann sich Voigt im Wahlkampf unverdrossen in den Nieselregen stellen und auf dem zugigen Postplatz in Dresden gegen das Quietschen der Straßenbahnen anbrüllen. Die meisten Leute gucken nur von ferne. Und diejenigen, die näher kommen, haben oft Alkoholikergesichter, kommen an Krücken. Voigt sieht natürlich, dass es nicht die Elite seiner deutschen Rasse ist, die zu NPD-Treffen kommt. Nur kann er sich seine Anhänger eben nicht aussuchen.

Voigt distanziert sich von Gewalt, und er meint es vermutlich sogar ernst, wenn er rabiaten Skinheads auf Parteiversammlungen einbläut: »Jeder Schlag mit der Baseballkeule ist ein Schlag gegen Deutschland!« Voigt weiß, dass Nachrichten von Überfällen auf Ausländer dem Image der NPD schaden. Aber solange er Hetzreden gegen Ausländer hält, wird ein Teil seiner Gefolgschaft immer Taten folgen lassen.

Udo Voigt glaubt, er müsse das deutsche Volk retten. Dass man gar nicht von ihm gerettet werden will, versteht er nicht. Die Frage, was denn nach einer Machtübernahme mit Menschen passiere, die nicht ins NPD-Konzept passen wollen, empört sich Voigt. »Sie denken wohl, die kommen in ein KZ?« Das sei eine gemeine Unterstellung, sagt er. Wohl aber müssten sie sich »dem Mehrheitswillen unterordnen«. Andernfalls »haben sie freies Reiserecht«.

Voigt lächelt freundlich bei diesen Worten. Er hält das für ein faires Angebot.

Der zweite Frühling der NPD

Die Parteigeschichte: frühe Triumphe, langes Siechtum, Erfolge im Osten – und immer Streit mit Gerhard Frey

Der Döhrener Maschpark in Hannover platzte am 29. November 1964 aus allen Nähten. Mehr als 700 Menschen saßen dicht an dicht im großen Festsaal des Gasthofes. Die Männer und (wenigen) Frauen waren persönlich eingeladen worden, keine Überraschung sollte den sorgfältig inszenierten Gründungsakt stören. Die Wände waren mit den Wappen der deutschen Länder geschmückt – aller Länder, auch derer jenseits von Zonengrenze und Oder-Neiße-Linie. Ein Kölner Professor hielt den Eröffnungsvortrag (»Soll Deutschland immer Amboss sein?«). Danach verlas ein ehemaliger SA-Truppführer mit Trompetenstimme das Gründungsmanifest. »Im Saal war Bürgerbräustimmung«, notierte der Reporter des *Münchner Merkur*, minutenlanger Beifall habe den Vortrag mehrfach unterbrochen. »Er nahm frenetische Formen an, als der Redner ... deklamierte: ›Schluss mit der Lüge von der deutschen Alleinschuld [an den Kriegen], mit der von unserem Volk fortgesetzt Milliardenbeträge erpresst werden.‹«[8]

Dann fragte der künftige Vorsitzende Friedrich Thielen in den Saal, wer für die Gründung der Nationaldemokratischen Partei Deutschlands sei. Die übergroße Mehrheit erhob sich von den Stühlen. Der Berichterstatter der Parteizeitung muss bei diesem Anblick vor Erregung fast ohnmächtig geworden sein: »Und alle, die aus nah und fern wie aus den verschiedensten Parteien und Gruppen aus persönlicher Verantwortung für das kommende Deutschland angereist waren, vereinigten sich in dieser ernsten, aber auch erhebenden Stunde zu einer einzigen Gesinnungsgemeinschaft.«[9]

Als der neu gewählte Vorstand später mit Sektkübeln durch die Reihen ging und Spenden sammelte, kamen 5011 Mark zusammen – eine für die damalige Zeit bemerkenswerte Summe. »Es lebe unser geschlagenes und gedemütigtes deutsches Volk!«, beendete Thielen sein Schlusswort mit bebender Stimme: »Es lebe Deutschland!«

Dröhnendes Pathos sollte das jämmerliche Bild überstrahlen, das die extreme Rechte Deutschlands zu jener Zeit bot. Seit Gründung der Bundesrepublik war sie in immer kleinere Parteien und Gruppen zerfallen. Die Erfolge der Sozialistischen Reichspartei (SRP) bei einzelnen Landtagswahlen endeten 1952 mit ihrem Verbot. Später entwickelte sich die Deutsche Reichspartei (DRP) zur wichtigsten rechtsextremistischen Gruppierung. Doch angesichts der Stabilität des neuen Systems und in der Sonne des westdeutschen Wirtschaftswunders schmolzen auch ihre Mitgliederzahlen und Wahlergebnisse dahin. Bei der Bundestagswahl 1961 kam die DRP nur noch auf 0,8 Prozent der Stimmen. Der CDU Adenauers war es im Laufe der fünfziger Jahre gelungen, den größten Teil des rechten Randes zu integrieren.

Noch vor der Bundestagswahl 1965 wollte die DRP deshalb eine Sammlungsbewegung der nationalistischen Rechten gründen; aus eigener Kraft, das war dem Vorsitzenden Adolf von Thadden klar, würde ein Desaster nicht zu verhindern sein. Ein erster Erfolg gelang in Bremen, wo ein Bündnis von DRP und der Deutschen Partei (DP) von Friedrich Thielen 1963 die Fünf-Prozent-Hürde überspringen konnte. Nach zähen Verhandlungen einigten sich die Vertreter mehrerer Rechtsparteien auf die Gründung einer neuen Organisation, die den Namen »Nationaldemokratische Partei« tragen sollte. Während der Aufbauphase sicherten sich die erfahrenen Kader der DRP (von denen etliche eine NSDAP-Vergangenheit hatten)[10] fast alle Schlüsselpositionen. Sie dominierten den Parteiapparat und die Publizistik der NPD, während konservative Aushängeschilder auf die Vorsitzendenposten geschoben wurden. Bestes Beispiel dieser Strategie war Friedrich Thielen. Als saturierter Bremer Bürger, Betonfabrikant und Ex-CDU-Mitglied sollte er die neue Partei vom Ruch der Alt-Nazis und Ewig-Gestrigen befreien. »Ohne ihn wäre die NPD nur eine umgetaufte DRP gewesen«, gestand sein Nachfolger Adolf von Thadden freimütig ein, nachdem er Thielen zwei Jahre später verdrängt hatte.[11]

In die Bundestagswahl 1965 zog die Partei mit dem Slogan »Man kann wieder wählen – Man wählt NPD«. Geschickt präsentierte sie sich als neue Kraft. Eine große Werbekampagne überzog die Bundesrepublik, die Parteizeitung wurde in einer Millionen-Auflage verteilt, es gab Sonderausgaben für Heimatvertriebene, Landwirte und Bundeswehrsoldaten. Noch vor der Wahl konnte die Partei prominente Zugänge verkünden: Der Raumfahrtpionier Hermann Oberth, der während des Krieges an der Entwicklung der »V2«-Rakete beteiligt war, wurde Mitglied, ebenso der junge Ruder-Olympiasieger Frank Schepke. Die Versammlungen der NPD waren häufig besser besucht als die der großen Parteien. Sie »war die einzige Partei, die planmäßig auf das flache Land ging, die ihrem Wahlkampf nach regionalen und soziologischen Überlegungen Schwerpunkte setzte«, urteilte ein NPD-Kritiker damals anerkennend. Am Tag der Abstimmung kannte bereits jeder zweite Wähler zumindest den Namen der erst wenige Monate alten Partei.

Zwei Prozent stimmten schließlich für die NPD. Das war zwar weit weniger, als die Führung erwartet hatte, aber mehr als doppelt so viel, wie die Vorgängerin DRP 1961 geholt hatte. Und, was erheblich mehr zählte: Der NPD war es gelungen, »Stimmen aus Bevölkerungskreisen zu erhalten, die bisher nicht für eine rechtsradikale Partei gestimmt hatten. Sie war vor allem in ländlichen Gebieten mit kleinbäuerlicher Struktur, oft im Zonenrandgebiet, erfolgreich, ferner in Klein- und Mittelstädten mit überwiegend konservativ eingestellter Bevölkerung«.[12]

Bei den bayerischen Kommunalwahlen im Frühjahr 1966 errang die Partei erste Mandate, im November dann zog sie mit acht bzw. 15 Abgeordneten in die Landtage in Wiesbaden und München ein. Fast flächendeckend hatte sie bis zu diesem Zeitpunkt Kreisverbände aufbauen können. »Die Schallmauer ist durchbrochen«, jubelte Friedrich Thielen schon auf dem zweiten Parteitag 1966. Der Konvent erregte großes Aufsehen, auch weil die Gewerkschaften zu einer Gegendemonstration mit 20 000 Teilnehmern mobilisierten.

Der rasante Aufstieg wäre sicher nicht gelungen, hätte nicht nach langem wirtschaftlichem Boom in den Jahren 1966/ 67 die erste gravierende Wirtschaftskrise der Bundesrepublik eingesetzt. Die NPD machte sich Abstiegsängste der Mittelschicht zunutze, sie erhielt Zulauf auch von Arbeitern, die unter der Krise litten und bisher SPD gewählt hatten. Außerdem profitierte sie vom öffentlichen Streit innerhalb der Koalition aus Union und FDP sowie deren sichtlichem Zerfall. Als die FDP das Bündnis verließ und CDU/CSU 1966 unter Kurt Georg Kiesinger eine Große Koalition mit der SPD eingingen, wandten sich Teile des konservativen, nationalen und antikommunistischen Bürgertums von der Union ab. In der Zeit der bisweilen gewaltsamen Studentenproteste fielen die NPD-Parolen von Sicherheit und Ordnung auf fruchtbaren Boden.

»Postfaschisten« und »Neofaschisten« in den Landtagen

Der NPD gelang es bis 1969, in insgesamt sieben Landtage einzuziehen, in Baden-Württemberg – der letzten Abstimmung vor der Bundestagswahl – erreichte sie mit 9,8 Prozent

31

ihr bis heute bestes Wahlergebnis. In den Parlamenten boten die Abgeordneten der Partei ein uneinheitliches Bild. Alle ihre Landtagsfraktionen arbeiteten emsig und mühten sich, Gesetze und Geschäftsordnungen penibel einzuhalten. Die NPD litt aber darunter, dass sie ihre Kandidaten weniger nach ihren politischen Kompetenzen ausgewählt hatte als danach, ob sie vorzeigbare Persönlichkeiten darstellten. An der konkreten Sacharbeit scheiterten deshalb die meisten NPD-Parlamentarier. Sie litten auch darunter, dass die Parteiprogrammatik wenig detailliert und sogar widersprüchlich war – in den Wahlkämpfen hatte sich das noch ausgezahlt, denn so konnten Anhänger unterschiedlichster Art angesprochen werden.

Oft erhoben die Abgeordneten der NPD kostspielige Forderungen, selten unterbreiteten sie Vorschläge zur Gegenfinanzierung, und wenn, waren es meist dieselben: Kürzungen bei der Entwicklungshilfe oder den Landeszentralen für politische Bildung. Ein Dauerthema der NPD waren auch Einsparungen bei den Abgeordnetendiäten. Regelmäßig forderte sie mehr Rechte für die Polizei. In allen Landtagen stellte sie Anträge, die Zuschüsse für die zentrale Ermittlungsstelle zur Aufklärung von NS-Verbrechen in Ludwigsburg zu streichen. In Bayern versuchte die Fraktion, sich mit populären Themen zu profilieren, etwa dem Nationalpark Bayerischer Wald oder im Streit um den Münchner Großflughafen. Für die Wirtschafts- und Bildungspolitik hatte die Partei keine schlüssigen Konzepte. Und für die Deutschland- und Außenpolitik – die deutsche Teilung war das eigentliche Identitätsthema der NPD – waren die Landtage schlicht und einfach nicht zuständig.

Es gab kuriose Anträge, etwa die Aufforderung an den bayerischen Kultusminister, die Spielpläne der Theater von Stücken mit »obszönen Themen« oder »anarchistischen Tendenzen« zu reinigen. Viele NPD-Leute bedienten ihre jeweilige Klientel: Sie forderten etwa staatliche Aufträge für Tuchfabriken im eigenen Wahlkreis oder fragten nach zusätzlichen

Lehrern für die Schule ihrer Kinder. Ein Landwirt wollte die Beschlüsse des Bauerntages vom Parlament bestätigen lassen. Die Gattin eines Lüneburger Verwaltungsrichters stellte mehrfach Anfragen zu Details von Juristenpensionen.[13]

In allen Landtagen wurde die NPD von den anderen Parteien mehr oder weniger konsequent ausgegrenzt. Interessanterweise entpuppten sich in der Praxis gerade ältere Abgeordnete mit NSDAP-Vergangenheit als die treuesten Anhänger des Rechtsstaats. »Als Faustregel kann man festhalten: Ein NPD-Abgeordneter passt sich umso mehr an die parlamentarischen Konventionen und den landesüblichen Pragmatismus an, je ausgeprägter seine Teilnahme am Dritten Reich und an rechtsradikalen Organisationen (insbes. der DRP) war«, resümierte der Politologe Lutz Niethammer 1969 in einer detaillierten Untersuchung der Arbeit der NPD.[14] Von diesen »Postfaschisten« deutlich zu unterscheiden seien die »Neofaschisten«: Sie seien erheblich jünger, stammten oft aus modernen Berufen (waren beispielsweise Kernphysiker, Automatisierungsingenieur oder EDV-Berater) und verfügten deshalb auch ohne ihr Mandat über ein höheres Sozialprestige. Diese Abgeordneten wollten »alles andere, als sich in die Konventionen des Parlaments einpassen«, sondern bewusst provozieren. »Sie scheuen keine Geschichtslegende und posaunen im Brusttone ihres durch geringeres Lebensalter ausgewiesenen guten Gewissens, man müsse bei einer Agrarpolitik berücksichtigen, dass Deutschland nicht im Dritten Reich, wohl aber hinterher gehungert habe, weil ›es zur Konzeption unserer heutigen Freunde im Westen gehörte, das deutsche Volk erst einmal gründlich hungern zu lassen‹.«[15] In genau dieser Tradition des »Einheizens« agieren heute auch einige der NPD-Abgeordneten im sächsischen Landtag.

In die Bundestagswahl 1969 ging die Partei mit großen Erwartungen – umso größer war die Enttäuschung über magere 4,3 Prozent. Noch kurz zuvor hatte sie auf kommunaler Ebene Spitzenergebnisse erreicht. Bei der Wahl des Bundespräsidenten im März jenes Jahres sah es lange so aus, als würden die 22 Stimmen der NPD-Wahlmänner zum Zünglein an der Waage. Die Parteispitze hatte in Bonn bereits ein »Verbindungsbüro« eingerichtet und der CDU angeboten, eine Minderheitsregierung zu tolerieren. Doch die Rahmenbedingungen, die in den Jahren zuvor den Aufstieg der Partei begünstigt hatten, waren andere geworden: 1968 hatte ein erneuter Wirtschaftsaufschwung eingesetzt.

Auch der Wahlkampf lief nicht gut für die NPD. Zum Hauptthema, der Wirtschafts- und Finanzpolitik, hatte die Partei wenig zu sagen. Ihre eigenen Themen aber, Ostpolitik und Wiedervereinigung, interessierten die Öffentlichkeit wenig. Die NPD präsentierte sich als Damm gegen die linke APO (die »außerparlamentarische Opposition«) und bot sich der CDU als rechte Stütze an. Doch die Union versuchte selbst, potentielle NPD-Wähler mit nationalen Tönen anzusprechen. Und alle etablierten Parteien wie auch die wichtigen Medien und Vertreter der Wirtschaft warnten 1969 vor einem Einzug der Rechtsradikalen in den Bundestag. Für negative Schlagzeilen sorgten zudem Austritte oder die Nazi-Vergangenheit einzelner Kandidaten. Dass es am Rande von NPD-Veranstaltungen immer wieder zu Tumulten zwischen dem Ordnerdienst und Gegendemonstranten kam, verstärkte ihren Ruf als »Krawallpartei«. Schließlich wurden in Kassel zwei Demonstranten, die Adolf von Thadden bedrängt hatten, von dessen Leibwächter angeschossen und verletzt. Damit war das Image der NPD endgültig ruiniert.

Bis heute klagen die Veteranen in der Partei über die verpassten Chancen von damals. Sie verbreiten auch die Legende, Thaddens Leibwächter sei ein V-Mann des Verfassungsschutzes gewesen und habe die Partei durch seine Schüsse im Auftrag des Staates diskreditiert. Belege dafür gibt es keine. Hingegen ist es zweifellos richtig, dass der Partei die Drohung mit einem Parteiverbot geschadet hat, die damals auch im Wahlkampf erhoben wurde. Vor allem Mitglieder und Sympathisanten aus höheren sozialen Schichten schreckte dies ab, zahlreiche Beamte kehrten der Partei aus Angst um ihre Anstellung den Rücken.

Mit der Wahlniederlage von 1969 begann ein jahrzehntelanger Niedergang der NPD. Innerparteiliche Richtungskämpfe brachen auf. Zwar hatte es schon früher scharfe Auseinandersetzungen gegeben, etwa um den Sturz Thielens 1967 oder den donnernden Abgang des bayerischen Landeschefs Franz Florian Winter 1966. »Ich will nicht mitverantwortlich sein, dass unsere Nation noch einmal von gottlosen Fanatikern beherrscht und ins Unglück gestürzt wird«, hatte seine Begründung gelautet, die damals großes Aufsehen erregte.[16] Doch der anfangs rasante Erfolg der NPD hatte solche Konflikte überdeckt. Nun aber, im Abschwung, zerfleischte sich die Partei im Streit über den richtigen Kurs. Die einen favorisierten ein radikaleres, die anderen ein gemäßigteres Auftreten. Letztere setzten sich vorerst durch. Im 1970 verabschiedeten *Wertheimer Manifest* heißt es: »Die NPD ist konservativ.« Fast verzweifelt bot sie sich in der Folgezeit der Union als national-konservativer Koalitionspartner im Kampf gegen den Kommunismus und die sozialliberale Bonner Politik an. In Baden-Württemberg verzichtete man 1972 zugunsten der CDU gar auf eine Beteiligung an der Landtagswahl. Genützt hat das alles nicht.

Seit die Union 1969 mit Antritt der sozialliberalen Koalition eine Oppositionspartei geworden war, rückte sie selbst deutlich nach rechts. In der Frontstellung gegen Willy Brandt, seine Ostpolitik und seine gesellschaftspolitischen Reformen wanderten viele NPD-Anhänger zur CDU/CSU (zurück) – eine Stimme für die Union schien erfolgversprechender zur Ablösung Brandts als eine für die NPD. Spätestens seit es der CDU 1970 bei den Wahlen in Rheinland-Pfalz und Schleswig-Holstein gelungen war, absolute Mehrheiten zu erringen, war die NPD in den Augen der allermeisten Wähler überflüssig geworden.

Den Versuch der NPD, mit einer überparteilichen »Aktion Widerstand« 1970 Gegner der Brandt'schen Ostpolitik um sich zu scharen, schlug fehl. Die Radikalen wandten sich immer schärfer gegen den legalistischen Kurs der Parteispitze und drängten immer ungeduldiger auf spektakuläre Aktionen im Stile der linken APO. Im Umfeld der NPD tauchten zu jener Zeit erste bewaffnete Gruppen auf. Auf dem Holzmindener Parteitag 1971 warf Adolf von Thadden schließlich das Handtuch. In einer theatralischen Rücktrittsrede klagte er über Flügelkämpfe, Niedertracht und sogar Handgreiflichkeiten innerhalb der Partei. Er schilderte die Resignation der »vernünftigen Mitglieder«, kritisierte, dass einige Aktivisten Gewalt als Instrument der Politik akzeptierten. Die NPD sei in einem »Zustand der faktischen Nicht-Mehr-Führbarkeit«, und »für einen Tanz auf einem Vulkan irrationaler Unvernunft bin ich ... weder geeignet noch bereit«.[17]

Die Partei wählte den wenig charismatischen Martin Mußgnug zum neuen Vorsitzenden und blieb vorerst auf gemäßigtem Kurs. Doch die vorgezogene Bundestagswahl 1972 brachte erneut eine vernichtende Niederlage (0,6 Prozent). Bei einer historisch hohen Wahlbeteiligung von 91,1 Prozent und in der Polarisierung zwischen Union und SPD/FDP wurde die NPD regelrecht zerrieben. Immer mehr Mitglieder verließen die Partei, etliche Alte gingen zur nationalpopulistischen DVU, die Gerhard Frey 1971 gegründet hatte. Auf der anderen Seite spaltete sich die Aktion Neue Rechte ab, die sich – zumindest laut Gründungsmanifest – als nationalrevolutionäre und sozialistische Kaderpartei verstand. Bis 1972 hatte die NPD alle ihre Landtagsmandate wieder verloren. Das Ausbleiben der Wahlkampfkostenerstattung stürzte sie in eine finanzielle Krise.

Mit der Bundestagswahl 1976 war der Ansatz einer besitzbürgerlichen und verfassungskonformen Oppositionspartei endgültig gescheitert. Die Union hatte mit ihrem Slogan »Freiheit oder Sozialismus« fast alle rechten Wähler für sich mobilisieren können. Das NPD-Ergebnis halbierte sich nochmals auf nur noch 0,3 Prozent. Die Partei nahm immer mehr die Züge einer Sekte an. »Es gibt in Zukunft nicht wie bislang nur Mitglieder einer Partei«, schärfte Mußgnug den verbliebenen NPDlern auf dem 76er-Parteitag ein, »sondern in Zukunft muss jeder Einzelne Träger einer Idee sein.«[18]

Frey und die NPD:
Man schlägt sich, man verträgt sich

Kaum eine Frage ist in der NPD so lange und so heftig umstritten wie die Zusammenarbeit mit Gerhard Frey. Durchaus wohlwollend hatte dessen *Deutsche National-Zeitung* den Aufstieg der NPD begleitet. 1968 in Baden-Württemberg unterstützte Frey die Partei ausdrücklich durch Spenden- und Wahlaufrufe (und nutzte den Wahlkampf zur Werbung neuer Leser). Bei der für die NPD schicksalhaften Bundestagswahl 1969 aber hielt er sich zurück. Adolf von Thadden hatte im Wahlkampf mehrfach betont, man brauche Freys Hilfe nicht, was diesen tief gekränkt haben soll.

Im Januar 1971 gründete der Verleger die Deutsche Volksunion (DVU). Diese war anfangs nur ein Verein, der nicht zu Wahlen antrat. Frey wollte sowohl Mitglieder der bröckelnden NPD sammeln als auch Brücken zum rechten Rand der Union schlagen. Misstrauisch beäugte die NPD die neue DVU, die ihr offensichtlich Kräfte entzog. Doch partiell arbeitete man zusammen. Gemeinsam riefen beide Organisationen im Frühjahr 1972 zu Demonstrationen gegen Brandts Ostverträge auf – und stritten sich hinter den Kulissen eifersüchtig darum, wer dort wann und wie lange reden dürfe.

Frey hat sich niemals auf die NPD festgelegt. Von Wahl zu Wahl entschied er neu, welche Partei sich zu unterstützen lohne. 1972 im Bund war es die Union, 1974 in Hessen und Bayern oder 1975 in Bremen dann wieder die NPD. Im folgenden Jahr versuchte Mußgnug, den Verleger enger an die Partei zu binden. Er bot ihm an, einer seiner Stellvertreter zu werden. Vermutlich versprach er auch, Frey dürfe künftig die NPD-Zeitung herausgeben. Doch der Parteivorstand der NPD verweigerte sich, und auf dem Parteitag 1975 in Ketsch entbrannte eine heiße Redeschlacht. In einer achtstündigen Debatte meldeten sich fast ausschließlich Frey-Gegner zu Wort, hielten ihm seine Illoyalität vor und bezichtigten ihn des »Ämterkaufes«. Es wurden Gerüchte gestreut, er stehe im Sold des Verfassungsschutzes oder – was man in der NPD wohl für noch schlimmer hielt – habe jüdische Vorfahren.

Die jungen Radikalen, unter ihnen der JN-Chef und spätere Parteivorsitzende Günter Deckert, sahen in Frey einen rückwärtsgewandten Altrechten: Während die NPD im Laufe der siebziger Jahre begann, Ideen der Neuen Rechten zu übernehmen, vertrat die DVU ein vollkommen traditionelles, deutschnationales Programm. Bis heute personifiziert Frey den alten besitzbürgerlichen und sozialkonservativen Typus der extremen Rechten. Und kaum jemand pflegt noch einen so ungebrochenen Wehrmachtstraditionalismus wie der Münchner Verleger.

Frey fiel schließlich bei den Stellvertreterwahlen durch, nur sehr knapp gelang ihm überhaupt der Einzug in den Parteivorstand. Kurz darauf veröffentlichte seine Zeitung Briefe aus dem Nachlass eines hohen NPD-Funktionärs »mit nicht sehr schmeichelhaften Anmerkungen über von Thadden und andere Herren«.[19] 1976 verließ Frey die Partei, der Flirt war vorerst beendet. Die DVU überflügelte die NPD bald, wurde mit 12 000 Mitgliedern die stärkste Organisation der extremen Rechten in Deutschland.

Jahre später haben beide Seiten erneut kooperiert – um bald wieder aufeinander einzuschlagen. 1987 trat die DVU in Bremen erstmals – und von der NPD unterstützt – zu einer Landtagswahl an. Mit einem Mandat gelang ihr der Einzug in die Bürgerschaft. Frey durfte im selben Jahr wieder auf dem NPD-Parteitag reden. Man einigte sich darauf, dass nur je eine der Parteien zur nächsten Europa- und Bundestagswahl antritt. Wie schon 13 Jahre zuvor rebellierte die Partei gegen Mußgnug, diesmal konnte er sich mit seiner Entscheidung für eine Kooperation auf einem Sonderparteitag knapp durchsetzen. Doch weder NPD noch DVU half dies über die Fünf-Prozent-Hürde, das Bündnis zerbrach wieder.

Wüst wurde in jenen Jahren Gerhard Frey beschimpft. In einem Buch zum 35-jährigen Bestehen der NPD etwa nannte ihn der heutige Dresdener Fraktionschef Holger Apfel verächtlich einen »pseudonationalen Verleger«, von einem anderen Autor wird Frey im selben Buch vorgehalten, er vertrete einen »widerlichen Pro-Amerikanismus« und sei ein »regelrechter Abzocker«, sein Motto laute: »An Deutschland verdienen anstatt Deutschland zu dienen«.[20]

Der Text in dem opulent aufgemachten Jubiläumsband von 1999 endete mit den Worten: »Heute scheint die Gefahr, dass sich die NPD abermals mit Herrn Frey einlässt, gebannt zu sein.« Nur fünf Jahre später versprachen sich NPD und DVU wieder ewige Treue, und Holger Apfel marschierte Seite an Seite mit Gerhard Frey an der Spitze der Demonstration zum 60. Jahrestag der Bombardierung Dresdens. Es gehört wenig prophetische Gabe zu der Vorhersage, dass die so genannte »Volksfront von rechts« wieder zerbrechen wird, sobald einer der beiden Partner das Gefühl hat, er profitiere nicht mehr davon.

Siechtum West und Aufschwung Ost

Die siebziger und achtziger Jahre überlebte die NPD nur mit Durchhalteparolen. Die Wahlergebnisse waren lange Zeit so winzig, dass die Partei sich fragte, ob sie überhaupt noch antreten solle. Immer mal wieder wurde sogar die Selbstauflösung erwogen. Die *Deutsche Stimme* schrieb 1980: »Wir befinden uns im vielleicht schwersten Jahr unseres Bestehens.

Wir wissen um viele, die angesichts scheinbarer Erfolglosigkeit müde geworden sind. Wir haben harte Schläge erhalten, weitere werden uns sicher nicht erspart bleiben.«[21] Die NPD schrieb damals neue Programme, testete neue Themen – ohne dass es ihr wirkliche Erfolge brachte. Zu jener Zeit war nicht vorhersehbar, dass die Ende der siebziger Jahre erfolgende Neuorientierung zu einer antikapitalistischen Partei viel später und unter ganz anderen gesellschaftlichen Bedingungen – nämlich ab Ende der neunziger Jahre in den östlichen Bundesländern eines wiedervereinigten Deutschlands – Früchte tragen würde.

Anfang der achtziger Jahre sank die Zahl der Mitglieder auf nur noch 6000. Die Partei war vollkommen bedeutungslos geworden. Bei Wahlen erwiesen sich die DVU und die vergleichsweise bürgerlichen Republikaner als erfolgreicher. Es erscheint geradezu grotesk, womit die Delegierten der NPD-Parteitage in jenen Jahren ihre Zeit verbrachten. Der Kreisverband Ennepe-Ruhr zum Beispiel forderte 1986 die Parteispitze auf, sie solle sich für bestimmte Änderungen im Strafrecht einsetzen – als hätte auch nur irgendjemand außerhalb der Partei dem NPD-Vorstand Gehör geschenkt. Der Kreisverband Rotenburg verlangte, dass sich die Partei »möglichst bald über das Problem der Tachyonenenergie und die Möglichkeit ihres Einsatzes anstelle der Kernenergie« informiere. Der Kreisverband Lörrach beantragte, »dass bei Behörden ausschließlich Recycling-Papier benutzt wird«. Die Kreisverbände Essen und Düsseldorf forderten den Bundestag auf, den Asylartikel im Grundgesetz zu ändern (als dies Anfang der neunziger Jahre dann wirklich vollzogen wurde, feierte man es in der Partei als eigenen Erfolg).[22]

Von der Revolution in der DDR wurde die NPD ebenso überrascht wie alle anderen Parteien. Aber schon kurz nach dem Fall der Mauer versuchte die Partei, in »Mitteldeutschland« Fuß zu fassen. Etliche Kreisverbände suchten sich Partnerregionen in der DDR. Wie auch die anderen rechtsextremen Parteien aus dem Westen verteilte die NPD auf den Leipziger Montagsdemonstrationen kartonweise Werbematerial. Aus Frankfurt/Main – im dortigen Stadtrat verfügte die NPD damals über ihre einzige bedeutende Parlamentsfraktion – reisten jede Woche alle verfügbaren Leute nach Sachsen. Man habe Plakate mit der Forderung nach Wiedervereinigung unters Volk gebracht, brüstet man sich, sogar den Umschwung von dem Ruf »Wir sind das Volk« zu »Wir sind ein Volk« will die NPD initiiert haben.[23]

Peter Marx, der damalige Geschäftsführer der Fraktion im Frankfurter Römer, bekommt noch heute glänzende Augen, wenn er von den Ausflügen nach Leipzig erzählt und davon, wie die Ostler ihm NPD-Material aus den Händen rissen. Marx nahm noch kurz vor dem Ende der DDR deren Staatsbürgerschaft an, um im Osten bei Wahlen kandidieren zu können. Schon damals lernte er Jürgen Schön aus Leipzig und Uwe Leichsenring aus dem sächsischen Königstein kennen. Alle drei waren im März 1990 an der Gründung des NPD-Ablegers Mitteldeutsche Nationaldemokraten (MND) beteiligt; deren erstes Flugblatt fordert »eine Verbindung der freien Marktwirtschaft Westdeutschlands mit unserer sozialen Struktur«, ein System »ohne die Diktatur der multinationalen Konzerne und der Planungsbürokratien des Kommunismus«.[24] Im Jahre 2004 zogen die drei Kameraden in den sächsischen Landtag ein, Schön und Leichsenring als Abgeordnete, Marx wie einst in Frankfurt als Fraktionsgeschäftsführer für das Strippenziehen im Hintergrund.

Doch die neunziger Jahre waren für die NPD noch einmal hart. Der Aufbau Ost scheiterte vorerst. Obwohl die Konkurrenzpartei Republikaner von der Volkskammer verboten wurde, blieb die NPD bei den Landtagswahlen des Jahres 1990 überall unter einem Prozent, die Bundestagswahl im Dezember brachte bloß 0,3 Prozent. Helmut Kohl und die CDU banden mit nationalem Pathos und fürsorglichen Sozialstaats-Versprechen fast alle Wähler, die möglicherweise für NPD-Parolen anfällig gewesen wären. Und das Ausländerthema, mit dem der Partei zuvor im Westen einzelne Wahlerfolge gelungen waren, zog in den neuen Ländern (noch) nicht. Auf das Binnenleben der NPD wirkte sich die vollzogene Wiedervereinigung sogar negativ aus: Am 3. Oktober 1990 verlor die NPD das Thema, mit dem sie 25 Jahre lang an den Durchhaltewillen der Mitglieder hatte appellieren können. Die weiter aufrechterhaltene Forderung nach Gebieten jenseits von Oder und Neiße aber wirkt auf breitere Wählerschichten eher abschreckend.

In dieser verzweifelten Situation schlug die NPD-Spitze um Martin Mußgnug die Auflösung der Partei vor. Ihr Schuldenberg war auf rund 1,5 Millionen DM gewachsen, die meisten Mitarbeiter der Bundesgeschäftsstelle mussten entlassen werden, die Parteizeitung schrumpfte zu einem billigen Miniblättchen. Mußgnug wollte die NPD in die neue Sammlungsbewegung namens Deutsche Liga für Volk und Heimat (DLVH) überführen, die von Rechtsabweichlern der Republikaner gegründet worden war. Bei der Wahl eines neuen Parteichefs 1991 kam es zur Spaltung. Mußgnug-Stellvertreter Jürgen Schützinger, der die Fusion mit der DLVH vollziehen wollte, unterlag deutlich gegen den einstigen Chef der Jungen Nationaldemokraten, Günter Deckert, der auf Eigenständigkeit beharrte. Deckert steuerte die Restpartei bis Mitte der neunziger Jahre mit geschichtsrevisionistischen Thesen ins vollkommene Abseits. Er wurde wegen Holocaust-Leugnung und Beleidigung von Mitgliedern des Zentralrats der Juden zu Gefängnisstrafen verurteilt. Im Rückblick sagt Deckert, er habe es damals auch mit sozialen Themen versucht, man sei aber Anfang der neunziger Jahre damit noch nicht angekommen.

Jedenfalls spielte die Musik woanders; auch die DLVH wurde nur eine weitere rechtsextreme Splittergruppe. Bei den Wahlen in den neunziger Jahren räumten Republikaner und DVU ab, anfangs nur in Westdeutschland, später auch in den neuen Ländern.[25] Die NPD dagegen verzichtete 1994 – erstmals in ihrer Geschichte – sogar auf einen Antritt bei der Bundestagswahl. Als Wahlpartei war sie tot. Und den wirklich radikalen Rechten galt sie als aussterbender Altherrenclub. Kein Wunder also, dass es andere Organisationen waren – vor allem die neonazistische Gesinnungsgemeinschaft der Neuen Front (GdNF) von Michael Kühnen –, die ab 1989 das rechtsextremistische Potenzial erschlossen, das sich in den neuen Bundesländern bot.

Im Laufe der achtziger Jahren hatten sich in der DDR – als ein Ergebnis der bröckelnden Loyalität in der Bevölkerung – etliche jugendliche Subkulturen entwickelt, darunter rechte Skinheads und Hooligans. Von diesen offen gewalttätigen Szenen setzten sich schon damals neo-nationalsozialistische »Faschos« ab, die sich eher als politische Kämpfer verstanden. In einem Staat, der sich als antifaschistisch definierte, war rechtsradikales Auftreten der denkbar größte Tabubruch. Zugleich konnten die rechten Jugendlichen an die geltenden Vorstellungen von Disziplin und Ordnung anknüpfen. Ihre Ausländerfeindlichkeit deckte sich mit der verbreiteten Abneigung gegen vietnamesische oder mosambikanische Gastarbeiter, ihr Judenhass passte zur antizionistischen Politik der DDR. Hinzu kamen die Versäumnisse in der Aufarbeitung der deutschen Geschichte: Das Dritte Reich war, dem kommunistischen Ideologen Georgi Dimitroff folgend, nach offizieller Doktrin eine »Diktatur der reaktionärsten, am meisten chauvinistischen, am meisten imperialistischen Elemente des Finanzkapitals«.[26] Bei dieser Deutung geriet vollkommen aus dem Blick, wie Hitlers Regime funktionierte und dass es von einer breiten Unterstützung im Volk getragen war. In der offiziellen DDR-Sicht waren die rechtsradikalen Jugendcliquen deshalb vom Westen gesteuert; eine offene Auseinandersetzung mit dem Phänomen verweigerte das System.

In diesen Szenen tummelten sich keineswegs nur »Asoziale«, wie gesellschaftliche Außenseiter in der DDR genannt wurden. Die meisten gingen ordentlich zur Schule oder zur Lehre, die Hälfte stammte aus Facharbeiter-Familien, ein knappes Viertel hatte Eltern, die zur »Intelligenz« (mittlere DDR-Funktionsträger) zählten.[27] Den DDR-Behörden waren 1986 1500 rechtsextremistische Jugendliche bekannt. Die Opfer von Gewalttaten waren vor allem ausländische Vertragsarbeiter, Schwule und Punks. Vereinzelt kam es auch zu Schändungen jüdischer Friedhöfe. Das größte Aufsehen erregte der Überfall auf ein alternatives Punk-Konzert in der Ostberliner Zionskirche 1987, bei dem 30 Skins die Besucher brutal zusammenschlugen und sie als »Judenschweine« beschimpften und »Sieg Heil!« riefen. Allein 1988 gab es DDR-weit 44 Strafverfahren wegen rechtsradikaler Delikte, 1989 wurden schon bis zum November 144 Prozesse geführt, unter anderem in Dresden, Leipzig, Berlin, Cottbus, Wolgast, Riesa und Magdeburg.[28]

»Die Regionen, die nach der Wende als erste ganz massiv und sichtbar von rechter Jugendgewalt heimgesucht wurden, hatten schon in der DDR eine besondere Bedeutung für die rechte Szene«, schreibt der Kriminalist Bernd Wagner in einer detaillierten Studie über den ostdeutschen Rechtsextremismus.[29] Er zählt etliche Gruppen auf, etwa eine »NS-Kradstaffel Friedrichshain« (Berlin), »Söhne der Arier« (Erfurt), »SS-Division Walter Krüger« (Wolgast), die »Gubener Heimatfront« oder »Wehrsportgruppe Schwedt/Gartz«. Ein Teil der Szene setzte sich schon damals bewusst von den rechten Schlägertrupps ab, um »in der Bevölkerung sozial und politisch anerkannt zu werden«, wie ein Bericht der Ostberliner Kriminalpolizei vom Februar 1990 analysiert.[30] Und etliche Gruppen pflegten Kontakte nach Westdeutschland – allerdings nicht zu Parteien wie NPD oder DVU, sondern zu harten Neonazis und Skinheads.

Mit der DDR brach 1989/1990 auch das engmaschige Überwachungsnetz von politischer Kriminalpolizei und Staatssicherheit zusammen, und die neu aufgebauten Polizeien der ostdeutschen Länder waren jahrelang nicht willens oder in der Lage, rechte Straftaten konsequent zu verfolgen. Angesichts der Fremdenfeindlichkeit, die sich in der abgeschotteten DDR ungehindert hatte entwickeln können, und der mentalen und wirtschaftlichen Unsicherheiten, die der Einzug eines neuen Systems nach der Wiedervereinigung mit sich brachte, bot Ostdeutschland ideale Voraussetzungen für den Rechtsextremismus. Werber aus dem Westen schwärmten aus. Republikaner, DVU und NPD konnten dort nach 1990 ein paar Tausend Mitglieder rekrutieren, doch das waren vor allem Karteileichen und kaum fähige Funktionäre. Die wirklich aktiven Rechtsextremisten und vor allem die Jugendlichen sammelten sich stattdessen in kleineren Neonazi-Organisationen – etwa der Gesinnungsgemeinschaft der Neuen Front (GdNF) und ihren Untergruppen sowie der Freiheitlichen Arbeiterpartei (FAP), der Nationalen Alternative (NA) oder der Nationalistischen Front (NF) und später in lose strukturierten Kameradschaften. Diese radikalen Gruppen waren attraktiver als die Wahlparteien, die nicht viel mehr taten, als Flugblätter zu verteilen und Versammlungen abzuhalten.

Lange vor der NPD erkannten Neonazis wie Michael Kühnen aus Hamburg oder der Ostberliner Ingo Hasselbach das Potenzial der rechten Jugendsubkultur, die im Osten heranwuchs. Sie boten eine sozialrevolutionäre Ideologie und einen aktionistischen Stil. Anfang 1990 besetzten Jungnazis in der Weitlingstraße im Ostberliner Stadtbezirk Lichtenberg Häuser. »Da entwickelt sich vielleicht eine Art Hafenstraße der Rechten«, frohlockte der Hamburger Kühnen-Vertraute Christian Worch, bis heute einer der wichtigsten Drahtzieher in der rechten Jugendszene in Ostdeutschland.[31]

Die GdNF von Kühnen und Worch stellte schon im Januar 1990 einen »Arbeitsplan Ost« auf. Sie schickte Emissäre in die neuen Länder – häufig ehemalige DDR-Bürger, die von der Bundesrepublik vor 1989 freigekauft worden waren –, um dort zahlreiche lokale Gruppen zu gründen. Bei Wahlen wollte man mit einer Partei namens »Deutsche Alternative« (DA) und gemäßigtem Programm antreten. Der charismatische Redner Kühnen tingelte damals durch die ostdeutsche Provinz. »Dort gibt es Zehntausende von Jugendlichen, die Sympathien für uns haben. Das ist natürlich eine Situation, die jeden Politiker zu fast schon erotischen Gefühlen anstachelt. Das ist traumhaft«, so Kühnen damals in einem Illustrierten-Interview.[32] Er und seine Leute feuerten eine entstehende Jugendbewegung an. »Unsere Aktivisten«, heißt es in dem »Arbeitsplan Ost«, sollten »sich an Demonstrationen beteiligen und versuchen, diese zu radikalisieren«.[33]

Am 5. Juli 1990 holte Kühnen Gary Lauck auf dem Flughafen Berlin-Schönefeld ab, den amerikanischen Führer der in der Bundesrepublik verbotenen NSDAP-AO. Sie ließen sich von Fernsehkameras bei der überschwänglichen Begrüßung filmen. »Wir sind wieder da! Alles für Deutschland!«, erklärten sie gemeinsam, der Besuch sei eine »große Ermutigung und Stärkung des nationalsozialistischen Untergrunds«. Dann brachen beide zu einer Rundreise durch die noch bestehende DDR auf.

»Keine der anderen politischen Parteien hatte in jener Zeit so einen Zulauf an Jugendlichen wie die Gruppierungen der GdNF«, so das Fazit des Experten Bernd Wagner.[34] Die NPD unter Günter Deckert hingegen befand sich weiter im Niedergang. Die lausigen Wahlergebnisse von 1990 wurden sogar noch unterboten, so brachte die Europawahl 1992 bloße 0,2 Prozent, auch in der heutigen Hochburg Sachsen waren es nicht mehr. Auch die Zahl der Mitglieder sank unaufhaltsam weiter.

Immer hatte die NPD Wert gelegt auf die Bezeichnung »nationaldemokratisch«. Die Abgrenzung zu harten Neonazis war ihr – vor allem aus Angst vor einem Parteiverbot – stets wichtig. Als Mitte der siebziger Jahre vermehrt rechtsmilitante Gruppen auftraten, fasste die Partei einen ersten

Abgrenzungsbeschluss zu Organisationen, »deren Demokratieverständnis fragwürdig erscheint«.[35] Einige Jahre später stellte der Vorstand eine Liste radikaler Gruppierungen auf, bei denen NPD- oder JN-Leute nicht Mitglied sein und mit denen sie nicht zusammenarbeiten durften. In der Parteipresse wurden Neonazis über die Jahre als »Geisteskranke«, »Hitleristen«, »Politkriminelle« oder »Provokateure« beschimpft.[36] Noch 1992 beschloss der NPD-Vorstand, dass eine Kooperation mit »Gruppen, von denen Gewalt ausgeht oder die totalitäre Systeme kopieren«, verboten sei; namentlich erwähnt wurden unter anderem die in Ostdeutschland sehr erfolgreichen Organisationen FAP, NF und DA.

Holger Apfel, Udo Voigt und die Öffnung nach ganz rechts

Doch angesichts des eigenen Niedergangs bröckelte die Abgrenzungsstrategie den militanten Neonazis und ihrem jugendkulturellen Umfeld gegenüber. Und im Jahr 1992 war ein gewisser Holger Apfel Vize-Chef der Jungen Nationaldemokraten geworden, zwei Jahre später übernahm er den Vorsitz. Apfel war klar, dass nur die massenhafte Aufnahme junger Leute die NPD vor dem Aussterben bewahren konnte. Solche Mitglieder fanden sich aber weder bei der DVU noch den Republikanern, sondern einzig bei den radikalen Splittergruppen oder in der militanten Skinhead-Szene.

Es fügte sich glücklich, dass die Bundesregierung nach der Gewaltwelle von Hoyerswerda, Mölln, Solingen und Rostock-Lichtenhagen scharf gegen Rechtsextremisten vorging (nicht ohne dass der Bundestag zeitgleich das Grundrecht auf Asyl einschränkte). Insgesamt fünf rechtsextremistische Gruppen wurden zwischen 1992 und 1995 verboten, darunter auch die NF, GdNF und FAP. Deren Führungskader suchten nach neuen Betätigungsfeldern. Ihre Organisationen waren nach dem Vereinsrecht aufgelöst worden; das Unter schlüpfen bei einer zugelassenen Partei, hatten sie daraus gelernt, böte künftig einen gewissen Schutz. Die zweite Strategie, polizeilicher Repression zu entgehen, war die Bildung loser Kameradschaften. Da diese keine festen Strukturen besaßen, waren sie durch Verbote kaum zu treffen, über persönliche Kontakte aber dennoch überregional vernetzt. Die Kombination beider Strategien – das Ausnutzen des grundgesetzlich garantierten Parteienstatus und die flächendeckende Gründung lockerer Gruppen im quasi vorpolitischen Raum – war das Erfolgsrezept der extremen Rechten in den vergangenen zehn Jahren. NPD und militante Neonazis haben sich dabei gegenseitig benutzt und gemeinsam profitiert.

Erstmals beteiligten sich die Jungen Nationaldemokraten 1993 am jährlichen Rudolf-Hess-Gedenkmarsch, dem wichtigsten Treffen deutscher Rechtsextremisten. Einer der Redner war Holger Apfel. Ihre Kampagne zum 50. Jahrestag des Kriegsendes 1995 organisierte die NPD-Jugendorganisation gemeinsam mit der Kameradschaftsszene. Die JN meldete Demonstrationen an, um rechtsextremen Jugendlichen Gemeinschaftserlebnisse zu bieten. In der NPD war Apfels Kurs lange umstritten, die Gesamtpartei folgte der Jugendorganisation nur zögerlich. Auf dem 93er-Parteitag sollten JN-Leute wegen ihrer Zusammenarbeit mit militanten Gruppen ausgeschlossen werden – was aber scheiterte. Noch drei Jahre später, als die Öffnung nach ganz rechts längst offizielle Parteilinie war, zeigte sich das Unbehagen daran in kritischen Parteitagsanträgen.[37]

Udo Voigt, damals Landeschef in Bayern, hat Apfels Strategie früh unterstützt. Zur Stadtratswahl 1994 in München ließ er Neonazis auf der NPD-Liste antreten. Im gleichen Jahr rief Voigt zur Gründung eines »Bündnis Deutschland« auf, an dem sich auch »jugendliche Aktionsgruppen« (eine nette Umschreibung von Skinhead-Cliquen) beteiligen sollten.[38] Als er dann 1996 den Parteivorsitz übernahm, wurden die traditionellen Unvereinbarkeitsbeschlüsse sofort aufgehoben. Jahre später lobte er Apfel dafür, dass es ihm und den JN Anfang der neunziger Jahre gelungen sei, »Glaubwürdigkeit in der nationalen Jugend zurückzugewinnen«.[39]

Die Liste der Führungskader verbotener Neonazi-Gruppen, die nach 1992 in der JN aufstiegen – und ab 1996 auch in die Spitze der NPD –, ist lang: Thorsten Heise, geboren 1969, einst FAP-Funktionär, Ex-Skinhead und Eigentümer eines einträglichen Rechtsrock-Labels, sitzt seit Oktober 2004 im NPD-Bundesvorstand und betreut dort das »Referat Freie Kameradschaften«. Jens Pühse, geboren 1972, ehemaliger NF-Aktivist und ebenfalls lange in der Musik-Szene aktiv, stieg über den JN-Vorstand in die NPD-Bundesspitze auf, seit März 2005 ist er Geschäftsführer des Parteiverlages »Deutsche Stimme«. Ebenfalls aus der NF stammt Steffen Hupka, geboren 1962, der 1994 in die JN kam, schnell in den Vorstand rückte, NPD-Landeschef in Sachsen-Anhalt und Schulungsleiter des Bundesverbandes wurde, bevor er sich 2001 mit der Parteispitze überwarf. Sascha Roßmüller, geboren 1972, wechselte aus dem 1993 verbotenen Nationalen Block zu den JN, war von 1999 bis 2003 Chef der Parteijugend; heute sitzt er im NPD-Bundesvorstand, und die sächsische Landtagsfraktion bezahlt ihn als Referenten für Wirtschaftspolitik. Aus der GdNF schließlich kommen Christian Malcoci, geboren 1963, bei der Landtagswahl 2005 in Nordrhein-Westfalen auf Listenplatz 8 der NPD, und Thomas Wulff, geboren 1962, heute wichtiger Führer der Kameradschaftsszene und Hauptorganisator der NPD-Kundgebung zum Kriegsende am 8. Mai 2005 in Berlin.

Zusammen mit diesen Kadern strömten junge Leute in die Partei. Als Udo Voigt 1996 NPD-Chef wurde, war sie noch ein Häufchen von etwa 3000 Leuten. Allein im Jahr darauf gewann sie 1700 neue Mitglieder, 70 Prozent von ihnen unter 30 Jahre alt. Besonders rasant wuchs der sächsische Landesverband: Ende 1994 hatte er 100 Mitglieder, vier Jahre danach mehr als 1000. Heute hat die NPD 5300 Mitglieder, ihr Altersdurchschnitt liegt bei 37 Jahren und ist einer der niedrigsten aller Parteien.

Unter den neuen Mitgliedern waren auch zahlreiche gewaltbereite Skinheads, aber das störte die NPD nicht. Nüchtern hat der Vorstand nach Voigts Amtsantritt in einem Strategiepapier analysiert: »Angepasste, ›vernünftige‹ Bürger« werde man kaum erreichen, weshalb es bei der Mitgliederwerbung »keine Tabus« geben solle. »Mobilisierbar sind heute in erster Linie jene Massen von jungen Menschen, die nicht nur um ihre berufliche Zukunft, sondern auch um ihr nationales und kulturelles Selbstwertgefühl betrogen werden, die sich zu Menschen zweiter Klasse herabgewürdigt fühlen und sich wie Fremde im eigenen Land vorkommen. Wenn sich diese jungen Leute in eigenen Jugendkulturen, etwa Skinheadgruppen, zusammenschließen, so ist dies angesichts des Verfalls der Volksgemeinschaft in der BRD eine soziologische Selbstverständlichkeit, die hingenommen werden muss. Die NPD hat keine Probleme, mit solchen Gruppen zusammenzuarbeiten, wenn sie bereit sind, als politische Soldaten zu denken und zu handeln.«[40]

Mit großen, martialischen Demonstrationen gelang es der Partei in den folgenden Jahren, Tausende von Anhängern auf die Straßen zu bringen, etwa im März 1997 bei einem Protestzug in München gegen die umstrittene Wehrmachtausstellung oder zum 1. Mai 1998 in Leipzig. Die NPD förderte die Verbreitung von Rechtsrock und transportierte durch die Musik ihre Ideologie, sie holte einen Ex-Gitarristen der in der Szene beliebten Band »Noie Werte« in den Bundesvorstand. In einem Aufsatz der Zeitschrift des Nationaldemokratischen Hochschulbundes (NHB) mit dem Titel »Schafft Befreite Zonen!« wurde der Versuch unternommen, den Skinheads und ihrer Gewalt ein höheres Ziel zu geben und sie in ein politisches Handlungskonzept einzubinden. »Wir müssen Freiräume schaffen, in denen WIR faktisch die Macht ausüben, in denen WIR sanktionsfähig sind, d. h. WIR bestrafen Abweichler und Feinde«, heißt es darin. »Aus militanter Sicht befinden wir uns dann in einer BEFREITEN ZONE, wenn wir nicht nur ungestört demonstrieren und Info-Stände abhalten können, sondern die Konterrevolutionäre genau dies nicht tun können.«[41]

Voigts zweite wichtige Kurskorrektur war inhaltlicher Art. Die NPD radikalisierte sich weiter. Sie definiert sich nun selbst als – ausdrücklich systemfeindliche – »revolutionäre Partei«, und sie konzentriert sich auf soziale Themen und vertritt volkssozialistische Ideen. Die NPD sei »keine Rechtspartei« mehr, sondern eine »grundsätzliche Alternative zum gegenwärtigen Parteienspektrum«, sagt Voigt. »Wir wollen nicht der ›rechte Flügel‹ in diesem Parteienklüngel sein, sondern die Alternative zu diesem. Die NPD ist nicht eine Partei neben den Bonner Parteien, sondern gegen sie!«[42] Zu den Gegnern zählen somit auch DVU und Republikaner, die Voigt als »die Auch-Nationalen« verspottet, die sich »noch Hoffnung auf Zusammenarbeit mit der CDU/CSU machen«. Die NPD hingegen sei »Garant für eine neue politische Ordnung«, so Voigt. »Wir werden zur gegebenen Zeit unseren Beitrag zur überfälligen Machtablösung leisten.«[43] Die gewaltbereiten Jugendlichen seien quasi ein »verlängerter Arm unserer künftigen Abgeordneten in den Parlamenten. Das Zusammenspiel beider Kräfte wird dann in der Lage sein, dieses politische System zu überwinden«.

Besonders erfolgreich ist die NPD in Ostdeutschland. Mit sozialistischer Rhetorik und Forderungen nach einem stärkeren Sozialstaat bedient die Partei Sehnsüchte, die dort bei einem bedeutenden Teil der Bevölkerung vorhanden sind. Sie versucht, Unzufriedenheiten mit der Wiedervereinigung auszunutzen. (Noch 1990 hatte sie sich von der allgemeinen Euphorie mitreißen lassen, war einig mit Helmut Kohl und meinte, in zehn Jahren seien alle Teilungsfolgen vergessen.[44]) Heute knüpft die NPD geschickt an positive Erinnerungen an die DDR an. Auf einem Flugblatt des Landesverbandes Sachsen hieß es 1998, die DDR »war das bessere Deutschland«. Von Voigt selbst stammt die Formulierung, die DDR sei »sicher, im Vergleich zu den deutschen Nachkriegsgebilden Österreich und BRD, das deutschere Deutschland gewesen«.[45]

Staatsfeinde auf Staatskosten – V-Leute in der NPD

Schon zwei Jahre nach seinem Amtsantritt brachten Voigts Richtungsentscheidungen erste Erfolge. Bei der Landtagswahl 1998 in Mecklenburg-Vorpommern übersprang die NPD mit einem »Glatzenwahlkampf« (Voigt), der gezielten Ansprache rechtsextremer Jungwähler, die wichtige Marke von einem Prozent. Erstmals seit Jahren konnte sie damit wieder an der staatlichen Parteienfinanzierung teilnehmen. Im Jahr darauf eroberte sie in Sachsen die ersten neun Kommunalmandate, vor allem in ihren heutigen Hochburgen in der Sächsischen Schweiz. Bei der sächsischen Landtagswahl im selben Jahr kam sie auf 1,4 Prozent.

Zugleich aber trug Voigts und Apfels Strategie der NPD im Jahr 2000 ein Verbotsverfahren ein. Mit Verweis auf deren revolutionäre Rhetorik und die offene Kooperation mit Neonazis beantragten Bundesregierung, Bundestag und Bundesrat einhellig beim Bundesverfassungsgericht, die Partei für verfassungswidrig zu erklären. Die NPD stürzte das in eine Zerreißprobe: Für die Führung um Voigt war das Überleben der Partei oberstes Ziel. Der Vorstand glaubte, mit einer – zumindest vorübergehenden – Mäßigung im Auftreten und dem Verzicht auf provokante Demonstrationen das Verbotsverfahren abwenden zu können. Den neuen, radikalen Mitgliedern galt das als Schwäche, als Opportunismus, als »Schmusekurs mit der BRD«. Sie wetterten gegen die »kleingeistige, an die Grenzen ihres Horizonts stoßende Parteiführung«, glaubten, der Staat werde sich mit einem Verbotsverfahren selbst demaskieren und »der Bewegung« letztlich nützen.[46]

Sie gründeten eine »Revolutionäre Plattform« (RPF) in der NPD, mit der die Gesamtpartei auf neonazistischen Kurs gebracht bzw. gehalten werden sollte. Mit Steffen Hupka stand ein führender RPFler an der Spitze des Landesverbandes Sachsen-Anhalt. Putschartig übernahm die RPF auch den Landesverband Schleswig-Holstein. Voigts Stuhl wankte. Auf dem Bundesparteitag in Königslutter 2002 kam es zur Entscheidung. Günter Deckert, der als Gegenkandidat der RPF in die Vorsitzendenwahl gegangen war, unterlag klar.

Doch noch vor der ersten Verhandlung in Karlsruhe war das Verbotsverfahren schon wieder beendet. Der Staat hatte sich selbst ein Bein gestellt. Im Januar 2001 kam heraus, dass unter den vom Gericht geladenen Zeugen aus der Partei mindestens ein »Vertrauensmann« des Verfassungsschutzes war. In der Klageschrift wurden die Äußerungen und Taten gleich mehrerer V-Leute als Belege für die Verfassungswidrigkeit der NPD herangezogen – ihre Doppeltätigkeit blieb dabei unerwähnt. Kenner der Szene hatten immer gewusst, dass hohe Funktionäre der NPD über Jahrzehnte hinweg als staatliche Informanten dienten. Verfassungsschützer befürchteten von Beginn der Verbotsdebatte an, dass ihre V-Leute auffliegen würden. Die Prozessvertreter des Staates räumten in Karlsruhe schließlich ein, dass etwa 30 der rund 200 NPD-Vorständler – also fast jeder siebte – Geld vom Verfassungsschutz bekommen habe. Dem Gericht genügte der bloße Verdacht, die Behörden könnten über solche V-Leute Einfluss auf den Kurs der Partei genommen haben, um das Verbotsverfahren abzubrechen.

Wegen des Grundsatzes *in dubio pro reo* war das korrekt. Doch hat es eine Steuerung der NPD durch den Staat – eine auch in der Partei beliebte Verschwörungstheorie – sicherlich nie gegeben, tatsächlich war es oft umgekehrt: Nicht der Verfassungsschutz hat die V-Leute benutzt, sondern diese den Verfassungsschutz. So hat das Thüringer Landesamt über die Jahre insgesamt 25 000 DM an den Ex-NPD-Landeschef

Thomas Dienel gezahlt, wovon er nach eigenen Angaben neues Propagandamaterial kaufte. Ebenfalls in Thüringen flossen über 100 000 DM an Tino Brandt, NPD-Landesvize, Führungsmitglied der Revolutionären Plattform in der NPD und eine der Schlüsselfiguren für die Kooperation von Partei und Neonazi-Kameradschaften. Auch Brandt will das Geld voll in seine politische Arbeit gesteckt haben, unter anderem den Aufbau der Neonazi-Truppe Thüringer Heimatschutz.

In Brandenburg stand mit Carsten Szczepanski ausgerechnet der Mann auf der Gehaltsliste des Verfassungsschutzes, der die später verbotene Nazi-Musik-Organisation Blood&Honour in Ostdeutschland maßgeblich aufgebaut hat und das Heft *United Skins* herausgab, das wichtigste deutsche Propagandaorgan für die britische Nazi-Terrorgruppe Combat 18. Szczepanski hatte sich den Behörden angeboten, als er eine achtjährige Haftstrafe wegen versuchten Mordes an einem nigerianischen Asylbewerber absaß. Ungewöhnlich schnell, zwei Jahre nach dem Urteilsspruch, wurde er in den offenen Strafvollzug übernommen. Der Verfassungsschutz freute sich in einem internen Vermerk, dass sich dadurch Möglichkeiten eröffneten, »die vorher in diesem Umfang und in dieser Qualität nicht zur Verfügung gestanden hatten«.

Tagsüber hatte Szczepanski Freigang und tummelte sich in der Brandenburger Jungnazi-Szene, die Nächte verbrachte er im Gefängnis. 1999 wurde er ganz entlassen, ein Drittel der Haft zur Bewährung ausgesetzt, obwohl er alles andere als resozialisiert war. Im Auftrag des Verfassungsschutzes trat er nun in die NPD ein, wurde Parteichef von Königs Wusterhausen und später Organisationsleiter des Landesverbandes Brandenburg. Er »schuf also selbst die Strukturen, die er für den VS dann später auskundschaften sollte«, resümiert der Buchautor Rolf Gössner den Fall. Monatlich erhielt Szczepanski 1000 bis 1500 DM vom Verfassungsschutz. Er eröffnete einen Laden für rechte Musik und Literatur, und man darf annehmen, dass ihm das regelmäßige Einkommen dabei

geholfen hat. Nachdem der V-Mann im Sommer 2000 aufge-
flogen war, übernahm das Land die 45 214 DM Schmerzens-
geld, die ein Gericht dem nigerianischen Asylbewerber zuge-
sprochen hatte.

In zahlreichen Fällen haben staatliche Honorare verfas-
sungsfeindliche Aktivitäten finanziert. Andere V-Leute be-
gingen aus Angst vor einer Enttarnung Straftaten.[47] Wieder
andere fühlten sich durch die Zusammenarbeit mit dem Verfassungsschutz vor Strafverfolgung sicher und gingen größere
Risiken ein. Ein Brandenburger V-Mann, der Geschäfte mit
verbotener Nazi-Musik gemacht hatte, sagte bei der Staatsanwaltschaft aus: »Ich hätte meinen Laden oder meinen Handel niemals in so einem großen Stil aufgezogen, wenn mir
nicht durch die Potsdamer [Verfassungsschützer] Straffreiheit
bei einem eventuellen Verfahren zugesichert worden wäre.«[48]

Geradezu grotesk erscheinen im Rückblick die Zustände
in der nordrhein-westfälischen NPD. Im Zuge des Verbotsverfahrens kam heraus, dass die dortige Landesführung über
Jahre in der Hand von V-Leuten lag. Unabhängig voneinan-
der hatten das Bundes- und das Landesamt für Verfassungsschutz die Quellen Wolfgang Frenz und Udo Holtmann ange-
worben, den einen bereits 1962, den anderen 1978. Frenz war
unter eigenem Namen und etlichen Pseudonymen jahrzehntelang einer der eifrigsten Schreiber für NPD-Publikationen,
hergestellt wurden diese dann häufig in Holtmanns Druckerei. Frenz war von 1977 bis 1999 Landesvize in NRW, Holtmann ab 1993 Landeschef. Beide saßen im Bundesvorstand,
Holtmann war 1995/96 während des Übergangs von Deckert
auf Voigt sogar einige Monate kommissarischer Bundesvorsitzender. Während der gesamten Zeit bezog er Geld vom
Verfassungsschutz, konnte sich damit leisten, »seiner Partei
in schlechten Zeiten aus der Patsche zu helfen und die [partei-
eigene] Zeitung in seiner Druckerei zum Nulltarif herzustellen«, so Rolf Gössner in seinem Buch über rechtsextreme V-
Leute.

Nach ihrer Enttarnung kam zudem heraus, dass die NPD über die Spitzeltätigkeit der beiden Bescheid gewusst und kontrolliert hatte, welche Informationen weitergegeben wurden. Holtmann hatte den Parteivorstand über die Anwerbung informiert und sich seine Mitarbeit schriftlich genehmigen lassen; das Bundesamt wusste davon nichts und ging von einer »nachrichtenehrlichen und zuverlässigen« Quelle aus. Frenz schrieb nach seiner Enttarnung ein Büchlein über seine V-Mann-Zeit. Noch als Mitglied der Vorgängerpartei DRP sei er vom Verfassungsschutz angesprochen worden. »Auf einer kurz darauf stattfindenden Landesvorstandssitzung«, berichtet er, habe man ausführlich darüber beraten. Zwei weitere Vorstandsmitglieder hätten ähnliche Angebote bekommen, und man vereinbarte eine Regelung, »dass alle auf die Offerte des Amtes eingehen sollten und die vom Amt gewünschten Nachrichten untereinander abzustimmen. Die Honorare ... sollten nach Abzug der eigenen Kosten an die DRP-Landeskasse fließen, um dem chronischen Geldmangel in der Partei abzuhelfen«, so Frenz.[49] Ähnlich habe es die frühe NSDAP gemacht (sogar Adolf Hitler, so Biograph Ian Kershaw, begann seine politische Karriere als bezahlter V-Mann der preußischen Geheimpolizei[50]).

Nach Gründung der NPD wurde Frenz Landesgeschäftsführer; diesen Vollzeitjob habe er mit Wissen des Parteivorsitzenden von Thadden aus den 1000 DM Spitzelhonorar finanziert. Mehrfach habe er die NPD mit Spenden unterstützt, schließlich sei ihm von »der Firma«, wie Frenz in seinen Memoiren den Verfassungsschutz nennt, zur Selbstverteidigung sogar eine Walther-PPK-Pistole bezahlt worden. Die Berichte, die er im Gegenzug ablieferte, habe er mit der NPD-Spitze abgestimmt. Für die Kontrolle sei dort Winfried Krauß zuständig gewesen, langjähriges Vorstandsmitglied und hessischer Landeschef. »All das Geschreibe«, bestätigte Krauß im Rückblick, »kam vor Weitergabe über meinen Schreibtisch zur Prüfung.«[51]

Die Wissenschaftler Martin Dietzsch und Alfred Schobert haben die Fälle Frenz und Holtmann untersucht. Es sei unsinnig, dass der Verfassungsschutz sie geführt haben könnte, lautet ihr Fazit, auch seien sie keine *agents provocateurs* gewesen. »Vielmehr verkörperten die beiden ... den Typus des *omnimodo facturus*, d. h. es handelt sich um Personen, die man zu nichts anstiften kann, weil sie ohnehin zu allem bereit sind.«[52] Frenz selbst schreibt am Ende seines autobiographischen Berichts: »Ich habe mich immer als Parteisoldat verstanden, der für die Partei Kontakte zum Verfassungsschutzamt unterhielt.«

Verbote haben der NPD eher genutzt

Das Misstrauen und die Verunsicherung, die sich durch die reihenweise Enttarnung von V-Leuten in der NPD verbreiteten, haben sich schnell wieder gelegt. Letztlich hat das geplatzte Verbotsverfahren der Partei nicht geschadet, es hat ihr genutzt – nicht zum ersten Mal profitierte sie von staatlicher Verfolgung. Die Auflösung von Neonazi-Gruppen Anfang der neunziger Jahre und der folgende Zustrom junger Mitglieder haben den Wiederaufstieg der NPD überhaupt erst ermöglicht. Der spektakulär gescheiterte Prozess in Karlsruhe zehn Jahre später hat ihre Bekanntheit erheblich gesteigert und das (Selbst-)Bild einer Märtyrerpartei gefestigt. Und es hat vielerorts die Ansicht verstärkt, die NPD sei eine fast normale Partei: Wenn sie nicht verboten wurde, hört man heute häufig zum Beispiel in den neuen Ländern, könne sie ja so schlimm nicht sein.

In Westdeutschland ist die NPD nach wie vor eine Randerscheinung. Doch in einigen Regionen im Osten hat sie sich in den vergangenen Jahren fest etabliert. Bei den letzten Kommunalwahlen in Sachsen und Mecklenburg-Vorpommern eroberte sie Dutzende neuer Kommunalmandate. Sie stützt sich auf eine dynamische rechte Jugendkultur. Sie be setzt aktuelle Themen, beteiligte sich in den letzten Jahren beispielsweise an Demonstrationen gegen den Golfkrieg, gegen die Globalisierung und gegen die Sozialreformen der Bundesregierung. Sie nutzt das in den neuen Ländern weit verbreitete Gefühl von Zurücksetzung aus; Politikverdrossenheit und die Krise des Sozialstaats begünstigen ihre Propaganda. Wenn es dann noch gelingt, Absprachen mit anderen rechtsextremen Parteien zu treffen, werden Erfolge wie der Einzug in den Dresdener Landtag im September 2004 möglich.

Trotz ideologischer Unterschiede und persönlicher Abneigung der Führungsfiguren hatten sich die NPD und Gerhard Freys DVU geeinigt, nicht mehr gegeneinander anzutreten. Der NPD hat die Absprache bislang mehr genutzt. Ihre sächsische Fraktion agiert weitaus professioneller als die DVU-Leute im Potsdamer Landtag; anders als die NPD versucht die DVU gar nicht erst, stabile Parteistrukturen aufzubauen. Seit ihrem Sprung in den Landtag zieht die NPD Mitglieder von Republikanern und DVU, von Neonazi-Kameradschaften und rechten Splitterparteien wie der Deutschen Partei oder der Deutschen Sozialen Union an. Anders als im Westen hat es im Osten nie scharfe Grenzen und harte Rivalitäten zwischen den rechten Parteien gegeben, auch hing es dort nach 1989 oft vom Zufall ab, welcher Gruppierung man sich anschloss. Deshalb ist die Bildung einer »Volksfront von rechts«, wie Udo Voigt sie erhofft, dort leichter möglich.

Vor lauter Arbeit im Erfolgsjahr 2004 hat die Partei ihr 40-jähriges Gründungsjubiläum fast vergessen. Erst mit einem halben Jahr Verspätung versammelten sich 300 geladene Gäste zum Festakt in der Stadthalle von Stolberg bei Aachen. Im Saal hingen Wahlplakate aus vier Jahrzehnten Parteigeschichte. Nationalisten aus Belgien, Spanien, Rumänien und der Ukraine entboten ihre Grußworte. Draußen demonstrierten Hunderte NPD-Gegner. »Höhepunkt der Veranstaltung war die Ehrung verdienter langjähriger Mitglieder, welche

mit einer Ehrenurkunde und der goldenen Parteinadel be-
dacht wurden«, vermeldete die *Deutsche Stimme* hinterher.
»Die NPD als politischer Faktor in diesem Land ist unter der
Führung von Udo Voigt wieder ernst zu nehmen, alle über-
stürzten Angstreaktionen der Herrschenden zeigen nur, wie
richtig der eingeschlagene Weg ist«, schrieb die Parteizeitung
in gewohnter Großspurigkeit. »Das noch häufig als Wagnis
empfundene Bekenntnis zur NPD und zur nationalen Sache
wird immer selbstverständlicher.«

Überschwänglich wurde dem Pächter der Stadthalle ge-
dankt, »der trotz allem auf ihn ausgeübten Druck Courage
bewies und an der Vermietung des Saales festhielt. Der Wind
schlägt um!« Dass der derart Gelobte aus der Türkei stammte, verschwieg man geflissentlich.

Wettlauf der Antifaschisten

Das gescheiterte NPD-Verbot
ist ein Lehrstück über
symbolische Politik

Hinterher ist man immer klüger. Das Tragische am geplatzten NPD-Verbotsverfahren ist, dass in diesem Fall die meisten Beteiligten schon vorher klüger waren. Er »neige eher zur Skepsis«, sagte der Bundesminister des Innern, Otto Schily, im August 2000, als die Debatte um ein Verbot der rechtsextremistischen Partei gerade begonnen hatte. »Das Bundesverfassungsgericht hat sehr hohe Hürden für das Verbot einer Partei errichtet.«

Als die Diskussion um den Gang nach Karlsruhe begann, hat ihn kaum jemand gewollt. Fast alle Fachleute aus Polizei und Justiz rieten ab. Und wirklich jeder wusste, dass das Verbotsverfahren sehr riskant werden würde, dass die Illegalisierung einer Partei demokratisch bedenklich und ihr Nutzen im Kampf gegen Rechtsextremismus zweifelhaft ist. Der bayerische Innenminister Günther Beckstein trat die Diskussion am 1. August 2000 los, und damals habe er sich, sagt Beckstein im Rückblick, gefühlt, als stehe er »allein auf der Zugspitze in einem Orkan«. Wenig später aber beantragten Bundesregierung, Bundesrat und Bundestag beim Bundesverfassungsgericht einmütig das Verbot der NPD. In der Zwischenzeit hatten die Politiker einander unter Druck gesetzt, jeder wollte am tatkräftigsten erscheinen im Kampf gegen den Rechtsextremismus, jeder wollte die vermeintlichen Erwartungen der Öffentlichkeit bedienen. Am Ende gab es kein Zurück mehr. Der Streit um das NPD-Verbot ist ein Lehrstück für die Eigendynamik symbolischer Politik.

Die Debatte hatte einen langen Vorlauf gehabt. Anfang 2000 provozierte die NPD die Öffentlichkeit mit zahlreichen Demonstrationen: Skinheads marschierten durchs Brandenburger Tor, Neonazis schwenkten ihre Fahnen Unter den Linden in Berlin. Weil die NPD das Parteienprivileg genießt, konnten die Aufmärsche nicht verboten werden. Da schlug die Berliner ÖTV-Vorsitzende Susanne Stumpenhusen vor, die Partei selbst für ungesetzlich zu erklären. Das war im März 2000. Die öffentliche Reaktion: Schweigen.

Kurz vor Ostern wurde ein Brandanschlag auf die Synagoge in Erfurt verübt. Nun war die Reihe an dem Thüringer Innenminister Christian Köckert, ein Verbot der NPD zu verlangen. Das Bundesinnenministerium wies den Vorstoß zurück. Sprecher Rainer Lingenthal warnte vor »Schnellschüssen und unbedachten Forderungen«. Ende April meldete sich der Hamburger Juso-Chef Gernot Wolter zu Wort und meinte, man müsse über das NPD-Verbot nachdenken. Am 1. Mai demonstrierte die NPD wieder in zahlreichen Städten, jetzt war es der sächsische DGB-Vorsitzende Hanjo Lucassen, der die Verbotsidee aufgriff. Bundesjustizministerin Hertha Däubler-Gmelin erwiderte im Südwestrundfunk: »Ach, ich halte das eigentlich im Grunde genommen alles für Forderungen, die wohlfeil sind.« Ein Parteiverbot führe nicht weiter im Kampf gegen den Rechtsextremismus. Im Übrigen seien die bestehenden Gesetze »scharf genug, man muss sie anwenden«.

Es folgte eine Kette spektakulärer rechtsextremistischer Gewalttaten. In Dessau traten drei Jungnazis den Mosambikaner Alberto Adriano zu Tode. In Dortmund erschoss ein durchgedrehter Rechtsradikaler drei Polizisten. Plötzlich meldeten die Medien fast täglich Angriffe auf Ausländer, Obdachlose und linke Jugendliche – die gab es zwar vorher auch, nur hatten sie da kaum jemanden interessiert. Nun aber schaffte es sogar ein »Sieg Heil«-Ruf in Göhren auf der Insel Rügen in eine dpa-Meldung.

Am 26. Juli schließlich wurden bei einem – bis heute ungeklärten – Bombenanschlag am Düsseldorfer S-Bahnhof Wehrhahn zehn jüdische Auswanderer aus der ehemaligen Sowjetunion verletzt. Politik und Öffentlichkeit waren aufgerüttelt. Die Republik lernte den Begriff »national befreite Zone« kennen und suchte nach durchgreifenden Maßnahmen gegen die rechtsextremen Umtriebe. SPD und Grüne bekannten sich zur Weltoffenheit der Republik, verdammten Rassismus und Fremdenfeindlichkeit – und warfen CDU/CSU vor, daran Mitschuld zu tragen. Die Landtagswahlkämpfe der Union in Hessen 1999 und Nordrhein-Westfalen 2000 (»Kinder statt Inder«) hätten das gesellschaftliche Klima vergiftet. Bundestagspräsident Wolfgang Thierse erklärte in der ZEIT: »Die Art und Weise, in der gelegentlich Politiker über Einwanderung, Asyl und Ausländer reden, ist hochgefährlich.«

Das konnte die Union nicht auf sich sitzen lassen. Am 1. August trat der bayerische Innenminister vor die Presse und forderte »eine Rechts- und Sicherheitspolitik, die alle Möglichkeiten der Prävention und der Repression ausschöpft«. In Bayern werde bereits nach dieser Prämisse gehandelt, sagte Günther Beckstein. Von der Bundesregierung verlangte er, in Karlsruhe ein Verbot der NPD zu beantragen. »Wir dürfen nicht zulassen, dass unter dem Schutz des Parteienprivilegs neonazistisches Gedankengut und Gewalt gefördert werden.« Anders als noch im Frühjahr war jetzt der Boden für eine hektische Debatte bereitet.

Unverzüglich unterstützte Niedersachsens Ministerpräsident Sigmar Gabriel die bayerische Initiative. Im Kampf gegen rechts müsse man »bis an den Rand des verfassungsrechtlich Vertretbaren gehen«. Sein Innenministerium hatte schon im März die Chancen für ein Verbot geprüft – und für gut befunden. Auch Bundesumweltminister Jürgen Trittin und Saarlands Ministerpräsident Peter Müller äußerten sich zustimmend.

Ansonsten aber hagelte es Ablehnung. Grünen-Chefin Renate Künast nannte die Idee »juristisch unsinnig«. Becksteins nordrhein-westfälischer Kollege Fritz Behrens sagte, eine Verbotsklage habe keine Aussicht auf Erfolg. »Unabhängig davon halte ich es aus Gründen der politischen Opportunität für zweifelhaft, ob Verbote im Kampf gegen den Rechtsextremismus das richtige Mittel sind«, so Behrens in einem Interview mit der *Süddeutschen Zeitung.* »In Nordrhein-Westfalen haben wir die Erfahrung gemacht, dass nach dem Verbot der Freiheitlichen Arbeiterpartei die gewalttätigen Rechtsextremisten in den Untergrund oder in diffuse Gruppen abgetaucht sind und sich dadurch von den Sicherheitsorganen viel schwerer überwachen ließen.« Ähnlich argumentierten zahlreiche Verfassungsschützer. Berlins Innensenator Eckart Werthebach erklärte: »Wenn ich heute die NPD verbiete, dann wird morgen eine neue Organisation entstehen.« Für das Bundesinnenministerium gab Staatssekretärin Cornelie Sonntag-Wolgast zu Protokoll, ein Verbot sei »nicht ratsam«. Und Regierungssprecher Uwe-Karsten Heye mahnte, die Verbotsdebatte dürfe »nicht von der eigentlichen Aufgabe ablenken, den gesellschaftlichen Widerstand gegen rechtsextremistische Gewalt zu organisieren«. Vergeblich. Die NPD-Frage dominierte in den folgenden Tagen, Wochen und Monaten die Auseinandersetzung mit dem Rechtsextremismus.

Die Bundesregierung war kalt erwischt worden. Gerhard Schröder erholte sich auf Mallorca, Otto Schily weilte in der Toskana. Günther Beckstein verschob seinen Urlaubsbeginn, als er sah, welche Kreise sein Vorstoß zog. Er stand nun als entschiedenster Kämpfer gegen den Rechtsextremismus da und trieb fortan die Skeptiker vor sich her.

Gemeinsam mit seinem Ressortkollegen aus Baden-Württemberg forderte Beckstein am 3. August, eine Bund-

Länder-Arbeitsgruppe zur Prüfung des Verbots einzurichten. Das Haus Schily bezeichnete ein solches Gremium als »überflüssig«. Die Nachrichtenagenturen schrieben zwar noch, ein Verbot werde »immer unwahrscheinlicher«, weil der Bund und eine Mehrzahl der Länder dagegen seien. Doch die Kritiker fielen um wie Dominosteine. Am 3. August war Brandenburgs Ministerpräsident Manfred Stolpe noch dagegen, am Tag darauf plötzlich dafür. Thüringens Innenminister Köckert, der im April ein NPD-Verbot gefordert hatte, lehnte es Anfang August ab und wurde dann doch wieder zum Unterstützer. Und so weiter.

Von Mallorca aus musste der Bundeskanzler ansehen, wie die CSU ihm im Kampf gegen die Neonazis den Rang ablief. Die ablehnende Haltung der Bundesregierung gegenüber der Beckstein-Initiative wurde im Ausland als unsensibel empfunden. Der Kanzler führte ein sehr lautes Telefonat mit seinem Regierungssprecher Heye. Am Nachmittag des 4. August folgte die überraschende Pressemitteilung: Der Bund wolle, dass eine Arbeitsgruppe »schnellstmöglich zusammentreten und ihre Arbeit aufnehmen kann«.

Im Prinzip war das NPD-Verbotsverfahren damit schon nicht mehr aufzuhalten. Zwar sollten die Fachleute erst einmal bloß die Argumente und Erfolgsaussichten prüfen. Zwei Unter-AGs wurden gebildet: Die eine sammelte Belege für die Verfassungswidrigkeit der NPD, die andere prüfte die Erfolgsaussichten einer Klage. Diese zweite Untergruppe warnte bis zuletzt vor dem Risiko eines Gangs nach Karlsruhe und bezweifelte die Verhältnismäßigkeit eines Parteiverbots. Aber darum ging es längst nicht mehr. Justizministerin Hertha Däubler-Gmelin erklärte: »Wenn das Verbot möglich ist, machen wir es.« Im aufgeregten Sommer 2000 wäre es wohl bereits als »Persilschein« für die NPD aufgefasst worden, hätte eine Regierungskommission erklärt, die Verfassungswidrigkeit der Partei lasse sich nicht zweifelsfrei belegen. Am 11. August traf sich die Arbeitsgruppe erstmals. An jenem

Tag verabschiedete sich Günther Beckstein in seinen zuvor verschobenen Urlaub.

In der folgenden Woche ging Gerhard Schröder – gerade von Mallorca zurückgekehrt – in die Offensive und gab der *Bild am Sonntag* ein energisches Interview. Das NPD-Verbot sei »ein Stück politischer Hygiene«, sagte er und schlug vor, Bundesregierung, Bundesrat und Bundestag sollten das Verfahren gemeinsam auf den Weg bringen. So demonstriere man Einigkeit. Genauso wichtig dürfte dem Kanzler gewesen sein, bei einem eventuellen Schiffbruch alle Parteien im sinkenden Boot zu haben.

Obwohl Otto Schily noch immer Vorbehalte gegen den Verbotsantrag hatte, setzte er ihn in den folgenden Wochen gemeinsam mit Beckstein und dem niedersächsischen Innenminister Heiner Bartling durch. Die FDP war als einzige Partei geschlossen dagegen, CSU und PDS votierten ebenso geschlossen dafür. CDU, SPD und Grüne waren gespalten, wobei unter den Christdemokraten die Skepsis zu-, unter den Sozialdemokraten abnahm. In der Union argumentierte am Ende nur noch Roland Koch gegen das Verbot. Er und Edmund Stoiber sollten sich bei der entscheidenden »Kaminrunde« der Ministerpräsidenten Ende Oktober im Schweriner Schloss regelrecht anbrüllen.

Der September verlief ruhig. Die Politik diskutierte wieder andere Themen, etwa, ob Spendensünder Helmut Kohl beim Staatsakt zum zehnten Jahrestag der Wiedervereinigung reden dürfe. In der Nacht zum 3. Oktober aber wurde in Düsseldorf ein Brandanschlag auf eine Synagoge verübt – von zwei arabischen Jugendlichen, wie sich Monate später herausstellen sollte. Doch zunächst wurde die Tat Neonazis zugeschrieben. Das Entsetzen war groß. Gerhard Schröder eilte unverzüglich in die Synagoge, blickte betroffen auf die verrußte Eingangstür, sprach eine Stunde lang mit Paul Spiegel, dem Vorsitzenden des Zentralrats der Juden. Der hatte direkt nach dem Anschlag öffentlich gefragt, ob Juden weiterhin in Deutschland leben könnten. »Im Angesicht von Paul Spiegel«, so beschreibt es einer der damals anwesenden Politiker, »vollzog sich ein bemerkenswerter Sinneswandel – auch bei mir. Jetzt reicht es, dachten wir. Wenn in Deutschland wieder Synagogen brennen, ist Zeit, dass der Staat Flagge zeigt.« Dem Kanzler war klar: Es musste etwas geschehen, ein politisches Signal war notwendig. Gegenüber Spiegel gelobte er, das NPD-Verbot durchzuziehen. Hinterher rief er die Deutschen zum »Aufstand der Anständigen« auf.

Nur zwei Tage später – die Bund-Länder-Arbeitsgruppe hatte ihre Prüfungen noch nicht beendet – verkündete Otto Schily: Die Entscheidung für das Verbotsverfahren sei gefallen. Mit »Detailfragen« wie der Unterwanderung der NPD durch V-Leute beschäftigten er und seine Länderkollegen sich nicht. Am 31. Januar 2001 reichte die Bundesregierung ihren Antrag in Karlsruhe ein. Ein Misserfolg, sagte Schily, sei »sehr unwahrscheinlich«.

Hinterher ist man immer klüger.

Sozialismus nur für Deutsche

Das Progamm der neuen NPD:
revolutionär-antikapitalistisch statt
konservativ-antikommunistisch

»Der neue Nationalismus wird
sozialistisch sein, oder nicht sein.«
Joseph Goebbels, 1927

Adolf von Thadden müsste sich im Grabe umdrehen. Mit der Partei, der er von 1967 bis 1971 vorsaß, hat die NPD des Jahres 2005 nur noch wenig zu tun. Der heutige Parteichef Udo Voigt tönt: »Es ist unser Ziel, die BRD ebenso abzuwickeln, wie das Volk vor 15 Jahren die DDR abgewickelt hat.« Als sein »Endziel« nennt er eine »neue Ordnung in Deutschland«.[53] So etwas hätte Adolf von Thadden niemals öffentlich gesagt – und wahrscheinlich hat er es auch nicht heimlich gedacht. Bei aller Kritik *am* System – die frühe NPD wollte lieber *im* System anerkannt werden, als es abzuschaffen.

»Wir sind nationalkonservative Damen und Herren ..., jederzeit bereit ..., die parlamentarisch-freiheitliche Demokratie nicht nur anzuerkennen, sondern sie auch im Notfall, ... sogar als Avantgarde, zu verteidigen!«[54], betonte zum Beispiel einer der acht NPD-Abgeordneten, die 1966 in den hessischen Landtag eingezogen waren. In dem Buch *NPD – Weg, Wille, Ziel*, mit dem die Partei sich 1967 selbst vorstellte, nannte sie als ihren Anspruch, »eine Synthese zwischen dem Nationalen und dem Demokratischen herzustellen, d. h. sich bewusst der bestehenden Parteienstruktur einzugliedern und deren gesetzte Spielregeln, insbesondere das System des freiheitlich-demokratischen Parlamentarismus, für sich verbindlich anzuerkennen«. Von Thadden selbst sagte im Bundestagswahlkampf 1969: »Die NPD ist eine demokratische Partei in einem demokratischen Staat. Die NPD ist in einem Mehrparteiensystem mit ihren Auffassungen eine Partei neben anderen Parteien.«[55] Udo Voigt dagegen betont: »Wir wollen nicht der ›rechte Flügel‹ in diesem Parteienklüngel sein, sondern die Alternative zu diesem«, die NPD stehe nicht neben den anderen Parteien, »sondern gegen sie!«.[56]

Natürlich, die NPD war immer eine rechtsextremistische Partei. Doch unter diesem allgemeinen Begriff verschwimmen wichtige Unterschiede und Entwicklungen. In den 40 Jahren ihres Bestehens hat die NPD eine erstaunliche Wandlung durchlaufen. In den frühen Jahren war sie eine antikommunistische, besitzbürgerliche, christlich-konservative Partei von Hitlerromantikern. Zwar war sie USA-kritisch, aber die Anhänger einer Westbindung der Bundesrepublik stellten doch die Mehrheit. Sie buhlte um Anerkennung durch die CDU, nur zu gern wäre sie Koalitionspartnerin geworden. Heute ist die NPD eine revolutionäre Kaderpartei, sie propagiert einen grundlegenden Umsturz, sie will in Deutschland einen nationalen Sozialismus errichten. Sie ist radikal anti-amerikanisch. Sie lehnt das Christentum ab und pflegt stattdessen germanisch-heidnisches Brauchtum.

Ohne diese ideologische Neuausrichtung der Partei wäre ihr Wiederaufstieg in den vergangenen Jahren, wäre der erfolgreiche Anti-Hartz-IV-Wahlkampf in Sachsen 2004 nicht möglich gewesen. Im Grundsatz fand der Wandel zur neuen NPD bereits in den siebziger und achtziger Jahren statt. Doch damals, in der alten Bundesrepublik, fehlte der Rahmen, diese zu einem Erfolg werden zu lassen. Er bot sich erst im Ostdeutschland nach der Wiedervereinigung. Was sich aber über die Jahre nie im Grundsatz geändert hat, sondern nur in der konkreten Erscheinung, ist der Versuch der

NPD, sich positiv auf das Dritte Reich zu beziehen, seine Verbrechen zu relativieren, die zugrunde liegende Ideologie zu verteidigen – dieser Identitätskern der NPD ist bei allen programmatischen Veränderungen unberührt geblieben. Oder, anders ausgedrückt: Über allem, was die NPD schreibt und tut, liegt unvermeidlich der Schatten des Nationalsozialismus.

Man mag es kaum glauben, aber während der ersten drei Jahre ihrer Existenz besaß die NPD gar kein Programm. Erst auf dem dritten Parteitag im November 1967 in Hannover wurde es von den Delegierten beschlossen– aber da hatte die NPD schon rund 25 000 Mitglieder und war bereits mit 23 Abgeordneten in den Landtagen von Hessen und Bayern vertreten.

Bis zu diesem Zeitpunkt hatte es lediglich ein *Manifest der NPD* gegeben, das auf eine DIN-A4-Seite passte, dazu ein gerade drei Seiten langes Dokument mit dem Titel *Grundsätze unserer Politik*. Im *Manifest* ging es zwar ausschließlich um die deutsche Teilung, in dräuendem Ton wurde da die »nationale Not« beklagt und ein »wiedervereinigtes, unabhängiges Deutschland« in einem »europäischen Europa« gefordert. Aber in der Wortwahl klangen bereits Anti-Amerikanismus und völkisches Denken (»raumfremde Mächte entmündigen die Völker Europas«) und Ressentiments gegen die Etablierten (die »Bonner Parteien«) durch.

An den *Grundsätzen* ist abzulesen, auf welche Klientel die NPD zielte: Mittelstand, Bauerntum und Arbeiterschaft, ehemalige Wehrmachtangehörige und Kriegsinvaliden. Schon im zweiten von zwölf Punkten hieß es etwa, »die Machtansprüche der Großgeschäftswelt« müssten gebremst, die »Überfremdung mit ausländischem Kapital« und der »Ausverkauf unserer Grundindustrien an Weltkonzerne« verhindert werden. Daneben wurde proklamiert: »Der deutsche Arbeiter hat einen vorrangigen Anspruch auf Sicherung seines Arbeitsplatzes gegenüber ausländischen Arbeitskräften.«

Landwirte sollten eine »Einkommensgarantie« erhalten, Kriegsbeschädigte einen »Ehrensold«.

Im Ganzen waren die *Grundsätze* ein Dokument des Jammerns, der Angst vor einem Abstieg, dem Zu-kurz-Kommen. Die »erschreckende Zunahme der Kriminalität«, ein Klassiker bei allen Rechtsparteien, fehlte natürlich nicht. Pauschal wurde über Korruption und öffentliche Verschwendung geklagt, ebenso über Entwicklungshilfezahlungen an die Dritte Welt. Aus fast jedem Satz klang die kleinbürgerliche Furcht vor der Modernisierung und Liberalisierung der Gesellschaft, vor einer »geistlosen Nivellierung in der Masse«. In Punkt acht hieß es: »Unsere Jugend ist heute unter Duldung aller verantwortlichen Stellen außerhalb der Familie den Geschäftemachern mit dem ›Sex‹ und zersetzenden Einflüssen einer verderbten Umwelt ausgesetzt. Sie will und braucht aber anständige und saubere Vorbilder. Daher fordern wir die Beseitigung der öffentlichen Unmoral, durch die täglich insbesondere die Würde der Frau verletzt wird.«

Zu den »anständigen Vorbildern« gehörten schon damals die Soldaten der Wehrmacht. Ein Drittel der *Grundsätze* arbeitete sich ab am Zweiten Weltkrieg: Um »seiner Zukunft willen« brauche Deutschland »ein wahres Geschichtsbild«, meinte die NPD. »Wir wehren uns gegen die Verherrlichung des Landesverrates und die Behauptung, Deutschland sei an allem Unglück der Welt allein schuld. Sie führten zur moralischen Selbstvernichtung unserer Nation. Wir fordern deshalb: Schluss mit der Lüge von der deutschen Alleinschuld, mit der von unserem Volk fortgesetzt Milliardenbeträge erpresst werden sollen. Die tapfere Haltung deutscher Soldaten aller Zeiten muss Vorbild der Bundeswehr sein. ... Schluss mit einseitigen Prozessen zur Vergangenheitsbewältigung, während in anderen Ländern millionenfache Kriegsverbrechen an deutschen Männern, Frauen und Kindern ungesühnt bleiben. Die innere Befriedung Deutschlands und Europas verlangt gleiches Recht für alle und einen Schlussstrich durch Generalamnestie.« Unmissverständlich forderte die NPD: »Deutschland hat Anspruch auf die Gebiete, in denen das deutsche Volk seit Jahrhunderten gewachsen ist.«

Nationalsozialisten, Nationalisten, Nationalkonservativen und selbst katholischen Konservativen sollte es möglich sein, in der alten NPD eine Heimat zu finden. Das erste Programm von 1967 war deshalb in vielen Punkten schwammig, in einigen widersprüchlich. Es versammelte Banalitäten (»Zur Bekämpfung der Unfallgefahren fordern wir die Beseitigung der schienengleichen Übergänge«) und Populismus (»Die Vielzahl der Verbrauchssteuern ist zu beseitigen«). Zahlreiche Forderungen ließen die Sehnsucht nach Ruhe und Ordnung erkennen (»Der Lehrer muss im Volk eine geachtete Stellung einnehmen«).

»Alle Krisen unserer Zeit« begannen mit Hitlers Niederlage

Den Nationalsozialismus hat auch die alte NPD verharmlost. Sie hat Verbrechen nicht direkt geleugnet, aber verschwiegen und relativiert. In einer Anleitung für Parteiredner aus dem Jahr 1966 wurde beispielsweise als Musterantwort auf Fragen nach Hitlers Konzentrationslagern vorformuliert: »Die NPD bedauert, dass in diesen Lagern politische Gegner des Dritten Reiches mit Kriminellen zusammengesperrt wurden. Schäden an Gesundheit oder Vermögen sind durch die Wiedergutmachungsgesetzgebung im Rahmen des Möglichen repariert worden.«[57] Mit keinem Wort wurden hier jüdische Opfer erwähnt. Kaum verklausuliert schob die Partei den Juden sogar eine Mitschuld an ihrer Ermordung unter: »Weder deutsche noch jüdische Menschen konnten aber jemals in die Mordmaschinerie von Auschwitz geraten sein, wäre es nicht 1939 zum Krieg gekommen und wären nicht alle Friedensversuche bis 1941 gescheitert«, schrieb das Parteiblatt *Deutsche Nachrichten* im Jahr 1965. »Dieser Zusammenhang von jüdischen Kriegserklärungen und jüdischen Kriegstaten mit den Vorwänden zu Vernichtungsaktionen im Zuge der Barbarisierung und Ausweitung des Krieges kann hier nur angedeutet werden.«[58]

In der Weltsicht der NPD haben die Alliierten Deutschland nicht vom Nationalsozialismus befreit, sondern es als »fremde Gewalt« besetzt und aufgeteilt. Die Deutschen, so das Parteiprogramm, »beugen« sich »noch immer« dem »Willen der Sieger«. Durch diese »Unterwerfung« würden deutsche »Werte und Lebensformen« verfremdet; »unser Volk« drohe, »seinen Charakter zu verlieren«. »Alle Krisen unserer Zeit« hätten mit der bedingungslosen Kapitulation begonnen.[59]

Immer changierte die NPD zwischen Bekenntnissen zur Demokratie und letztlich antipluralistischen Forderungen. Formal bekannte sich die NPD zur Bundesrepublik, aber das Staatsideal, dem die Partei folgte, war nie freiheitlich, sondern autoritär und völkisch. Zwar sagte das 67er-Programm: »Der Staat muss dem Volk und seinen freien Bürgern dienen.« Doch nur wenige Absätze später hieß es, der Staat sei es, der »das Leben des Einzelnen mit Sinn und Wert« erfülle, das Individuum solle »zur Hingabe an das Ganze begeistert« werden.[60]

In einer damals viel beachteten Rede beschrieb der Parteiideologe Prof. Ernst Anrich 1966 in NS-Diktion das Volk als einen »biologischen Organismus besonderer Artung und Keimkraft«. Auf die darauf folgende Kritik antwortete Anrich, er sei missverstanden worden, und gestand zu, dass es »kein reinrassiges Volk« gebe, um sich im Folgenden doch wieder selbst bloßzustellen: »Wir können es überall verfolgen, dass jeweils in jedem Volk eine verhältnismäßig bestimmte Mischungsproportion als Gesetz dieses Organismus waltet. ... Ist diese Proportion überschritten, so folgt der Verfall.«[61] In derselben Parteitagsrede hatte der einstige Reichsschulungsleiter des NS-Studentenbundes durchscheinen lassen, dass er immer noch der alten Ideologie von der Volksgemeinschaft anhängt: »Der Staat ist höher als der Mensch und als die Menge der augenblicks lebenden Menschen, er hat Souveränität über sie«, so Anrich. »Nicht nur der Staat ist mehr als der Mensch ... auch das Volk und das Volkstum.«[62] Mit den Prinzipien des Grundgesetzes der Bundesrepublik und den individuellen Freiheitsrechten ist solches Denken nicht vereinbar, aber es ist bis heute die Basis aller NPD-Programme.

So ist es auch wenig verwunderlich, dass damals im Parteiblatt *Deutsche Nachrichten* die autoritären Regime Westeuropas gelobt wurden, etwa Griechenland, Portugal oder Spanien: »Franco regiert nach wie vor ruhig und gelassen sein Land, das er gegen die west-östliche Verschwörung in voller Souveränität erhalten konnte. ... Die Grundbegriffe des europäischen Daseins und Lebens: Familie, Moral, Ehre, Vaterland und Heldentum gelten dort noch und werden nicht systematisch lächerlich gemacht von geistig und charakterlich Halbstarken.«[63]

Anders als heute vertrat die NPD in ihrer Frühzeit eine eindeutig pro-kapitalistische Grundhaltung: der »Schutz des Eigentums« wurde in den *Grundsätzen* von 1964 postuliert, ein »wagemutiges, selbstständiges Unternehmertum« gewürdigt. Den »heimischen Produktionskräften« müsse der Staat »volle Entfaltungsmöglichkeiten« sichern. Wortreich (und glaubwürdig) konnte der erste Vorsitzende Fritz Thielen, selbst Betonfabrikant, über die Probleme kleiner und mittlerer Unternehmen reden. Er war dafür, den Wohlstand in der Bundesrepublik zu mehren – als »Mittel für den Zweck der Verteidigung der freien Welt gegen die bolschewistische Bedrohung«.[64] Die kapitalkritische Formulierung von den »Machtansprüchen der Großgeschäftswelt« aus den *Grundsätzen* fand sich im ausführlichen Parteiprogramm nicht mehr wieder. Damals hoffte die NPD-Spitze noch auf Spender aus der »Großgeschäftswelt«.

Im Bundestagswahlkampf 1969 »präsentierte sich die Partei als staatstragende, für Ruhe und Ordnung sorgende und Kontinuität gewährleistende nationale Opposition«, fasst das *Parteien-Handbuch* die frühe Programmatik zusammen.[65] Der erhoffte Sprung über die Fünf-Prozent-Hürde misslang der NPD trotzdem. In der Folgezeit versuchte sie fast verzweifelt, sich noch gemäßigter zu geben. Nur wenige Monate nach der Bundestagswahl bekannte sie sich im *Wertheimer Manifest* ausdrücklich zur freiheitlich-demokratischen Grundordnung. Die europa- und amerikakritische Partei erklärte nun, man unterstütze »die Schaffung eines europäischen Staatenbundes« und bejahe »für eine Übergangszeit« das atlantische Bündnissystem. Adolf von Thadden gelang es sogar, die explizite Aussage durchzusetzen: »Die NPD ist konservativ.« In Wertheim wurde die Distanz zu den »Bonner Monopolparteien« endgültig aufgegeben. Die Westbindung der Bundesrepublik war akzeptiert, mit den USA hatte man sich wenn schon nicht versöhnt, so doch arrangiert. Hauptfeind der NPD war der Kommunismus, im Äußeren wie im Inneren. Man bot sich der Union als Kampfgefährten gegen die sozialliberale Koalition Willy Brandts an. Aber CDU und CSU ignorierten alle Anbiederungsversuche.

Thaddens Kurs war in der Partei umstritten. Doch auch sein Nachfolger Martin Mußgnug verfolgte die nationalkonservative Linie vorerst weiter, im Düsseldorfer Programm von 1973 wurde sie noch einmal fortgeschrieben. Jahrelang kämpfte Mußgnug mit dem radikalen Parteiflügel, der eine Abkehr vom Konservatismus forderte. Einige militante Gruppen spalteten sich damals von der NPD ab. Auf der anderen Seite verließen gemäßigte Mitglieder frustriert die Partei. Bei der Bundestagswahl 1976 erlebte die NPD erneut eine Pleite. Auf dem folgenden Parteitag forderte dann auch Mußgnug eine »innere Erneuerung« der Partei. In welche Richtung es gehen sollte, wusste er zu diesem Zeitpunkt aber selbst noch nicht.

»Nationalismus ist Fortschritt« –
Die Neue Rechte

Andere waren längst weiter – außerhalb der NPD hatte sich seit Mitte der sechziger Jahre die so genannte Neue Rechte gebildet. Das waren vor allem junge Leute, die sich demonstrativ absetzten von der Alten Rechten und deren Vergangenheitsfixierung, Obrigkeitsglauben und Intellektuellenfeindlichkeit. Die Neue Rechte wollte einen modernisierten Nationalismus: Durch Bezüge auf die neuere Verhaltensforschung sollte das Konzept wissenschaftlich fundiert und mit anti-imperialistischen Argumenten in eine Reihe mit den anti-kolonialistischen Befreiungsbewegungen in der Dritten Welt gestellt, Deutschland schließlich nach einem volksrevolutionären Umsturz in einem nationalen Sozialismus wiedervereinigt werden.

Die Neue Rechte versuchte nicht mehr, Hitler von seinen Verbrechen, sondern den deutschen Nationalismus von Hitler zu trennen. Sie knüpfte einerseits bei den Protagonisten der Konservativen Revolution des frühen 20. Jahrhunderts an (u. a. Arthur Moeller von den Bruck und Carl Schmitt), andererseits bei den modernen Naturwissenschaften. Wichtiger als die Erringung politischer Macht oder parlamentarischer Mandate war ihnen, »kulturelle Hegemonie« zu gewinnen. »Man kann nämlich keinen politischen Apparat umstürzen«, brachte es etwa Pierre Krebs auf den Punkt, »ohne sich zuvor die kulturelle Macht gesichert zu haben, von der letzten Endes die politische Macht abhängt. Man muss zunächst die Zustimmung des Volkes gewinnen: Man muss zunächst auf die Ideen, die Sitten, die Denkweisen, den Bedeutungsinhalt der Werte, die Künste, die Erziehung einwirken.«[66] Das Vorbild der Neuen Rechten war der italienische Marxist Antonio Gramsci, dessen Ideen Alain de Benoist mit seinem mittlerweile zum Klassiker gewordenen Buch *Kulturrevolution von rechts* nutzbar zu machen suchte.

Schon lange hatten rechtskonservative Denker wie Armin Mohler der bundesdeutschen Rechten vorgeworfen, den unvermeidlichen gesellschaftlichen Fortschritt zu ignorieren und eine Erneuerung ihrer Theorien verpasst zu haben. Diese Kritik nahmen junge Rechte auf und trugen darin ihren Generationenkonflikt mit den Vätern aus. Die Studentenbewegung war ihnen Feind- und Vorbild zugleich. An der linken APO arbeiteten sie sich ab – und übernahmen Elemente ihres politischen Stils und ihrer Ideologie.

Als Initialzündung der Neuen Rechten gilt ein kurzer Aufsatz, der in der Januarausgabe 1967 der rechten Zeitschrift *Nation Europa* erschien. Unter dem Pseudonym Hartwig Singer berichtete da ein junger Deutscher aus einem Sommerlager französischer Nationalisten in der Provence. »Nationalismus ist Fortschritt«, lautete deren Losung. Singer schwärmte von der Mischung aus Lagerfeuer, Kampfsport und anspruchsvollen politischen Schulungen. Er registrierte verwundert, dass sich eine der Gruppen im Lager den Namen eines Pariser Kommunarden gab und damit ganz selbstverständlich auf sozialistische Traditionen seines Landes bezog. Er schilderte, wie sich diese jungen Franzosen »um eine an die Wurzel gehende Kritik des Nationalsozialismus« bemühten, wie sie Führerprinzip, »Überbetonung der nordischen Rasse« und den »fast pathologischen Weltverschwörungskomplex der NS gegenüber den Juden« ablehnten – und trotzdem glühende Nationalisten blieben.

Folglich fragte Singer provozierend: »Ist es nicht an der Zeit, dass die deutschen Nationalisten ein Ereignis wie den 20. Juli zu verstehen suchen?« Und schloss euphorisch, »dass hier eine neue Kraft am Werk ist, geistig und politisch-praktisch, mit der man rechnen muss. Demgegenüber erscheinen die jahrelangen parteipolitischen Zänkereien im deutschen ›nationalen Lager‹ der Nachkriegszeit verstaubt und kleinbürgerlich, die rückwärtsgewandt-rechtfertigende Haltung mancher nationaler Publizisten reaktionär und unfruchtbar, eine bloße Reaktion auf die Anwürfe der Gegenseite, die verständlich ist – aber nicht mehr. Der französische Nationalismus lohnt den Blick über die Grenze. Er ist der aller Europäer von morgen!«[67]

Hinter dem Pseudonym Hartwig Singer versteckte sich Henning Eichberg, damals 25 Jahre alt, Student der Geschichte und Literatur in Hamburg. Er sollte bald einer der wichtigsten und originellsten Theoretiker der Neuen Rechten in Deutschland werden. Aber schon nach wenigen Jahren distanzierte er sich von dieser Strömung, wanderte 1982 nach Dänemark aus. Dort lebt er noch heute, forscht als Sportsoziologe, ist Berater der linksalternativen Sozialistischen Volkspartei.

Eichberg hat sein Büro in einem idyllisch gelegenen Haus auf dem Lande. Neben den Stufen zu seiner Tür steht auf einem Blechschild »Hennings Himmel«. Dort sitzt er vor langen Bücherwänden, über dem Schreibtisch hängen Kinderzeichnungen, daneben ein grüner Wimpel, den er vor Ewigkeiten bei einem Besuch im revolutionären Libyen geschenkt bekam. Eichberg trägt Hemd, Strickjacke und Cordhose, die wilde Lockenmähne ist grau geworden. Vom ersten Satz an duzt er den Besucher. Sein Leben hat ihn politisch von ziemlich weit rechts nach ziemlich weit links geführt. Geblieben ist seine Faszination für das Volk – sein neuestes Buch dreht sich auf 200 Seiten um diesen »Körper der Demokratie«.[68] Für ihn ist »das Volk« die Instanz, die sich am erfolgreichsten den Mächten und Systemen und auch den Zumutungen der Globalisierung widersetzen kann. Wenn Eichberg über »das Volk« redet, klingt er ein wenig, als sei er immer noch auf der Suche nach einem revolutionären Subjekt.

Seine Eltern waren Vertriebene aus Schlesien, nach ein paar Jahren in der DDR landeten sie Anfang der fünfziger Jahre in Hamburg. Aus »biographischen Gründen«, sagt Eichberg, war die »nationale Frage« für ihn immer wichtig – aber ihn nervte schon als Jugendlichen, dass er damit automatisch ein Rechter sein sollte. Mit dem Schlips-und-Kragen-Konservatismus der frühen NPD konnte er nichts anfangen – ihn faszinierte der Habitus der Linken, »die sahen anders aus, das fanden wir gut«. So ist die Begeisterung zu verstehen, die Eichberg in dem französischen Zeltlager empfand, in das ihn der eurofaschistische Herausgeber der *Nation Europa* als Korrespondenten entsandt hatte. In Zirkeln und Basisgruppen – ähnlich den Linken – hockten Eichberg und andere junge Rechte in den folgenden Jahren zusammen, räsonierten und diskutierten, schrieben Pamphlete, gaben Zeitschriften heraus. »Wir wollten die Rechten in Unordnung bringen«, erinnert sich Eichberg.

Im Januar 1972, kurz nach von Thaddens Rücktritt, spaltete sich von der NPD eine Aktion Neue Rechte (ANR) ab. Angeführt von Siegfried Pöhlmann, dem bayerischen Landesvorsitzenden und Landtagsabgeordneten, verließen etwa 350 Mitglieder die Mußgnug-Partei. Pöhlmann hatte schon länger die »Profilierung der NPD durch Aufsehen erregende Aktionen« und eine stärkere Betonung sozialpolitischer Themen gefordert. Von Thadden, konservativer Legalist und vor allem an Außen-, das heißt Deutschland-Politik interessiert, hatte das immer abgelehnt.

Eichberg schrieb auf Bitten Pöhlmanns ein Manifest für die ANR – innerhalb einer Nacht. In jugendlicher Euphorie und angelehnt an Marx' *Kommunistisches Manifest* lautete der erste Satz: »Neue Kräfte stehen in Europa auf.« In dem Text finden sich bereits viele Formulierungen, die später in den Papieren der verschiedenen Grüppchen der Neuen Rechten wieder auftauchten – und sehr viel später in den Programmen der NPD. Die »wissenschaftlich-technische Revolution«, schrieb Eichberg, erfordere »eine Bewegung neuen Typs: den Europäischen Sozialismus«. Diese »Neue Ordnung« sei eine Fusion aus »persönlicher Freiheit, menschlicher Solidarität, sozialer Gerechtigkeit und nationaler Selbstbestimmung«, sie beruhe »auf dem natürlichen Wesen des

Menschen und ist daher lebensrichtig«. Das Manifest proklamierte: »Moderner Nationalismus ist antiimperialistisch«, nämlich gegen die Mächte gerichtet, die Deutschland besetzt halten, und es erklärte »die Solidarität aller unterdrückten Völker«.[69]

Doch Eichbergs Programm entsprach nicht der realen Mitgliederschaft der ANR und auch nicht den Vorstellungen Pöhlmanns. Es zeigte sich schnell, dass er die NPD eher wegen persönlicher als wegen ideologischer Differenzen verlassen hatte. Folglich kehrten die Neuen Rechten der ANR bald wieder den Rücken, gründeten 1974 die SdV/NRAO (Sache des Volkes/Nationalrevolutionäre Aufbauorganisation), die sich aber noch im selben Jahr erneut spaltete in Unter- und Gegengruppen – auch hier unterschieden sich Eichberg und Kameraden kaum von der Linken.

In unzähligen Aufsätzen, Denkschriften und Flugblättern entwarfen die NRAO und die mit ihr konkurrierende Solidaristische Volksbewegung (SVB) während der siebziger Jahre ihr neurechtes Theoriegebäude. »Was die Sache des Volkes konkret bedeutet, darf nicht aus einem überholten Wissensstand oder aus dem Menschenbild vergangener Jahrhunderte abgeleitet werden«, verlangt beispielsweise das Manifest der SdV/NRAO. Vielmehr brauche man »ein neues Menschenbild, das auf den revolutionären Ergebnissen der modernen Humanwissenschaften beruht. Die Verhaltensforschung zeigt die Grundlagen des Nationalismus im Territorialverhalten. Genetik und Kulturanthropologie erhellen die erblichen und die erworbenen Verschiedenheiten der Völker und Kulturen. Die Ökologie offenbart die umfassenden Wechselwirkungen zwischen Mensch und Umwelt. Die Strukturgeschichte erweist die Unterschiedlichkeit der nationalen Wege zum Sozialismus. Daraus ergeben sich die Forderungen nach: Selbstbehauptung und Wahrung der Vielfalt der Völker und Kulturen, sozialer und nationaler Integration des Menschen in die solidarische Ordnung des Volkes, Beachtung der Prinzipien der Lebenserhaltung und der Evolution in allen ökonomischen, sozialen und technologischen Fragen.«[70]

Man mag es kaum glauben, aber mit diesem dreißig Jahre alten Zitat aus dem Manifest einer neurechten Splittergruppe ist exakt der Ideologiekern der heutigen NPD umrissen.

Die Neue Rechte nahm die Theorien des Verhaltensanthropologen Konrad Lorenz, übertrug sie kurzerhand auf den Menschen und hatte damit eine biologistische Erklärung für fast alle Probleme der Moderne zur Hand und außerdem dem eigenen Weltbild den Anstrich des Zwangsläufigen verliehen. Beispielsweise folge aus dem Territorialtrieb, so die Argumentation, eine angeborene Neigung zum Revierbesitz, wofür der Nationalismus ein ganz natürlicher Ausdruck sei. Der Aggressionstrieb rechtfertigt Kämpfe zur Vergrößerung des Territoriums. Der Sozietätstrieb begründet die Volksgemeinschaft. Und so weiter und so fort.

Der Mensch ist für die Neuen Rechten primär ein Natur- und kein Kulturwesen. Der Verweis auf die genetische Verschiedenartigkeit der Individuen soll eine scheinwissenschaftliche Begründung der traditionellen Ungleichheit von Mann und Frau und deren »natürlicherweise« unterschiedlichen Rollen in einer Gemeinschaft liefern. Auch die Herausbildung einer Volkselite wie überhaupt hierarchische Gesellschaftsmodelle werden auf diese Weise legitimiert. Die Anerkennung der Ungleichheit, so geht die Argumentationskette weiter, entspringe in Wahrheit einer höheren Humanität als der Versuch, sie abzubauen. Jede nicht-hierarchische Ordnung wird zu einer unmenschlichen erklärt – weil sie die »natürlichen« Strukturen bedrohe.

Solches Denken verwandelt Aufklärung und Französische Revolution zu Daten, mit denen der Niedergang der Volksgemeinschaft begann. (Für Teile der Rechten liegt der Anfang noch früher, nämlich bereits vor 2000 Jahren, als die germanischen Naturreligionen vom monotheistischen Christentum verdrängt wurden.) Liberalismus und Pluralismus werden zu Gegnern in einem Bürgerkrieg, einem Kreuzzug. Dann ist es nur noch ein kleiner Schritt dahin, den Feind im Weltjudentum zu personifizieren. Marxismus und Kapitalismus gelten nur mehr als zwei Seiten einer (liberalistischen) Medaille.

Mit ihrem Verweis auf strenge Wissenschaftlichkeit versuchte die Neue Rechte auch, sich von Hitler und seinen Verbrechen abzugrenzen. So betonte Michael Meinrad, in den siebziger Jahren ein wichtiger neurechter Autor, dass »die Anerkennung biologischer Realitäten zweifellos nicht faschistisch ist, nur weil einige Nationalsozialisten die Anthropologie nicht richtig verstanden haben«.[71] Auf diese Weise schrumpft Auschwitz quasi zu einem unwissenschaftlichen Exzess.

Was folgt nun aus dem Menschenbild der Neuen Rechten für den von ihnen angestrebten Staat? Das »Grundrecht auf ein menschenwürdiges Leben«, heißt es im Solidaristischen Manifest, das 1972 noch in der ANR entstand, könne nur in einer Gesellschaftsordnung gesichert werden, »die dem menschlichen Sozialverhalten angemessen ist und die sozialen Gestalten – wie Volk und Familie – in ihrer freien Entfaltung fördert«.[72] Die dann folgenden konkreten Forderungen klingen sehr links: »Sicherung des sozialen Lebens, indem alle entfremdeten Tendenzen im Städte- und Wohnungsbau, Produktion und Wirtschaftsorganisation, Rechtsordnung und Kultur abgebaut werden«. Die Beteiligung der Arbeiter am Produktivvermögen wurde verlangt, ebenso die »Wiederherstellung gesunder Umweltbedingungen«. In bemerkenswerter Klarheit ist an dieser Stelle aber auch einmal formuliert, was als letzte Konsequenz daraus folgt, wenn man das Volk höher stellt als das Individuum: »Die staatsbürgerlichen Rechte im erneuerten demokratischen Gemeinwesen sind gebunden an die Inpflichtnahme des Staatsbürgers für die Lebenssicherung der sozialen Gemeinschaften.«

Das heißt: Wer nichts zum Überleben des Volkes beiträgt oder beitragen kann, hat auch keine Bürgerrechte.

Erbittert fochten die verschiedenen Grüppchen der Neuen Rechten damals um die Details ihrer Gesellschaftsmodelle und darum, wer denn der Hauptfeind zu sein habe: Liberalismus und Marxismus, der US- oder der SU-Imperialismus oder doch eher die multinationalen Konzerne. Oft war es – wieder wie bei den Linken – ein Streit um das taktisch aussichtsreichere Vokabular. Die einen nannten ihre neue Ordnung »Solidarismus«, die anderen »Sozialismus«. Den einen (die sich »Solidaristen« nannten) galt der »Sozialismus« als »vom Marxismus besetzt« und »verbraucht«, die anderen, die »Sozialisten«, wollten den Begriff behalten und umdeuten und glaubten, dadurch bei Arbeitern besser ankommen zu können und sich international nicht zu isolieren.[73]

Paradoxerweise entfaltete die Neue Rechte anfangs größere Wirkung auf die (neue) Linke als auf die (alte) Rechte. Der solidaristische Flügel der Neuen Rechten war seit den frühen siebziger Jahren in den neu entstehenden Bürgerinitiativen zum Umweltschutz aktiv – um die Lebensgrundlagen des deutschen Volkes zu bewahren. Während der Gründungsphase der Grünen spielten sie eine wichtige Rolle etwa im Landesverband Rheinland-Pfalz. In Hamburg gehörte der Wortführer der Solidaristen, Lothar Penz, zu den Mitgründern der Grünen Liste Umweltschutz. Innerhalb der norddeutschen Grünen kam es zu scharfen Auseinandersetzungen zwischen den Solidaristen und dem Kommunistischen Bund um die Vorherrschaft in der neuen Bewegung.

Der Versuch, Rechte und Linke unter einem Dach zu versammeln, wurde am erfolgreichsten mit der Zeitschrift *wir selbst* umgesetzt, 1979 gegründet u. a. von Siegfried Bublies, einem ehemaligen Kader der NPD-Jugendorganisation JN. »Zeitschrift für Nationale Identität« lautete der Untertitel des Blattes. Rechte und linke Autoren kamen darin nebeneinander zu Wort. Rudolf Bahro, Rudi Dutschke und Muam-

82

mar al-Ghaddafi zierten die Titelblätter, im Inneren fanden sich Texte »Zur Lage der nationalrevolutionären Bewegung in Westdeutschland« oder »Sozialismus, Ökologie und Nationalismus – Grundelemente menschlicher Selbstbefreiung«. Vor allem Henning Eichberg gelang es, auch in linken Zeitschriften zu Wort zu kommen – im *Pflasterstrand* zum Beispiel oder in *Ästhetik und Kommunikation*. Und bei Teilen der Linken traf die Neue Rechte durchaus auf offene Ohren. Das ZK der maoistischen KPD/ML etwa veröffentlichte 1974 eine Erklärung unter dem Titel »Deutschland dem deutschen Volk«: »Vereinigen wir uns mit allen Kräften des deutschen Volkes …, die bereit sind, in einer nationalen revolutionären Front für ein vereinigtes und unabhängiges, sozialistisches Deutschland mitzukämpfen!«[74] Im Nationalrevolutionären Koordinationsausschuss (NR-KA) fanden 1980 rechte und linke Nationalrevolutionäre aus NRAO und KPD/ML schließlich auch organisatorisch zueinander.

Wenn Henning Eichberg heute in seinem Büro in Dänemark sitzt und an die siebziger Jahre zurückdenkt, schüttelt er häufig den Kopf. Er sagt, sie hätten damals nach »einer neuen Position jenseits von rechts und links« gesucht. Aber sie kamen nicht weit. »Wir hatten keine Praxis«, sagt Eichberg, das sei ihr Hauptproblem gewesen, nur Diskussionszirkel hätten sie zustande gebracht, und wenn sie einmal Aktionen auf die Beine stellten – etwa eine Demonstration gegen den Besuch von Willi Stoph 1970 in Kassel –, dann fielen sie doch wieder zurück in den traditionellen Antikommunismus der Alten Rechten. Praktisch alles machten SDS und Studentenbewegung »viel effektiver als wir«, sagt Eichberg. Er versuchte sich damals kurz als Liedermacher. »Aber auch das konnten die Linken besser.«

Er steht auf, geht zum Bücherregal, holt drei kleine, schmale schwarze Büchlein, legt sie auf den Tisch. »Das ist das Problematischste, was ich damals gemacht habe.« In den Bänden sind die wichtigsten theoretischen Aufsätze der Neuen Rechten gesammelt, so etwas wie die *edition suhrkamp* von rechts hatte es werden sollen. Sie hätten damals »eine Weile lang versucht«, den »Respekt vor der Ungleichheit« konsistent und wissenschaftlich herzuleiten. »Aber das war eine Sackgasse«, sagt Eichberg. Immer wieder seien sie auf logische Widersprüche gestoßen, an Grenzen, es ließ sich einfach nicht ernsthaft begründen. Irgendwann habe er davon abgelassen, anderes spannender gefunden, später »Erweckungserlebnisse in Gorleben« gehabt, noch später Kommunalpolitik für die Grünen gemacht. Die NPD war »uninteressant geworden«, sagt er, er habe dann nicht mehr verfolgt, wie es in der Rechten weiterging.

Dort kümmerten die »logischen Widersprüche« niemanden, dort sog man die Elaborate der Neuen Rechten dankbar auf. Was sie damals niederschrieben, steht heute im NPD-Programm. Eichberg guckt ungläubig, als er das hört. »Wirklich?«, fragt er, schweigt kurz. Dann haut er mit der flachen Hand auf den Tisch und sagt: »Scheiße!«

Frei nach Otto Strasser:
Die Sozialisten erobern die NPD

NPD und Neue Rechte hatten sich lange Zeit feindselig gegenübergestanden. In den Augen der rebellischen Jugend fehlten der Partei »die Voraussetzungen für eine ganzheitlich-politische Erneuerungsarbeit und eine konsequente politische Haltung«.[75] Im Gegenzug urteilte die NPD-Zeitung *Deutsche Nachrichten* kategorisch: »Nationale Linke sind ein Widerspruch in sich, ebenso wie liberales oder sozialistisches Denken bei der Rechten nichts zu suchen haben.«[76] Ein Teil der Neuen Rechten sah sich in der Tradition von Otto Strasser, der sich 1930 mit dem Aufruf »Die Sozialisten verlassen die NSDAP« von Hitler lossagte. Analog dazu hätte ein Aufruf der Neuen Rechten vierzig Jahre später überschrieben sein können: »Die Sozialisten erobern die NPD.«

Auf einem Treffen im August 1972 waren sich Vertreter von neurechten Gruppen aus ganz Deutschland einig, dass »ihr Gedankengut« in andere Organisationen »hineingetragen werden muss«.[77] Als »uninteressant« stuften sie zu diesem Zeitpunkt noch NPD und DVU ein. »Beide Organisationen rekrutieren zum erheblichen Teil ihre Kräfte aus dem Lager des unterschwellig noch vorhandenen deutschen Chauvinismus und können international nicht solidarisch sein, weil sie noch immer eine rassisch begründete Höherwertigkeitstheorie vertreten.« Stattdessen wolle man sich unter anderem auf die NPD-Jugend JN konzentrieren, denn das dort »bestehende ideologische Vakuum kann relativ leicht mit nationalrevolutionären Überlegungen gefüllt werden«. Gezielt müsse man Kader der Jungen Nationaldemokraten werben. »Mit ihnen sollen die JN-Gruppen entweder nationalrevolutionär ausgerichtet werden oder nationalrevolutionäre Abspaltungen vorgenommen werden. Diese Abspaltungen sollen aber, wenn sie nötig sind, nicht überstürzt werden, weil die Wahlniederlage der NPD im Dezember 1972 für das Jahr 1973 die besten Voraussetzungen für Abspaltungen oder Umorientierungen größeren Ausmaßes bietet.«

Auf der anderen Seite gab es innerhalb der JN Leute, die mit den Ideen der Neuen Rechten sympathisierten. Günter Deckert etwa oder Peter Dehoust trafen sich schon seit Mitte der sechziger Jahre regelmäßig mit Vertretern der Neuen Rechten in der so genannten Sababurg-Runde. Dehoust übrigens ist bis heute ein wichtiger Stratege und Publizist im Umfeld der Partei, er berät die Dresdener Landtagsfraktion und ist Gründungsvorsitzender des neuen NPD-Bildungswerkes, das in Sachsen staatliche Zuschüsse fordert.

Deckert wurde 1973 Vorsitzender der JN, er brachte den Jugendverband auf nationalrevolutionären und antiimperialistischen Kurs, und es sollte nicht lange dauern, bis auch die Gesamtpartei umschwenkte. Deckert hat die Pamphlete der Neuen Rechten in der Partei gestreut, hat seine

Anträge nach deren Vorbild formuliert. Er sagt im Rückblick, die JN-Führung sei »überzeugt gewesen von den
Ideen« der Neuen Rechten. Aber sicherlich ging es auch darum, die damals zahlreichen Austritte von jungen NPD-Akti-
visten zu bremsen.

Jedenfalls glichen die Thesenpapiere der JN von Mitte
und Ende der siebziger Jahre den Manifesten der Neuen
Rechten aufs Wort. »Wir Jungen Nationaldemokraten erkennen im Nationalismus die politische Idee, die jedem Imperia-
lismus, gleich welcher Herkunft, konsequent den Kampf an-
sagt«, heißt es etwa in einer JN-Broschüre von 1975. »Wir
beziehen eindeutig Stellung gegen Liberalismus und Marxismus und deren Umsetzung ›Kapitalismus‹ und sowjetkom-
munistischen ›Staatskapitalismus‹.« Kein Wunder, dass sich
hinten im Heft eine Abo-Annonce der neurechten Zeitschrift
Junges Forum findet.

In den »24 Thesen zum Nationalismus«, beschlossen
auf dem 76er-JN-Kongress, findet sich das volle nationalrevolutionäre Programm: Es verweist zu Anfang auf das »von
den Wissenschaften erschlossene neue Menschenbild«. Dieses »widerlegt die Grundthese der Liberalisten und Marxisten: die angebliche ›Gleichheit‹ aller Menschen«. Auch die
JN kämpft nun an der Seite »aller unterdrückten, gespalte-
nen, ausgebeuteten und geknechteten Völker«. These 20 ist
ein klarer Hieb gegen die alte Rechte in der Mutterpartei:
»Nationalismus heißt nicht, andere Völker in ihren Rechten
zu beschneiden, sondern gerade das Gegenteil: die Solidarität
der Völker gegen den gemeinsamen Feind voranzutreiben.«

1979 in Weinheim beschlossen die JN dann »20 Thesen
zum Sozialismus« – damit war die ideologische Übernahme
durch den sozialistischen Flügel der Neuen Rechten perfekt.
»Sozialismus ist für uns Junge Nationaldemokraten das an
die Volksgemeinschaft gebundene ordnungspolitische, in Ge-
sellschaftspolitik umzusetzende Modell des Nationalismus«,
definiert das Papier. Ausdrücklich entscheidet sich die NPD-

Jugend gegen den »Solidarismus« und für den Weg der SdV/ NRAO, einen eingeführten Begriff umzudeuten: »Wir Jungen Nationaldemokraten wenden uns entschieden gegen die missbräuchliche Verwendung des Wortes Sozialismus durch die etablierten liberalistischen und marxistischen Machthaber – von Strauß bis Breschnew. Hierdurch wird der Sozialismus auf das Gröbste diffamiert.«[78]

Die JN übernahmen auch die neurechte Fundierung von Ausländerfeindlichkeit: »Der Sozialismus verwirklicht das Prinzip: ›Nicht die Menschen zu den Maschinen, sondern die Maschinen zu den Menschen.‹ Aus diesen Überlegungen wenden wir Jungen Nationaldemokraten uns auch gegen den modernen Sklavenhandel, der aus Profitsucht Millionen von ›Gastarbeitern‹ die kulturelle und nationale Identität raubt.« In deren eigenem Interesse also sollten die Ausländer im Ausland bleiben, damit die kulturelle Vielfalt der Welt erhalten bleibe, argumentierte nun auch die JN – »Ethnopluralismus« hieß dieses neurechte Konzept. Um die Gastarbeiter repatriieren zu können, forderte die JN damals, dass deutsche Firmen im Ausland Arbeitsplätze schaffen – das glatte Gegenteil der heutigen Programmatik.

Die in den sechziger Jahren so erfolgreiche NPD hatte bis zu diesem Zeitpunkt bereits zwei Drittel ihrer Mitglieder verloren (vom Höchststand 28 000 waren ihr 1976 nur 9700 geblieben), viele Ältere hatten sich resigniert zurückgezogen oder waren zu Gerhard Freys DVU gegangen. Bei der JN hingegen hatte sich im gleichen Zeitraum die Mitgliederzahl verdoppelt (auf 1800 Personen im Jahr 1976). Mußgnug hatte programmatische Reformen lange gebremst; als er dann Mitte der siebziger Jahre den Abschied vom konservativen Kurs zuließ und die »innere Erneuerung« ausrief, stellte die radikale Jugendorganisation fast zwanzig Prozent der Parteimitglieder und konnte sich deshalb schnell durchsetzen.

Im Jahrestakt eroberten die »Sozialisten« nach den JN auch die NPD: Als allererste neurechte Vokabel war das »lebensrichtige Menschenbild« im Düsseldorfer Programm von 1973 aufgetaucht. Auf dem Parteitag 1974 wurde erstmals die Forderung laut, die NPD solle sich für einen »Sozialismus« einsetzen. Im folgenden Jahr lag den Delegierten ein Antrag vor, der den Begriff für die Partei freimachen sollte: Im Parteiprogramm sollten die Worte »Sozialisten«, »Sozialismus« und »sozialistisch«, sofern sie zur Kennzeichnung des politischen Gegners auf der Linken verwendet wurden, durch »Marxismus«, »Marxisten« und »marxistisch« ersetzt werden; 1976 fand sich dafür eine Mehrheit.

Bei der noch immer konservativen Parteibasis regte sich Widerstand. Auf dem Parteitag 1977 stellte zum Beispiel der Kreisverband Kehlheim den Antrag: »Die Partei soll in der Überwindung des Sozialismus eine Hauptaufgabe sehen; denn Sozialismus ist Dekadenz und weder mit Freiheit noch mit Demokratie vereinbar.«[79] Im Jahr darauf wollte der Kreisverband Marburg-Biedenkopf festschreiben lassen, dass »in der Selbstdarstellung der NPD das Wort ›Sozialismus‹ nicht mehr verwendet wird. Die NPD ist eine anti-sozialistische Partei«. Doch jetzt gab Mußgnug eine andere Richtung vor. »Sozialismus ist nichts anderes als die gerechte Ordnung der Gemeinschaft«, sagte er in seiner Parteitagsrede, ohne den Begriff aber näher zu definieren. Schon 1979 beschloss der Parteitag, die Sozialismusthesen der JN weitgehend zu übernehmen. Es hatte also nur fünf Jahre gedauert, bis die Vorlagen der SdV/NRAO in der Programmatik der NPD angekommen waren.

Die Radikalen in der Partei nahmen dem alten Vorsitzenden die Wandlung zum Sozialisten nicht ab und forderten seinen Sturz. Günter Deckert kandidierte mehrmals erfolglos gegen ihn. Ein Flugblatt, das er nach seiner zweiten Kampfkandidatur 1979 auf dem Parteitag verteilen ließ, lässt die Schärfe der Auseinandersetzung ahnen: »Eine Mehrheit aus trägen Veteranen und Möchtegern-Politikern, die heute die alte CDU/CSU-Parole ›Keine Experimente‹ zu ihrem Leit- und

Wahlspruch gemacht hatten, hat im Verein mit einer verkrusteten Funktionärsclique, in der falsche Kameradschaft, Pfründendenken sowie kaputte Existenzen eine unheilvolle Allianz bilden, die erforderliche innere Erneuerung der NPD verhindert und damit unserer Sache einen praktisch nie wieder gutzumachenden Schaden zugefügt.«[80] Deckert rief seine Anhänger aber auf, die Partei »auf keinen Fall« zu verlassen: »Bei der Stange geblieben! Nicht durchdrehen! Wenn wir das Feld auf diese Weise verlassen, erweisen wir der unfähigen Veteranenriege sowie den kaputten Existenzen des engeren MM-Kreises [›MM‹ = Martin Mußgnug] geradezu einen Dienst.«

Obwohl die konservativen Altmitglieder stets einen wesentlichen Teil der Parteitagsdelegierten stellten, korrigierte die NPD in immer weiteren Bereichen ihr Programm. Sie übernahm die umweltpolitischen Überlegungen der JN, die von der Neuen Rechten geprägt waren. Sie beschloss »Zehn Thesen zur Nationaldemokratie«, die in neurechter Manier »moderne naturwissenschaftliche Erkenntnisse« zur Grundlage des Programms erklärte. Plötzlich geißelte auch die NPD den Liberalismus und nannte den Kommunismus dessen »Kind« (noch im 73er-Programm wurde der Liberalismus mit keinem Wort erwähnt).

»Nichts, was sich lohnt, es zu erhalten« – Die neue NPD ist …

Während also in den siebziger Jahren die Solidaristen bei den Grünen mitmischten, sickerten die Sozialismus-Konzepte der Neuen Rechten in die NPD. Nachdem Mußgnug die »innere Erneuerung« ausgerufen hatte, wandelte sich die Partei in den späten siebziger und frühen achtziger Jahren tiefgreifend. Das änderte zwar vorerst wenig an ihrem Niedergang. In der alten Bundesrepublik konnte sie mit einem nationalrevolutionären und sozialistischen Programm nicht ankommen. Bei Wahlen – und damit auch in der öffentlichen Aufmerksamkeit – wurde sie von den nationalkonservativen Republikanern und der nationalpopulistischen DVU verdrängt.

Dann aber kam die Wiedervereinigung. Der Ideologiemix aus Sozialismus und Nationalismus, den die NPD seit Ende der siebziger Jahre zusammengerührt hatte, traf in Ostdeutschland auf völlig andere gesellschaftliche und mentale Voraussetzungen. Der neue Vorsitzende Udo Voigt hat ab 1996 diese Chancen konsequent genutzt. Seine Partei profitiert von wirtschaftlichen und demographischen Problemen, vom verbreiteten Gefühl der Zurücksetzung und der mittlerweile verklärten Erinnerung an den realexistierenden DDR-Sozialismus, von einer fremdenfeindlichen und autoritären Gesinnung, die bis weit in die Mitte der Gesellschaft reicht.

Vergleicht man die Thadden- und die Voigt-Partei miteinander, wird der programmatische Wandel augenfällig – und es zeigen sich einige Kontinuitäten. Die neue NPD tritt auf als eine sozialistisch-revolutionäre, europa- und globalisierungsfeindliche, antichristliche Partei. Aber sie ist nach wie vor völkisch, rassistisch und antisemitisch. Und sie verharmlost das Dritte Reich – das tat sie immer, nur hat sie es in den frühen Jahren zu verbergen gesucht.

... sozialistisch und revolutionär ...

Konsequent hat Udo Voigt die »soziale Frage« in den Vordergrund gerückt. Nur wenige Wochen nach seinem Amtsantritt starteten NPD und JN eine Kampagne »Gegen System und Kapital, unser Kampf ist national!«. Das zugehörige Propagandamaterial war einer Meldung der Parteizeitung zufolge schon im September 1996 vergriffen. Fast monatlich erschien die *Deutsche Stimme* nun mit einer sozialpolitischen Schlagzeile auf der Titelseite: »Großkapital vernichtet weitere Arbeitsplätze«, stand da, oder: »Mehr soziale Gerechtigkeit!« Auf dem niedersächsischen Landesparteitag 1996 sagte Voigt, die NPD werde künftig eine »nationale Partei mit starker sozialer Verantwortung« sein. Die Partei veranstaltete nun Großdemonstrationen zum 1. Mai. »Wir glauben fest daran: Sozialismus ist machbar! Unser Sozialismus ist aber ein Sozialismus des Volkes und nicht des internationalen Klassenkampfes«, rief Voigt Tausenden Demonstranten auf der Maidemo 1998 am Leipziger Völkerschlachtdenkmal zu. Die Parteizeitung feierte ihn daraufhin als »sozial und revolutionär eingestellten Mann«.[81]

Bewusst spielt Voigt die Ostalgie-Karte, ausdrücklich lobt er die sozialen Errungenschaften der DDR. »Wir müssen, gerade in Mitteldeutschland, klarmachen«, schrieb er im Juli 1998 in seinem monatlichen *DS*-Leitartikel, »dass wir Nationalisten die faktische Nachfolge der Kommunisten in der Vertretung sozialer Lebensinteressen des deutschen Volkes angetreten haben.« Die NPD werde, prophezeite Voigt, »in den nächsten Jahren eine von unseren mitteldeutschen Mitgliedern dominierte Kampfgemeinschaft«.[82] In einem zur gleichen Zeit erschienenen Flugblatt des sächsischen Landesverbandes hieß es: »Die Mehrheit unserer Mitglieder ist im 8. Jahr des Beitritts der DDR zur BRD der Meinung, dass die DDR das bessere Deutschland war. Wir wollen deshalb die positiven Erfahrungen der DDR in die deutsche Politik einbringen. ... wir fordern ehemalige Hoheitsträger und Führungskräfte der DDR auf, in unserer Partei mit ihrer Sachkunde und ihrem politischen Kritikvermögen zu wirken.« Das Papier gipfelte in der Forderung: »Schluss mit der Diskriminierung der Sachsen durch die westdeutsche Landesregierung in Dresden!«[83]

In den folgenden Jahren wurde in der *Deutschen Stimme* eine rege Sozialismus-Debatte geführt. Durchgängig herrschte ein antikapitalistischer Diskurs: »Wer die Knete hat, hat die Macht – Der kapitalistische Sumpf muss trockengelegt werden«, lautete eine typische Überschrift.[84] Das ist Welten entfernt von der frühen NPD, die bewusst einen Fabrikanten zum Gründungsvorsitzenden gemacht und im Wirtschaftsprogramm von 1974 noch ausdrücklich das »Unternehmertum, sich äußernd als Wagemut, Forscher-, Erfinder- und Organisationsgeist« gewürdigt hatte.[85] In einem Flugblatt zur Bundestagswahl 1998 forderte die NPD »eine totale Umstrukturierung der deutschen Wirtschaft«.[86] In den *Grundsätzen* von 1964 hatte sie noch explizit den »Schutz des Eigentums« garantiert. Die sozialpolitischen Forderungen der frühen NPD unterschieden sich kaum von denen anderer Parteien, urteilt der Politologe Uwe Hoffmann in einer Dissertation über die NPD, dieses Thema, schreibt er, sei »für die Partei von geringer Bedeutung und ihre Kompetenz hier besonders niedrig« gewesen. Im Herbst 2004 in Sachsen jedoch war die Sozialreform »Hartz IV« das wichtigste Wahlkampfthema.

Was die neue NPD unter »Sozialismus« versteht, lässt sich im »Taschenkalender des nationalen Widerstandes 2005« nachlesen, erschienen im parteieigenen DS-Verlag, herausgegeben vom heutigen Dresdener Fraktionschef Holger Apfel. Das Büchlein hat als Anhang ein »Kleines Lexikon der politischen Grundbegriffe«. Dort heißt es: »Der Sozialismus erstrebt eine gerechte Teilhaberschaft am Ganzen, durch Umgliederung von Eigentumsverhältnissen und Vermögensbildung ... Im politischen Verständnis des Volkes wird, aufgrund der bisher realpolitisch sich sozialistisch bezeichnenden Systeme, Sozialismus fälschlicherweise mit kommunistischer Planwirtschaft gleichgesetzt und daher abgelehnt. ... Nicht mit dem Ziel des Klassenkampfes, sondern der Klassenbeseitigung muss der Sozialismusbegriff aus nationalistischer Sicht wieder als annehmbarer Begriff besetzt werden.«[87] Fast wortgleiche Formulierungen finden sich in den Pamphleten des sozialistischen Flügels der Neuen Rechten aus den siebziger Jahren.

Die NPD bekennt sich offen zu ihren frühen Stichwortgebern, zum Beispiel druckt die Parteizeitung 25 Jahre alte Aufsätze über Nationalismus und Sozialismus nach. »Der

Name Sozialismus gehört auf die Fahnen der nationalen Opposition«, heißt es in einem dieser historischen Texte. »Von ihrer Aktualität haben diese grundsätzlichen Aussagen«, merkt die Redaktion in ihrem Einleitungstext an, »nichts eingebüßt.«[88]

Natürlich war Voigts »Sozialismus«-Kurs umstritten in der Partei, vor allem im Westen gab es Widerstände. »In einigen NPD-Verbänden«, gestand die *Deutsche Stimme* in ihrem Bericht vom Parteitag 1999, seien »Irritationen über die politische Linie« entstanden, und zitierte einen »älteren Delegierten aus Hamburg«. Voigt appellierte, das »Scheuklappendenken über Bord zu werfen«, und stellte klar: »Die NPD ist und bleibt national und versteht sich als sozialrevolutionäre Erneuerungsbewegung!«[89]

Ahnherr der im Osten Deutschlands angenehm in den Ohren klingenden Sozialismusphraseologie ist Ernst Niekisch. Dieser in den zwanziger und dreißiger Jahren des 20. Jahrhunderts aktive Nationalrevolutionär propagierte einen antimarxistischen Kasernenhofsozialismus. Niekisch kritisierte die NS-Bewegung von rechts als nicht radikal und faschistisch genug. Hitler warf er Legalismus vor. Niekischs Kritik am Nationalsozialismus wurde häufig als Antifaschismus missverstanden, was ihn Ende der vierziger Jahre in die Reihen der SED verschlug und ihm zeitweilig einen Lehrstuhl für »Imperialismusforschung« an der Ostberliner Humboldt Universität eintrug. Der inzwischen wieder aufgelösten »AG Sozialisten in der NPD« um den ehemaligen Marxismus-Leninismus-Professor Michael Nier galt Niekisch als Säulenheiliger, und in den schülerzeitungsähnlichen Heftchen der Kameradschaftsszene werden heute seine Texte nachgedruckt.

Auf dem Wege von Reformen sind die Vorstellungen der NPD natürlich nicht zu verwirklichen. Folgerichtig führt die Partei seit Voigts Amtsantritt das Wort »revolutionär« im Munde – seitenweise führt der NPD-Verbotsantrag der Bundesregierung von 2001 Beispiele dafür auf. Die NPD des Jahres 1967 sagte von sich noch: »Wir Nationaldemokraten bejahen aus Überzeugung die parlamentarische Demokratie. Sie hat sich als die Ordnungsform erwiesen, die der Freiheit des Einzelnen ebenso gerecht werden kann wie den Notwendigkeiten menschlichen Zusammenlebens.«[90] Die neue NPD lehnt den Parlamentarismus grundsätzlich ab, auch wenn sie in Dresden gerade Landtagsmandate erobert hat. Jürgen Schwab, langjähriger Chefideologe der Partei, empfiehlt, »die Festung Parlamentarismus auf legalem Wege zu belagern und zu schleifen« und sich »auf die Errichtung einer nichtparlamentarischen Republik« zu konzentrieren.[91] Auch Udo Voigt selbst lässt keinen Zweifel: »Wir empfinden das Gegenwärtige als so negativ, dass wir nichts daran finden, was sich lohnen würde, es zu erhalten.«[92]

... europa- und globalisierungsfeindlich ...

Der Gründungsvorsitzende der NPD Friedrich Thielen sprach 1966 von der Europäischen Wirtschaftsgemeinschaft als einem Projekt, das »wir im Grundsatz bejahen«; bloß müsse darauf geachtet werden, dass sie nicht »auf deutschen Vorleistungen aufgebaut« werde und der Nutzen nicht »in sehr ungleichem Maße anderen Mitgliedsstaaten zugute« komme.[93] In die Europawahl 2004 zog die NPD hingegen mit einem strikt EU-feindlichen Programm: »Die Europäische Union ist keine Institution, die den Völkern Europas dient«, lautet einer der Kernsätze. »Sie ist vielmehr eine Institution zur Durchsetzung der Interessen des Kapitals und zur persönlichen Bereicherung ihrer Entscheidungsträger.«[94] Auch die sächsische NPD-Landtagsfraktion hat den Kampf gegen die EU zu einer ihrer Hauptaufgaben erklärt.

Das NPD-Programm von 1967 forderte zwar, die »heimische Wirtschaft« vor »Überfremdung« und »Ausverkauf« zu schützen, es stellte aber ausdrücklich fest: »Eine moderne, hoch entwickelte Volkswirtschaft bedarf der Produkte aus aller Welt, ebenso ist sie auf weltweite Absatzmärkte für ihre Waren angewiesen. Sie braucht Verflechtung mit anderen Volkswirtschaften.«[95] Von dieser eher differenzierten Haltung ist heute nichts übrig. Im aktuellen »Aktionsprogramm« der NPD heißt es: »Globalisierung bedeutet Arbeitslosigkeit, Lohndumping, Sozialabbau, Naturzerstörung und Krankheit ... Es gibt keine gerechte Globalisierung.«[96] Als Gegenmodell propagiert die Partei eine »raumorientierte Volkswirtschaft«, »am heimischen Lebensraum der Menschen« orientiert und nach außen hin abgeschottet.

... antichristlich ...

Jahrzehntelang hat sich die NPD in ihrer Satzung »zur abendländisch-christlichen Kultur« bekannt. In der Anfangszeit war die Partei auch ein Sammelbecken für das konservativ-katholische Spektrum. So forderte das erste Parteiprogramm von 1967: »Die staatlichen Volksschulen sind christliche Gemeinschaftsschulen.« Und die Parteizeitung *Deutsche Nachrichten* schrieb, Ziel der Kommunisten sei es, die Menschen »nicht nur zum Abfall von Nation und Vaterland, sondern auch zum Verrat an Gott und Kirche zu zwingen«.[97]

Die neue NPD – ließe sich zugespitzt sagen – will Letzteres auch. Der universale Humanismus des Christentums steht der eigenen rassistischen Ideologie entgegen. In der Weltsicht vieler NPD-Anhänger hat mit der Missionierung und der Übernahme des »Judäo-Christentum« der Verfall des Germanischen begonnen. So schreibt die *Deutsche Stimme* in der Rezension eines Buches der heidnischen Religionswissenschaftlerin Sigrid Hunke zustimmend, sie lege »die Wurzeln europäischer Religiosität frei. Wurzel – überdeckt, zugeschüttet und überwachsen von einer ausgewucherten fremden Lehre, dem Christentum.«[98] Folglich übt sich die Parteizeitung in der Pflege heidnischen Brauchtums, widmet beispielsweise in der Ausgabe 4/2005 der Walpurgisnacht einen ausführlichen Artikel. »In ihrem Vernichtungsfeldzug gegen das Heidentum hat die christliche Kirche der Volksgläubigkeit der Germanen schwere Wunden zugefügt«, heißt es darin. »Doch es ist ihr nicht gelungen, sämtliche Sitten und Bräuche unserer Vorfahren vollends zu zerstören.«

Im Angebot des parteieigenen DS-Versandes finden sich T-Shirts mit dem Aufdruck »Odin statt Jesus«, Bücher über »die gewaltsame Christianisierung«, runenkundliche Spiele und germanischer Wandschmuck. Der »Taschenkalender des nationalen Widerstands 2005« aus dem DS-Verlag nennt durchgängig die altgermanischen Monatsnamen. Im Kalendarium sind die Sterbedaten wichtiger Persönlichkeiten nicht mit dem christlichen Kreuz, sondern mit der Todesrune gekennzeichnet.

Natürlich gibt es nicht nur Heiden und Atheisten in der NPD. Erzkonservative Christen sind eine wichtige Zielgruppe für die Partei, »da schlummern viele nationale Menschen«, sagt Voigt und führt als Beispiel den ehemaligen CDU-Bundestagsabgeordneten Martin Hohmann an. Zu diesem Zweck unterhält die Partei einen »Arbeitskreis Christen in der NPD«. Dessen Mitglieder beklagen eine »teilweise offene Feindschaft« und bitten: »Heiden sollten lernen, zwischen national gesinnten Christen im Kameradenkreis und den Amtskirchen zu differenzieren.«[99]

Zum Amtsantritt des neuen Papstes Benedikt XVI. durfte sich ein konservativer Katholik in der *Deutschen Stimme* auf einer Dreiviertelseite ausbreiten: »Man mag es belächeln, dass Rom dem Gebrauch von Kondomen seinen Segen nicht gibt, aber kann sich der Sinn des deutschen Weges durch die Geschichte darin erfüllen, dass die Zeugungskraft unserer jungen Männer in Plastiktüten dahingeht?« Der Autor zieht das Fazit: »Was wir heute aus nationaler Sicht zu beklagen haben, ist nicht die Machtstellung der Kirche, sondern deren innere Schwäche.« Es ist bezeichnend, dass die Redaktion ihre Leserschaft in einem Begleittext zu Toleranz und

Offenheit für diese Position ermahnt. Die offizielle Parteilinie nämlich ist eine andere, eine, die besser zum weitgehend entchristlichten Ostdeutschland passt. Im Programm zur sächsischen Landtagswahl 2004 etwa hieß es: »Religionsunterricht hat nach Ansicht der NPD an staatlichen Schulen nichts zu suchen und findet privat, an konfessionellen Schulen und in den jeweiligen Religionsgemeinschaften statt!« Seit 1967 hat sich also die Position in ihr Gegenteil verkehrt. Kein Wunder, dass in der seit März 2002 geltenden Satzung nur noch steht: Die NPD »bekennt sich zur deutschen und abendländischen Kultur«.

... völkisch ...

Alle Programme der NPD gingen und gehen davon aus, dass der Mensch nichts ist ohne sein Volk – und dass die Interessen des Volkes höher stehen als die des Individuums. Dies ist Grundlage des »nationaldemokratischen« Weltbildes. Aber noch in ihrem Wirtschaftsprogramm von 1974 mühte sich die Partei um Konzessionen: »Jeder Mensch ist ein Ich, eine eigene und eigenartige Persönlichkeit«, wird dort zu Anfang festgestellt (aber schon mit dem Adjektiv »eigenartig« die Tür zur Ungleichbehandlung geöffnet). »Als Ausdruck und Mittel dessen ist jeder Mensch grundsätzlich begabt mit Freiheit.« Erst die folgenden Abschnitte des Papiers behandeln Familie und Volk.

Das aktuelle NPD-Programm dagegen verzichtet gänzlich auf Schminke: Der erste Satz des erstes Punktes lautet: »Volkstum und Kultur sind die Grundlagen für die Würde des Menschen.« Deshalb, so der weitere Gedankengang, trage der Staat »Verantwortung für das Volk«. Der zweite Punkt des Programms behandelt die Familie, die »als Träger des biologischen Erbes« des Volkes vom Staat besonders gepflegt werden müsse. Das Individuum mit seinen unabsprechbaren Rechten kommt in dem gesamten Programm nicht mehr vor.

Eine weitere Konstante der NPD ist ihr Antisemitismus. Offen wurde und wird er in der Partei selten geäußert, unterschwellig war und ist er immer spürbar. Sehr aufschlussreich ist ein Blick in das »Politische Lexikon«, das Ende der sechziger Jahre von der Parteizentrale als mehrbändige Loseblattsammlung für die Mitglieder herausgegeben wurde. Dem Text zum Stichwort »Antisemitismus« ist anzumerken, wie filigran er konstruiert ist, um verharmlosende und relativierende Formulierungen unterzubringen: »Seitdem jüdische Minderheiten verstreut oder in geschlossenen Siedlungen unter anderen Völkern leben, reagieren diese Völker abwehrend auf den jüdischen Auserwähltheitsanspruch und seine sozialen wie politischen Auswirkungen.« Judenfeindlichkeit erscheint so als normale, ja verständliche Einstellung. Ausführlich zählt das »Lexikon« antisemitische Erscheinungen von der Antike bis zu Stalins Sowjetunion auf und relativiert so den vernichtenden Judenhass Hitlers. »Der A. in der nat. soz. Ära beruhte auf dem Verdacht, dass das russische Judentum sowie jüdische Bankhäuser in Amerika bei der Entstehung des Bolschewismus eine entscheidende Rolle gespielt hätten. Verstärkt wurde er während des Krieges ... durch die deutschfeindliche, antigermanistische Propaganda in der nordamerikanischen Publizistik, insbesondere jüdischer Organe, wie durch die Aufrufe Ilja Ehrenburgs an die Rote Armee nach Beginn des Russlandfeldzuges.« Das Wort »Ära« ist eine zumindest eigenwillige Bezeichnung für die Zeit der nationalsozialistischen Herrschaft; der Text enthält nationalsozialistische Topoi, und die Entscheidung darüber, wie berechtigt der »Verdacht« jüdischen Einflusses ist, überlässt er dem Leser.

»Doch steht das«, so der Text weiter, »was während des 2. Weltkrieges im Rahmen der so genannten Endlösung der Judenfrage und der Partisanenbekämpfung im rückwärtigen Heeresgebiet gegen das deutsche und europäische Judentum unternommen wurde, in keinem Zusammenhang mit der a. Stimmung der deutschen Bevölkerung, die auf diese Geschehnisse keinen Einfluss hatte.«[100] Hier wird der Völkermord an den Juden nicht nur nicht klar benannt, sondern auch mit dem ganz anderen Phänomen der »Partisanenbekämpfung« in eine Reihe gestellt. Um sodann den gemeinen Deutschen von Mitschuld freizusprechen.[101]

Unverhüllter Antisemitismus in der NPD wurde unter den Vorsitzenden Thielen, von Thadden und Mußgnug nicht geduldet. Das änderte sich mit der Wahl Günter Deckerts, der wegen Zustimmung zu den Thesen eines Auschwitz-Leugners wegen Volksverhetzung ins Gefängnis kam. Unter Udo Voigt ist *offene* Judenfeindlichkeit nun wieder verpönt. Horst Mahler, der ehemalige RAF-Terrorist, den sich die NPD als Verteidiger im Verbotsverfahren in Karlsruhe ausgesucht hatte, sorgte mit antisemitischen Tiraden für Aufsehen. Nachdem der Prozess geplatzt war und Mahler weiter den »Kampf um die Holocaust-Thematik« führen wollte, trennte sich Voigt unverzüglich von ihm.

Aber auch Udo Voigt pflegt antisemitische Ressentiments, behauptet etwa in Wahlkampfreden, der israelische Staat werde mit deutschen Steuergeldern finanziert. Vermutlich weiß er, dass die Parteibasis solche Töne gern hört. Auch unter seinem Vorsitz finden sich in der *Deutschen Stimme* eindeutige Anspielungen: Ein Bericht über den Israel-Besuch des damaligen SPD-Kanzlerkandidaten erschien mit der Überschrift »Gerhard Schröder verspricht Israel Treue« und unter dem Rubrikentitel »Mensch ärgere dich«.[102] Nach der gewonnenen Bundestagswahl druckte das Blatt ein Foto Schröders mit Kippa, dazu den Bildtext: »Welchem Herrn dient die Politik der rot-grünen Schröder-Regierung?«[103]

Der bereits erwähnte DS-Taschenkalender enthält einen vier Seiten langen Text, der die Juden als Drahtzieher des weltweiten Menschenhandels darstellt. Und als der Brite

Peter Mandelson von Tony Blair für die EU-Kommission nominiert wurde, erschien in der *Deutschen Stimme* ein ganzseitiger Text über die »Schlüsselstellung von Juden in den privaten und staatlichen Machtzentren des Weltkapitalismus«. Die verschwörungstheoretische Suggestion: »Neben der US-Notenbank und der Weltbank wird demnächst auch das EU-Handelskommissariat in auserwählter Hand sein. Alles ein Zufall?«[104]

In diesem Zitat klingt an, wie die heutige NPD ihren Antiamerikanismus am liebsten äußert: in antisemitischen (und auch in globalisierungsfeindlichen) Chiffren. Ständig wird in der Partei von »der Wallstreet« oder »der Ostküste« schwadroniert, die die Welt beherrschten. Die alte NPD hatte ein schlichteres Bild: Ihr war die USA vor allem als Bezwinger des Dritten Reiches und langjährige Besatzungsmacht verhasst.

... und sie verharmlost das Dritte Reich

Die NPD wäre nicht die NPD, würde sie nicht immer und immer wieder versuchen, Hitlers Nationalsozialismus zu verteidigen. Die Verharmlosung des Dritten Reichs ist *das* Identitätsthema der NPD. Kein anderes Thema schafft es, die Mitglieder so sehr zu binden und zu mobilisieren – in der Frühzeit der Partei durchaus noch aus persönlicher Betroffenheit, schließlich hatte damals ein Drittel der Mitglieder eine NSDAP-Vergangenheit[105]; heute aus dem typischen Drang von Nationalisten, die schlimmsten Seiten ihrer Nation zu relativieren.

Mit einschlägigen Zitaten aus der NPD ließen sich Bibliotheken füllen. Einen »Schlussstrich durch Generalamnestie« verlangte die Partei schon in ihrem ersten programmatischen Dokument, den *Grundsätzen* von 1964. Und im ersten ausführlichen Parteiprogramm von 1967 stand: »Wir weisen die Behauptung der Allein- oder Hauptschuld Deutschlands an den Weltkriegen entschieden zurück. Die Bekämpfung dieser Lüge ist die Aufgabe des ganzen Volkes.« Daneben aber fanden sich auch die Kritik an einem »geltungssüchtigen Chauvinismus« und das durchaus bemerkenswerte Eingeständnis »Wir Deutschen sind ein belehrtes Volk, das die Grenzen der Macht erkannt hat«.

Auch zum Stichwort »Nationalsozialismus« ist der Blick in das bereits erwähnte »Politische Lexikon« der frühen NPD erhellend:[106] »Der deutsche N. S. – 1920 bis 1945 – stellte den Versuch dar, die vier Grundelemente menschlichen Lebens, nämlich das biologische Element der Arterhaltung, das ökonomische der Artversorgung, das politische zur Regelung des Zusammenlebens und das religiöse zur letzten Sinndeutung des Lebens miteinander in Einklang zu bringen.« Die Formulierung zeugt mindestens von großem Einfühlungsvermögen des Autors. »Aus der Überzeugung, dass jedes Volk seinen eigenen Weg der Selbstvollendung zu gehen und seine eigene Form des Sozialismus zu finden hat, wurde der marxistische Klassenkampf tatsächlich überwunden und – vorübergehend – durch einen Wohlstand und Berufsstolz schaffenden Arbeitsfrieden abgelöst.« Klingt, als sei es eine wirklich schöne Zeit gewesen damals. »Andererseits führte … vielfache menschliche Unzulänglichkeit in der Parteiführung und ein Mangel an Maß zu verhängnisvollen Überspitzungen sowohl in der Vorstellung als auch bei der Verwirklichung vom Führerstaat, vom Führungsanspruch der ›deutschen Rasse‹ und vom Vorrecht der Gemeinschaft gegenüber dem berechtigten und notwendigen Freiheitsbedürfnis des Einzelnen. Hier bahnte sich früh das dann durch den Kriegsausgang 1945 herbeigeführte Ende des deutschen N. S. an.« Die Katastrophe war demnach nicht im Nationalsozialismus selbst angelegt, sondern folgte aus seiner falschen Verwirklichung.

Wahrscheinlich ist die NPD gezwungen, Hitlers Staat zu beschönigen, weil so vieles von dem, was sie heute fordert, schon damals verwirklicht war. Zwar verlangen Leute wie der langjährige Parteiideologe Jürgen Schwab, »aus der deutschen Geschichte zu lernen«, um »Irrwege des deutschen Nationalismus ... zu erkennen und nicht [zu] wiederholen«. Doch schreibt derselbe Autor in demselben Buch, ohne Revisionismus könne es keine »deutsche Freiheit« geben, »weil mit der Kriminalisierung der deutschen Geschichte den Deutschen ihr kollektives Bewusstsein als selbstbewusstes Volk zerstört wurde«.[107] Wer aber wie Schwab nicht glaubt, dass Hitler kriminell war, sondern dass er kriminalisiert wurde, wird nicht fähig sein, aus seinen Taten zu lernen.

In den siebziger und achtziger Jahren rückte der Nationalsozialismus für die NPD vorübergehend in den Hintergrund. Seit dem Geschichtsrevisionismus unter Deckert und der Öffnung hin zu Neonazis unter Voigt ist das vorbei. Auf den Demonstrationen gegen die Wehrmachtausstellung Mitte der neunziger Jahre begann die NPD, den zersplitterten rechten Rand zusammenzuführen. Heute wird bei den jährlichen Rudolf-Hess-Gedenkmärschen die Einheit der gesamten Szene demonstriert. In der Figur Hess hat sich die extreme Rechte einen gemeinschaftsstiftenden Mythos konstruiert, der mehrere Rollen vereint: das Opfer (als langjähriger Häftling der Alliierten), der Märtyrer (durch den angeblichen Mord des britischen Geheimdienstes), der Träger einer Idee (als Hitler-Stellvertreter) und der Held (der vermeintliche »Friedensflieger«, der einen selbst begonnenen Krieg beenden wollte).

Die NPD-Spitze pilgert jedes Jahr zum Hess-Gedenken nach Wunsiedel. Sie marschierte am 13. Februar 2005 an der Spitze der revisionistischen Demonstration anlässlich der Zerstörung Dresdens und initiierte zum 60. Jahrestags des Kriegsendes eine Kampagne unter dem Motto: »1945 – wir feiern nicht«. Die *Deutsche Stimme* druckt jeden Monat Porträts der NS-Spitzenfunktionäre. Der »Taschenkalender des nationalen Widerstandes« enthält reihenweise Einträge von Geburtstagen von Obersturmbannführern und Generalfeldmarschällen. Und zum 20. April verzeichnet das Kalendarium einen Smiley mit Hitler-Bärtchen und Seitenscheitel, dazu die Worte »Die Gedanken sind frei ...«.

Es ist egal, ob Voigt und Kameraden selbst NS-Romantiker sind oder ob sie durch solche Zeichen lediglich ihre Mitgliederschaft zusammenschweißen wollen. Der Schatten des Nationalsozialismus, der über der NPD liegt und den sie immer wieder erneuert, hindert sie daran, wirklich breite Wählerschichten zu erreichen; zu gründlich ist das Dritte Reich in der Bevölkerung stigmatisiert. Das könnte sich erst ändern, wenn die NPD *mit* ihrer Haltung anschlussfähig würde – wenn beispielsweise auch im offiziellen Gedenken, im öffentlichen Diskurs und im privaten Bewusstsein deutsche Opfer des Zweiten Weltkrieges wichtiger werden als die deutschen Täter.

Ein Brückenkopf in Dresden

Die NPD nutzt den Landtag
als Geldmaschine, Lehrwerkstatt
und Propagandabühne

Das Zentrum der NPD liegt heute in Dresden. Direkt am Elbufer, mit Postkartenblick auf Semperoper und Frauenkirche, hat die zwölfköpfige NPD-Fraktion des sächsischen Landtages ihre Büros. Sie belegt dort einen langen Flur im zweiten Stock des Parlamentsgebäudes. Die Türschilder, die sich dort aneinander reihen, lesen sich wie das *Who is who* der Partei: Alle drei stellvertretenden Bundesvorsitzenden sind entweder Abgeordnete oder Mitarbeiter, ebenso vier weitere Mitglieder des Bundesvorstandes. Auch der Chef des NPD-Jugendverbandes Junge Nationaldemokraten wurde in Dresden mit einem Posten versorgt. Zwölf von 15 Mitgliedern der sächsischen Parteispitze beziehen entweder Diäten oder ein Referentengehalt vom Landtag.

»Spätere Historiker werden sich des 19. Septembers 2004 einmal als jenen Tag erinnern, an dem alles begann«, triumphierte kurz nach der sächsischen Wahl das NPD-Zentralorgan *Deutsche Stimme*. »Ein Dammbruch, ein Fanal, das Undenkbare in Fraktionsstärke. Aber das ist erst der Anfang. Denn nun wiederholt sich, was die Geschichte immer wieder erweist: Fallen erste Breschen, dann fallen bald weitere. ... Der Bann weicht, es geht ans Erwachen. Heute Sachsen, morgen Deutschland. ... Jetzt müssen aus der Begeisterung des Augenblicks die Instrumente, Kader und Strukturen künftiger Siege geschmiedet werden.«[108]

Dresden, so der größenwahnsinnige Traum der NPD, sei der erste Schritt zum Umsturz der Bundesrepublik, die sächsische Fraktion ein »Brückenkopf« im Kampf für eine neue Ordnung. Das mühsame Kleinklein in den Landtagsausschüssen interessiert sie nicht, die parlamentarische Demokratie lehnt die NPD ohnehin ab. Ihre positiven Seiten aber weiß sie zu nutzen: Der Landtag dient ihr als Geldmaschine, Propagandabühne und Lehrwerkstatt. In Dresden hat die Partei fast alle ihre Führungskader konzentriert. Hier lässt sich am genauesten besichtigen, wer die neue NPD ist, was sie denkt, wie sie handelt. Aber auch, wie Öffentlichkeit und etablierte Parteien ihr oft die Arbeit erleichtern.

Fraktionschef Holger Apfel grinst breit, wenn er über die ersten Stunden, Tage und Wochen nach der Wahl redet, er hört gar nicht mehr auf zu spotten. Kopflose Fernsehmoderatoren fauchten ihn am Wahlabend vor laufender Kamera an. »Etwas Besseres hätte uns gar nicht passieren können«, sagt Apfel. Millionen von Zuschauern konnten live erleben, wie er unfair behandelt wurde, eine argumentative Auseinandersetzung fand nicht statt. Im Landtag später ein ähnliches Bild. Die anderen Parteien schienen verblüfft darüber, dass sich die NPD-Leute nicht sofort selbst demontierten. »Die dachten, wir wären ein Trupp von Skinheads mit Bierdosen in der Hand«, sagt Apfel. Stattdessen kannten die Rechtsextremisten vom ersten Tag an die Tricks und Kniffe der Geschäftsordnung. Gekonnt zogen sie die Aufmerksamkeit der Medien auf sich. Als die anderen Fraktionen noch mit der internen Machtverteilung beschäftigt waren, bestimmte die NPD die Tagesordnung.

Um ein Haar wäre ihr sogar der Vorsitz im Landtagsausschuss für Verfassungs-, Rechts- und Europa-Angelegenheiten zugefallen. Bei der Aufteilung der Posten unter den Fraktionen hatte die CDU bereits nach dem Landwirtschaftsausschuss gegriffen, um ihre bäuerliche Klientel bedienen zu können. Sie musste erst von der PDS darauf hingewiesen werden, dass es vielleicht keine so gute Idee ist, Verfassungsverächter zu Verfassungshütern zu machen und die Europapolitik erklärten EU-Gegnern zu überlassen. Außerdem wären fortan ausländische Gäste des Landtags protokollarisch von einem Rechtsextremisten begrüßt worden.

In den Monaten nach der Wahl hatte die NPD-Fraktion eine regelrechte Glückssträhne. Sie stellte einen Gegenkandidaten zu Ministerpräsident Georg Milbradt auf; das brachte ihr ausgiebig Redezeit für eine Art alternative Regierungserklärung – und zu ihrer eigenen Überraschung zwei Stimmen aus den demokratischen Parteien, offenbar von frustrierten CDU-Abgeordneten, die sich an Milbradt rächen wollten. Bis heute sind die Überläufer nicht enttarnt. Misstrauen wabert deswegen durch den Landtag, Absprachen gegen die NPD bleiben immer unsicher, geheime Wahlen geraten regelmäßig zur Zitterpartie. Als die Partei im Januar 2005 einen Eklat um das Gedenken an die Bombardierung Dresdens vor 60 Jahren provozierte, hatte sie wieder über Tage und Wochen die Schlagzeilen für sich.

Apfel und seine Leute haben es sich schnell bequem gemacht im Landtag. Aufreizend selbstbewusst schlendern sie über die Flure und durchs Plenum. In der Kantine haben sie sich einen Tisch gleich an der Eingangstür als Stammplatz gesichert; sie lachen sehr laut, wenn sie dort beisammen sitzen. Zum Neujahrsempfang luden sie Freunde und Sympathisanten der Partei ins elegante Landtagsfoyer (und schlüpften heimlich in den Plenarsaal, um auf der Regierungsbank schon mal ein Probesitzen zu veranstalten).

Offensiv fordert die NPD-Fraktion ihre Rechte ein – nicht mehr, aber auch nicht weniger. Sie ließ es sich nicht bieten, dass ihre Büros in ein Nebengebäude abgeschoben werden sollten. Sie beantragte – genau wie alle anderen Parteien – Staatsgelder für eine eigene Stiftung. Sie unterhält eine kommunalpolitische Vereinigung zur Schulung ihrer Gemeinderäte, die ebenfalls öffentliche Förderung beansprucht. Hinter solchen Schachzügen steht Peter Marx, 48, ein NPD-Multifunktionär, der in Dresden als Fraktionsgeschäftsführer angestellt ist. Anfang der achtziger Jahre war er Vorsitzender des NHB, danach Geschäftsführer der NPD-Fraktion im Frankfurter Römer, heute ist er Bundesvize der Partei. Als die NPD in den achtziger Jahren versuchte, mit einer professionellen Illustrierten Propaganda zu verbreiten, war er einer der Macher. Marx gehört zu den Köpfen der Partei, er ist ein unermüdlicher Reisekader, einer der wenigen Vorzeigbaren, der deshalb schon in der ganzen Republik, vom Saarland bis nach Sachsen, als Spitzenkandidat gedient hat. Sein Jura-Studium hat er zwar nicht abgeschlossen, er kennt aber trotzdem die Tricks und Kniffe von Gesetzen und Geschäftsordnungen. Bis Marx kam, war es im Dresdener Landtag Brauch, dass an den Abspracherunden zwischen den Parteien nicht nur deren gewählte Parlamentarische Geschäftsführer teilnahmen, sondern auch die angestellten Fraktionsgeschäftsführer. Schnell ging den anderen auf, dass Marx ein gewiefter Taktiker ist, und sie änderten diese Praxis, um ihn herauszuhalten.

Besucht man Marx in seinem Büro, liegt da die Satzung der Parteistiftung der sächsischen Grünen auf dem Schreibtisch – es kann nicht schaden, sich dort etwas abzuschauen. Auch Marx feixt über die Ratlosigkeit der anderen Parteien im Umgang mit der NPD, darüber, wie einfach es sei, die CDU vorzuführen. Aus seinem Bücherregal zieht er die Dissertation des sächsischen Regierungssprechers, einem Ernst-Nolte-Schüler, der darin den Nationalsozialismus als Reaktion auf den Kommunismus darstellte. Das ist sehr nah am Geschichtsbild der NPD. Genüsslich liest er aus dem Buch vor; das habe er schon mehrfach getan, sagt Marx. (Der Regierungssprecher hat mittlerweile einen anderen Posten bekommen.) Auf den Machtwechsel in Berlin freue er sich sehr, meint Marx. »Wenn die CDU antritt, wird es für die kleinen Leute noch schlimmer. Die Regierung wird noch mehr kürzen, und das kann uns nur nützen.« Er sei »sicher, dass eine Oppositionspartei eine große Zukunft hat«.

Die Öffentlichkeit begreift erst allmählich, welch weit reichende Folgen der Landtagseinzug der NPD hat: Nun kann sie ihre Parolen jederzeit auf großer Bühne vortragen. Bei der nächsten Kommunalwahl in Sachsen muss sie keine weiteren Formalien erfüllen, um flächendeckend Kandidaten aufzustellen. Auch für die Bundestagswahl kann sie sich das äußerst mühsame Sammeln von 30 000 Unterschriften zur Unterstützung der Kandidatur sparen. Die NPD hat nun Zugang zur sächsischen Landespressekonferenz. Sie sitzt in zahlreichen offiziellen Gremien, entsendet mit dem Abgeordneten Jürgen Gansel jemanden ins Kuratorium der Landeszentrale für politische Bildung, der ankündigt, »mächtige Schneisen in das Dickicht antideutscher Geschichtslügen zu schlagen«.

Und sie verfügt über so viel Geld wie seit drei Jahrzehnten nicht mehr. Exakt 118 560 Euro stehen der NPD-Fraktion allein an Sachkosten zu – Monat für Monat, fünf Jahre lang. Weil alles korrekt zugehen soll, hat sich die Fraktion beim Landesrechnungshof genauestens über die Vorschriften informiert. Die verbieten es nicht ausdrücklich, Parteifunktionäre aus der ganzen Republik – etwa aus Berlin, Bayern, Niedersachsen oder Hessen – in Dresden mit Posten zu versorgen. Ein Angestellter der sächsischen Fraktion managte Anfang des Jahres auch den Landtagswahlkampf in Schleswig-Holstein (selbstverständlich außerhalb seiner regulären Arbeitszeit). Als Spitzenkandidat zur Wahl in Rheinland-Pfalz im März 2006 soll mit Peter Marx jemand antreten, dem der sächsische Steuerzahler den Lebensunterhalt finanziert (für die Zeit des Wahlkampfes wird Marx sicherlich Urlaub nehmen). Sehr geschickt stützt die NPD mit Staatsknete ihre Parteistrukturen. Und beweist zugleich, wie dünn ihre Personaldecke ist: Sie musste Funktionäre von weit her nach Sachsen holen, anders hätte sie alle Posten kaum besetzen können. Wenn ihr der Einzug in einen weiteren Landtag oder gar in den Bundestag gelingen sollte, würde das die Partei in arge Personalprobleme stürzen.

Zu den Sachkosten der Fraktion kommen die Diäten der zwölf Abgeordneten (wovon diese bis zur Hälfte an ihre Partei spenden), außerdem bis zu 3405 Euro pro Mandat für ein Wahlkreisbüro und einen persönlichen Referenten. Zu diesen zählt beispielsweise der verurteilte Rechtsterrorist Peter Naumann, der bei sächsischen Neonazi-Kameradschaften gelegentlich Vorträge hält.

Theoretisch könnte die NPD mit ihren Bürgerbüros ganz Sachsen überziehen, könnte überall dort einen hauptamtlichen Mitarbeiter postieren, wo es ihr nützlich erscheint. Doch dies scheitert bisher daran, dass sie kaum Räume findet. Bis zu 20 Absagen pro Büro habe man bekommen, klagt Fraktionschef Apfel, obwohl landauf, landab Häuser leer stehen. Die Vermieter hätten keine Angst vor der Partei, meint er, sondern vor »Antifa-Terror«. Offenbar behindert gesellschaftliche Ausgrenzung der NPD also eine weitere Ausbreitung im Land. Als Reaktion wolle man, so Apfel, ein mobiles Bürgerbüro anschaffen und damit »über die Dörfer tingeln«. Und die Partei macht aus der Not eine Tugend: In Dresden wurden drei Abgeordnetenbüros mit der Landesgeschäftsstelle der NPD und der JN-Bundeszentrale in einem Gebäude zusammengelegt. Das dürfte für alle preiswerter sein und außerdem »Synergieeffekte« freisetzen.

Das Wahlkreisbüro in Riesa wurde in der Immobilie der *Deutschen Stimme* untergebracht. Das hat zwar den Vorteil, dass die Miete in der NPD bleibt. Aber den Nachteil, dass wenige Bürger den Weg finden werden – der Verlag sitzt weit außerhalb der Stadt, in einem Gewerbegebiet, zwischen einer Treppenbau- und einer Wärmeschutz-Firma. Im Jahr 2000 war die *Deutsche Stimme* aus Bayern hierher gezogen, die NPD hatte sich damals entschlossen, ihre Ressourcen auf Sachsen zu konzentrieren. Hier existierte der damals größte Landesverband, die Verankerung in den Kommunen war am weitesten vorangeschritten. Anders als in Bayern gab es hier kaum Proteste gegen den Verlag, und die Volksbank Riesa gewährte einen Kredit in sechsstelliger Höhe. Die Chancen für einen Wahlerfolg seien hier am größten, so das Kalkül – das aufgegangen ist. Mit dem Verlag kam damals ein knappes Dutzend sicherer Arbeitsplätze für Parteikader ins Land. Ein Viertel der heutigen NPD-Fraktion war zuvor bei der *Deutschen Stimme* angestellt.

»Intelligente, nationale Fundamentalopposition«

Riesa, ein Mittwochnachmittag Ende April 2005, feierliche Eröffnung des Wahlkreisbüros. Auf dem Parkplatz neben der Verlagshalle schwanken ein paar Sonnenschirme im Wind. Ein Stapel Bauholz ist mit einem Transparent »Aufbruch für Sachsen« verhängt. Die aufgestellten NPD-Fahnen sind von Regen durchnässt. Zehntausend Handzettel hat die Partei in Riesa verteilt.

Das Büro im Erdgeschoss ist klein und etwas dunkel. In nagelneuen Regalen liegen Faltblätter der Fraktion, es gibt ein Fax, einen Computer. Die Räume nebenan sind mit Doppelstockbetten voll gestellt, hier bringt der Verlag die freiwilligen Helfer unter, die zu Wahlkampfeinsätzen oft von weit her anreisen. Eine Treppe höher ist ein Versammlungsraum rustikal mit Holzpaneelen ausgeschlagen, an den Wänden Zeichnungen von schneidigen Wehrmachtsoldaten und die Wappen der deutschen Länder inklusive Pommern, Schlesien, Siebenbürgen und Donauschwaben. Auf einem Balken über dem Biertresen liegt ein Stahlhelm, im Regal am Fenster wacht eine martialische Odinfigur aus Gussmetall.

»Liebe Freunde der nationalen Sache«, begrüßt der Hausherr, Jürgen Gansel MdL, die Gäste. Er vermerkt freudig, dass auch ein Bürger gekommen ist, den er vorher noch nicht kannte. Knapp zwanzig Leute sind im Raum, fast alle

110

NPD-Funktionäre, nur eine Frau ist unter ihnen, Gansels Sekretärin.

Nach ihm redet Fraktionschef Apfel. »Diese Eröffnung ist ein weiterer Meilenstein zur Verankerung unserer Partei im Lande«, sagt er. Eine knappe Stunde lang breitet er dann vor seinen Parteifreunden die Bilanz der Landtagsarbeit aus. Er prahlt wieder mit seinem Fernsehauftritt vom Wahlabend, echauffiert sich über eine junge PDS-Abgeordnete, beleidigt den Alterspräsidenten des Landtages, geißelt den »krankhaften Nationalmasochismus« der Deutschen. Er hat ein dankbares Publikum, es applaudiert exakt an den Stellen, an denen Apfel seine Stimme hebt.

35 Jahre ist Holger Apfel alt, und er hat es bereits weit gebracht in der Partei. Als Jugendlicher – seine Eltern sind Vertriebene – machte er beim NPD-nahen Studentenbund Schlesien mit. Eine Schulung für Nachwuchskader der Partei hat er als Lehrgangsbester abgeschlossen. Schulungsleiter war damals der heutige NPD-Chef Udo Voigt, seit dieser Begegnung fördert er Apfel. Der übernahm bald den Kreisverband seiner Heimatstadt Hildesheim, wurde Chef der niedersächsischen JN, rückte in den Landesvorstand der NPD auf, 1994 in die Bundesspitze. Seinen Job als Verlagsangestellter gab er 1996 auf, um sich ganz »der nationalen Sache« zu widmen. Er wurde Chefredakteur und Verlagsleiter der *Deutschen Stimme*, Bundesorganisationsleiter, Wahlkampfmanager der Partei.

Alle, die ihn kennen, auch seine innerparteilichen Gegner, erkennen Apfels Fleiß und Disziplin an. Jan Zobel, Ex-JN-Chef von Hamburg und mittlerweile aus der Partei ausgetreten, beschreibt ihn als jemanden, der noch nachts um drei Uhr hellwach am Schreibtisch sitzt und Faxe in alle Welt verschickt. Nie habe er ihn Alkohol trinken sehen. In seinem gerade veröffentlichten Aussteiger-Buch schildert Zobel, wie er Apfel vor ein paar Jahren in Hildesheim besuchte: »Sein Kinderzimmer ist sein Parteibüro. Es hängt voller Plakate. Im Bücherregal stehen Publikationen der NPD und Alben. In denen hat Holger Aufkleber der Partei und der JN gesammelt. Er zeigt sie mir mit sichtlichem Stolz. Es gibt im Raum nichts Persönliches, was auf ihn verweist. Vielleicht fällt es ihm auch deshalb so leicht, in den folgenden Jahren wiederholt den Wohnsitz zu wechseln.«[109] Apfel ging immer dorthin, wo die Partei ihn brauchte, erst nach Bayern, dann nach Sachsen.

Fünf Jahre lang (1994–1999) – und damit länger als alle seine Vorgänger – war Holger Apfel Chef der Jungen Nationaldemokraten. Er profilierte sich als Radikaler, machte den kriselnden Jugendverband wieder flott, dessen Mitgliedern empfahl er als Vorbild »einzig und allein« die Wehrmacht und Waffen-SS. Gleichzeitig forderte er ein zivilisiertes und diszipliniertes Äußeres: »Wir wollen bei der Bevölkerung um Vertrauen für eine bessere Politik werben, dazu gehört zunächst einmal sauberes und korrektes Auftreten«, mahnte Apfel in einem so genannten Führungsrundschreiben. »Auch gilt striktes Alkoholverbot während unserer Aktionen!«[110]

In der JN-Zeitschrift *Einheit und Kampf* führte Apfel 1996 aus: »Ich glaube durchaus, dass sich bald die Gelegenheit ergeben wird, unsere politischen Überzeugungen anzuwenden. Die Geschichte lehrt, dass in revolutionären Phasen jeweils die Kräfte den Neubeginn bestimmen, die den alten Vorstellungen am radikalsten entgegengetreten sind. In unserem Fall heißt dies antikapitalistisch, national, revolutionär. Unsere Grundsätze werden aber erst dann Anwendung finden, wenn wir es geschafft haben, zum Zeitpunkt des Untergangs des BRD-Systems eine umfassend geschulte und gut organisierte Gemeinschaft herangebildet zu haben, die am Tag X in der Lage ist, die suchende und erwartungsvolle Bevölkerung in unserem Sinne zu führen.«[111]

Diese sozialrevolutionäre Rhetorik wurde später auch von der Gesamtpartei übernommen. Apfel hat den Kurs vorbereitet, den Udo Voigt als Vorsitzender einschlug. Apfel reiste schon 1993 als Redner zum Rudolf-Hess-Gedenkmarsch; er knüpfte bereits Kontakte zu militanten Neonazis und jungen Skinheads, als die Mutterpartei sich offiziell noch abgrenzte. Auf Fotos von damals ist ein dicklicher Junge im Ringelpullover zu sehen, der wie jemand wirkt, der auf dem Schulhof immer von allen gehänselt wurde. Hier aber lauschten Hunderte seinen Reden, auch wenn er lispelte.

Die Partei hat Apfel groß gemacht, und ihm ist anzusehen, dass er noch größer werden möchte. »Unter vier Augen gesteht er mir, dass er mal Vorsitzender der NPD werden würde«, erinnert sich Aussteiger Zobel. »Nicht etwa, dass er es *wolle*, sondern: dass er es *werde*.«[112] Schon heute kommt niemand in der NPD an Apfel vorbei. Im DS-Verlag und in der Landtagsfraktion gebietet er über gut dreimal so viel Personal wie der Parteivorsitzende und hat erheblich mehr Geld zu verteilen als Voigt. Dresden ist das Zentrum der Partei geworden, und Apfel sitzt an der entscheidenden Position.

Seine Fraktion werde »intelligente nationale Fundamentalopposition« betreiben, hatte Apfel kurz nach der Wahl angekündigt. Vor allem in den Kleinen Anfragen der NPD zeigt sich, was damit gemeint war. Nur wenige beschäftigen sich mit typisch rechtsextremistischen Themen, der Zahl von Ausländern in Sachsen etwa. Eher die Ausnahme sind auch Anfragen, die offenbar Informationen für die Arbeit der Kreisverbände erbringen sollen – etwa die Anforderung einer Liste aller Gräber und Denkmale aus dem Ersten Weltkrieg mit detaillierten Angaben, welche »nicht betreut und gepflegt« werden.[113] Viel öfter geht es um Wanderwege, Kinderarmut und Katastrophenschutz, um die Schulnetzplanung des Kultusministeriums, die staatliche Lebensmittelüberwachung, den Zustand der Kommunalfinanzen. Die NPD wollte wissen, ob und wie viel Geld sich durch den Einsatz von »Open Source Software« in der Landesverwaltung sparen ließe. Was die Staatsregierung angesichts von »Straßenschäden auf der A 14 Plauen-Chemnitz zwischen Autobahnkilometer 75 und 85« zu tun gedenke. Ob sie einen Zusammenhang sehe zwischen Uranabbau in der DDR und heutigen Krebserkrankungen.

Die Partei sucht sich Themen, für die sie in der Bevölkerung Interesse vermutet, und macht sie sich als Fragen zu eigen. Als Quelle dienen die Medien, die Berichte des Landesrechnungshofes oder Bürgerhinweise. Der Vorteil von Kleinen Anfragen ist, dass sie wenig Aufwand erfordern und keine konkreten Folgen haben. Sie seien geeignet, so Apfel, um sich »wie in einem Schaufenster dem sächsischen Wähler zu präsentieren«. Bei der Zahl der Anfragen liegt die NPD nach dem ersten halben Jahr im Landtag nicht weit hinter der CDU-Fraktion, obwohl diese fast fünfmal so groß ist.

Auch die Anträge der NPD sind aufschlussreich: Einmal forderte sie die Landesregierung auf, den Abriss eines alten Funkturmes auf einem Berg nahe Oschatz zu stoppen. Das klang skurril, griff aber ein in der betroffenen Region viel diskutiertes Thema auf. Wie schon in den sechziger Jahren nimmt sich die NPD heute in Sachsen wieder der Sorgen der Bauern (dem »Nährstand« des Volkes) und Ausrüstungsdefiziten bei der Polizei an. Sie erhebt populäre soziale Forderungen, von denen so manche auch die PDS vertritt. Aber bei der NPD basieren sie auf einem völkischen Gesellschaftskonzept. Apfel und Kameraden sind gegen jede Schließung von Schulen, weil sie »Pflanzstätten« der »nationalen Identität« seien. Sie fordern eine »aktive Bevölkerungspolitik« und eine Verdreifachung des Landeserziehungsgeldes, um der »genosuizidalen« Entwicklung entgegenzuwirken.

In einer langen Rede auf dem NPD-Bundesparteitag im Herbst 2004 hatte Apfel umrissen, wie sich nationalistische Ideologie in konkrete Politik umsetzen lässt: Das Konzept einer »raumorientierten Volkswirtschaft« bedeute eine gezielte Mittelstandsförderung statt der Ansiedlung von Großinvestoren. Aus demselben Grund werde man sich für die Stärkung der regionalen Sparkassen einsetzen. Deutsche Betriebe, so Apfel, könnten durch eine Änderung der Vergabepraxis von öffentlichen Aufträgen gestärkt werden. In der Bildungspolitik müsse man »verausländerte Klassen« kritisieren und ein »zu frühes« Erlernen von Fremdsprachen. Die NPD werde sich um den Umweltschutz kümmern, denn der sei ja »Heimatschutz«. Dass die Tierschutzpartei bei der sächsischen Landtagswahl 1,6 Prozent der Stimmen bekam, will Apfel ebenfalls ausnutzen. »Unsere Aufgabe muss sein, diese Partei überflüssig zu machen!«

Anfangs haben die anderen (Oppositions-)Parteien im Landtag der NPD die Arbeit erleichtert. Über Monate konnten sich ihre Abgeordneten damit profilieren, dass sie auf Missstände bei der Sächsischen Landesbank hinwiesen. Sie stellten kompetente Fragen, verblüfften die anderen Parlamentarier mit Detailkenntnis. NPD-Fraktionsreferent Arne Schimmer, ein gelernter Buchprüfer, Finanzjournalist und Ex-Mitarbeiter der Beratungsfirma PriceWaterhouseCoopers, hatte sich auf das Thema gestürzt. Das Terrain hatte brachgelegen, weil die SPD, die sich in der vergangenen Legislaturperiode darum gekümmert hatte, nun in der Regierung saß und keine bohrenden Fragen mehr stellte. Die PDS-Fraktion war durch interne Richtungskämpfe zu Anfang der Legislaturperiode gelähmt. Und FDP wie Grüne hatten sich noch nicht eingearbeitet.

Die NPD konnte sich als Retter gefährdeter sächsischer Unternehmen präsentieren, weil sie sich früher und intensiver als die anderen Parteien um den Fall der Lausitzer Textilfirma ErbaLautex kümmerte. Der einstige DDR-Großbetrieb musste wegen einer EU-Entscheidung Fördermittel zurückzahlen und ging in Liquidation. Damit drohten die letzten 220 Arbeitsplätze (von einst mehr als 10 000) verloren zu gehen – in einer Region mit 30 Prozent Arbeitslosigkeit. Fraktionsreferent Per Lennart Aae hörte die Nachricht im Radio und erkannte deren Wert: Dieses Beispiel zeige, dass »aufgrund der EU-Integration die wirtschaftliche Selbstbestimmung nicht mehr gegeben« sei, die Landesregierung habe schlicht keine Mittel mehr in der Hand, etwas zu tun. Die NPD brachte das Thema ins Plenum.

Während der Debatte saßen der Geschäftsführer und die Belegschaft der Textilfirma oben auf der Tribüne, einige Arbeiter versuchten, ein Transparent zu entrollen. Die NPD stellte den Antrag, die Staatsregierung solle alles ihr Mögliche zur Rettung der Firma unternehmen, wissend, dass diese kaum etwas anderes tun konnte, als in Brüssel zu protestieren oder den Austritt aus der EU zu fordern. Die NPD beantragte eine namentliche Abstimmung, wissend, dass die anderen Parteien ihre Anträge grundsätzlich ablehnen – und stand da als Robin Hood.

Sascha Roßmüller, im Bundesvorstand für Wirtschaftspolitik zuständig, von der Landtagsfraktion für dasselbe Thema bezahlt, sagt, genau so solle es in den nächsten Jahren weitergehen. Zusammen mit den NPD-Kreisverbänden werde man »in direkten Kontakt mit dem Mittelstand« treten, werde mittels »operativer Datenerhebung« nach weiteren Fällen suchen. Für den Kontakt zum Volk hat man eine eigene Stelle eingerichtet: Etwas abseits von den Fraktionszimmern im Landtag sitzt die »Bürgerbeauftragte« Kerstin Lorenz, die sich den Kummer der Wähler anhört. In ihrem Büro gibt es immer eine frische Tasse Kaffee, auf dem Tisch steht Gebäck. Vom Pförtner des Landtags, erzählt sie, würden ihr öfter Leute geschickt, die dort unten warten und von keiner anderen Fraktion vorgelassen werden. Bis zum letzten Jahr war Lorenz Landesvorsitzende der Republikaner, kurz vor der Wahl und gegen den Willen ihres Bundesvorstandes zog sie ihre Kandidatenliste zurück und half der NPD so in den Landtag. Nun steht sie auf ihrer Gehaltsliste.

Wie erfolgreich die soziale Strategie sein kann, hatte der Wahlkampf 2004 in Sachsen gezeigt. Die NPD ritt auf der Protestwelle gegen die als Hartz IV bekannten Arbeitsmarktreformen in den Landtag. Doch dort angekommen, kümmerte sie sich monatelang nicht mehr um das Erfolgsthema. In den Fachausschüssen sagten die NPDler kein Wort, als darüber beraten wurde, berichten Abgeordnete der anderen

Parteien. Keinen einzigen Antrag zum Thema brachte die NPD zustande, und für drei Kleine Anfragen brauchte sie ein halbes Jahr – sie bezeugten dann auch noch Inkompetenz, weil darin Fachbegriffe verwechselt wurden. Stefan Rochow, der zuständige Fraktionsmitarbeiter (nebenbei Bundesvorsitzender der JN), gibt offen zu, dass die Auswirkungen von Hartz IV »nicht so schlimm geworden« sind, wie einst im Wahlkampf an die Wand gemalt. Derzeit denke man gar darüber nach, »ob wir das Thema ganz aufgeben«.

»Bomben-Holocaust« statt Hartz IV

Statt mit ihrem Erfolgsthema, dem Gegenwartsproblem Hartz IV, beschäftigte sich die NPD-Fraktion ausgiebig mit der Vergangenheit – dem 60. Jahrestag der Bombardierung Dresdens und dem Gedenken an das Ende des Zweiten Weltkrieges. Unfreiwillig zeigte sie damit, dass das jahrelange Bemühen um eine Modernisierung und Zukunftsorientierung nicht so viel gebracht hat – und dass das Identitätsthema der NPD eben doch immer noch die Vergangenheit ist. Es »muss hin und wieder ein Tabubruch vollzogen werden, damit sich die NPD in Erinnerung ruft«, sagt Holger Apfel zur Rechtfertigung. Eine Taktik übrigens, die so alt ist wie die Partei.

Schon kurz nach der Gründung, in ihrem ersten Bundestagswahlkampf 1965, machte die NPD-Spitze mit einer Kranzniederlegung im Hof des Gefängnisses in Landsberg von sich reden, in dem nach 1945 auch Nazi-Kriegsverbrecher einsaßen. »Wir haben hier all derer gedacht, die aus Willkür und Machtgier unschuldig durch Gewalt ihr Leben verloren«, erklärte der damalige bayerische Landesvorsitzende Franz Florian Winter hinterher vor versammelter Presse. »Während solcher Opfer in Dachau und Bergen-Belsen alle Welt gedenkt, besucht diese Gräber hier in Landsberg, in denen zum Teil ebenfalls völlig Unschuldige liegen, niemand. Wir tun das!«[114]

Dieselbe Argumentation bemühte die NPD-Fraktion am 21. Januar 2005 im sächsischen Landtag. Es sei »jämmerlich« und »würdelos bis zum Erbrechen«, eiferte Holger Apfel, dass für »die Opfer des alliierten Bombenterrors« im »dicht gefüllten Terminkalender der Sühnekultur in Deutschland kein Platz mehr übrig« bleibe.

Sein Fraktionskollege Jürgen Gansel prägte im Anschluss den Begriff »Bomben-Holocaust« für die Bombardierung Dresdens. Sein Redemanuskript, sagt Gansel, habe er zuvor dem Fraktionsvorstand gezeigt; er gab also nicht nur seine Privatmeinung wieder. Wie hoch die Wellen wegen dieses einen Wortes schlugen, hat die NPD aber doch überrascht. Die anderen Parteien drohten mit dem Staatsanwalt, erneut diskutierten Politiker wild über ein Verbot der NPD. Darüber wurde der gesamte Rest seiner Rede ignoriert, obwohl er viel aufschlussreicher war als das Skandalwort, denn darin breitete Gansel das ganze Geschichtsbild der Partei aus: »Die Behauptung, ein allein durch Deutschland verschuldeter Krieg sei in Form des alliierten Bombenterrors auf das Land der Täter zurückgefallen … ist infam, weil unwahr.«

Gansel, der an der Universität Gießen einen Magister in Geschichte erworben hat, führte dann aus: Die Bombardierung Dresdens »steht ursächlich weder im Zusammenhang mit dem 1. September 1939 noch mit dem 30. Januar 1933. Die Pläne zur Vernichtung des Deutschen Reiches existierten nämlich schon lange, bevor in Versailles der erste Nationalsozialist geboren wurde.« Der Nationalsozialismus sei also nicht nur logische Folge des Ersten Weltkrieges, sondern eine verständliche Reaktion auf eine historische Bedrohung des deutschen Volkes. Diese versucht Gansel dann (in typisch verschwörungstheoretischer Manier) mit einem obskuren Zeitungszitat zu belegen. »In diesem Haus wird es außerhalb meiner Fraktion niemandem bekannt sein, dass bereits am 1. Februar 1896 in der englischen Wochenschrift *The Saturday Review* die Parole zu lesen war: ›Germania est delenda‹.

Für die Nichtlateiner: ›Deutschland ist zu zerstören‹.« In dieser »Tradition eines eliminatorischen Antigermanismus« hätten Winston Churchill und die Bomben auf Dresden gestanden. Der Zweite Weltkrieg wird so umgedeutet zur reinen Abwehrschlacht.

Äußerlich ist Gansel das glatte Gegenteil von Fraktionschef Apfel: drahtig, zackig; er gibt sich intellektuell. Auch Vertretern der »Systempresse« erklärt er überaus gern seine Weltsicht, redet rasend schnell dabei. Er hat eine Mission, und deshalb ist er fleißiger und motivierter als ein durchschnittlicher Hinterbänkler etwa von der CDU. Der Titel von Gansels Magisterarbeit lautete: *Kapitalismuskritik der Konservativen Revolution von 1918 bis 1932*. Er versucht also, wie die Neue Rechte an nationalistische Traditionen der Vor-Hitler-Zeit anzuknüpfen. Immer wieder zitiert er Carl Schmitt, Oswald Spengler, Arthur Moeller van den Bruck.

Politisch geprägt wurde Gansel in der Gießener Burschenschaft Dresdensia-Rugia.[115] Leute wie er spielen in der neuen NPD eine wichtige Rolle; auch der langjährige Parteiideologe Jürgen Schwab etwa ist bekennender Burschenschaftler. Schon 1999 erklärte ein Sprecher des parteieigenen Nationaldemokratischen Hochschulbundes: »Im Zuge der viel beschworenen und notwendigen Intellektualisierung des nationalen Lagers wäre es angebracht, sich verstärkt studentischer Korporationen anzunehmen.«[116] Die Attraktivität der NPD für rechtsextreme Akademiker dürfte sich jetzt, wo sie Karrierechancen und gut bezahlte Posten zu bieten hat, noch erhöhen.

Neben Gansel sind weitere fünf der Referenten in Dresden Burschenschaftler: Den Volkswirt Arne Schimmer und den Betriebswirt Stefan Rochow kennt Gansel schon aus der gemeinsamen Gießener Zeit. Andreas Molau, ein ehemaliger Waldorfschullehrer, nun bildungspolitischer Berater der Fraktion (außerdem Vize-Chefredakteur der *Deutschen Stimme*), war Mitglied der Hochschulgilde Trutzburg Jena zu Göttingen. Pressesprecher Holger Szymanski stammt aus der Burschenschaft Cheruskia und Karl Richter, der Leiter des Parlamentarischen Beratungsdienstes, aus der Münchner Danubia.

Richter, 42, zählt zu den führenden Denkern der extremen Rechten. Der Historiker war vor seinem Engagement in Dresden bereits Sprecher der bayerischen Republikaner und Mitarbeiter der Rep-Fraktion im Europaparlament. 1991 beteiligte er sich an der Gründung der Deutschen Liga für Volk und Heimat, die nach dem Niedergang der NPD in den siebziger und achtziger Jahren eine neue rechtsextremistische Sammlungspartei werden sollte. Von 1991 bis 1997 war Richter Chefredakteur des rechtsextremen Theorieorgans *Nation&Europa*. Ein dort abgedrucktes »Asylbetrügergedicht« bescherte ihm 1995 eine Verurteilung wegen Volksverhetzung.[117] Heute schreibt er Reden für die sächsischen NPD-Abgeordneten, will ihnen damit »im Zermürbungskrieg des parlamentarischen Alltags« beistehen und den Referentenstab zu einer »rechten Denkfabrik« formen.

Besucht man Richter in seinem Büro, begegnet man einem strammen Parteisoldaten, der überläuft vor Verachtung für die Moderne und alles Linksliberale, der Schluss machen will mit dem »Multi-Kulti-Irrsinn« und deshalb von Leipzig schwärmt. Denn das sei »eine wunderschöne Stadt, auch ethnisch«, dort »atmet man auf«, wenn man wie er aus München komme. Sein Verhältnis zur NPD ist instrumentell, erst am ersten Arbeitstag in Dresden ist er ihr beigetreten. Und das Parteiprogramm, sagt er, sei für ihn »viert- oder fünftrangig«.

Es ist verblüffend, aber sogar Chefdenker Richter ist schon mit wenigen Fragen aus dem Konzept zu bringen. Sobald er keine Antwort mehr weiß, flüchtet er in die Floskel: »Das ist eine Denksportaufgabe.« Und seinen eigenen Phrasen wird er selbst nicht gerecht. Einerseits lobt er das »preußische Arbeitsethos« und preist einen »Menschentyp«, der »nicht sich selbst in den Vordergrund« stellt – andererseits schlich er sich im vergangenen Jahr als Komparse in den Kinofilm *Der Untergang* ein und schrieb hinterher einen eitlen Aufsatz darüber. Einerseits sagt er, das wichtigste Thema der NPD-Fraktion müsse die EU sein, denn das »Brüsseler Monster« verschlinge die Souveränität Deutschlands, dagegen sei ihm die richtige Deutung des Dritten Reiches »nicht wichtig«, »die Vergangenheit ist für mich abgehakt« – andererseits hängt über seinem Schreibtisch eine Landkarte der deutschen Ostfront im Zweiten Weltkrieg.

Richter ist klug genug zu wissen, dass sich die NPD endgültig von der Vergangenheit lösen und Hitler einen Verbrecher nennen müsste, wenn sie wirklich breitere Wählerschichten erreichen wollte. »Ich bin dem Gesetzgeber überaus dankbar, dass er das Verherrlichen des Nationalsozialismus strafbewehrt«, sagt er etwa. Das nämlich zwinge »die Rechte zu einem Modernisierungsschub, den sie allein nicht hinbekommen würde«. Doch nicht einmal er selbst schafft es, dieser Einsicht zu folgen. Wie soll es da der ganzen NPD gelingen mit all ihren Mitgliedern und Anhängern, die ihr Selbstwertgefühl zu einem Großteil daraus beziehen, für »Deutschland« zu kämpfen, und deshalb geradezu besessen sind davon, die dunkelsten Stellen der deutschen Geschichte aufhellen zu müssen?

Und so arbeitet sich auch die sächsische NPD-Fraktion wieder und wieder ab an der Bombardierung Dresdens. Sie fordert eine »Landesstiftung für die Opfer des Bombenkrieges«, boykottiert demonstrativ die Gedenkveranstaltung des Landtags zum 8. Mai. Sie stellt Anfragen nach dem Schicksal deutscher Frauen, die nach dem Krieg von den Russen verschleppt worden waren, und macht die Beschäftigung mit den Vertreibungen zu Kriegsende zu einem Dauerthema.

Im Streit um Vergangenheit oder Gegenwart ging auch Parteichef Udo Voigt erstmals auf Distanz zu seiner Dresdener Landtagsfraktion. Nach der enttäuschenden Wahl in Schleswig-Holstein, wo die NPD im Februar 2005 trotz hoher Erwartungen nur auf 1,9 Prozent kam, schrieb er in der

Deutschen Stimme, der Wirbel um den »Bomben-Holocaust« habe »leider nicht den erhofften Effekt« gehabt, er »scheint sogar kontraproduktiv gewesen zu sein. ... Den uns tendenziell zugeneigten Wählern fehlte die Antwort auf die Frage: ›Was kann die NPD eigentlich wirklich besser als die anderen Parteien?‹« Die wichtigen Themen seien »Hartz IV, mehr als fünf Millionen Arbeitslose, mit steigender Tendenz, Billigarbeitskräfte aus Osteuropa«.[118]

Apfel hingegen hält den Eklat auch im Rückblick noch für richtig. Es sei »eine Frage der nationalen Selbstachtung« gewesen, auf diese Art für die Dresdener Bombenopfer einzutreten. Bergeweise und aus dem ganzen Land habe seine Fraktion danach zustimmende Briefe bekommen. Er zitiert eine Meinungsumfrage, in der 18 Prozent der Befragten erklärten, der Begriff »Bomben-Holocaust« sei nicht anstößig.[119] Apfel glaubt, das wachsende Interesse der Öffentlichkeit am Zweiten Weltkrieg sei ein Zeichen eines erwachenden Nationalbewusstseins. Mit Freuden sieht er, dass Teile der sächsischen CDU seit dem Landtagseinzug der NPD nach rechts schwenken. Die Junge Union etwa begann eine Debatte über »Nationsvergessenheit und Wertekultur« und veröffentlichte ein Thesenpapier mit der Überschrift »Ein Wert für sich: Deutschland«, das sich ausdrücklich und genau wie die NPD zum Abstammungsprinzip bei der Staatsangehörigkeit bekennt.

Scharf wird in der sächsischen CDU über den Umgang mit der NPD gestritten. Die Parteiführung hat eingesehen, dass die NPD im Landtag vom anfangs unkoordinierten Verhalten der anderen Parteien profitiert hat. Seit Januar 2005 sprechen deshalb die demokratischen Fraktionen ihre Voten und Redebeiträge zu Initiativen der NPD untereinander ab. Natürlich ist daran auch die PDS beteiligt. Und natürlich kritisieren dies die Antikommunisten in der sächsischen CDU (und jene, die mit Ministerpräsident Milbradt aus irgendeinem Grunde über Kreuz liegen). Die Hardliner reizen dann die PDS mit öffentlichen Reden von »rechten und linken Sozialisten«, von »der braunen und der roten Flut«, gegen die man gleichermaßen vorgehen müsse. Im Gegenzug kontert die PDS, dass so manche CDU-Rede, etwa zum neuen Antidiskriminierungsgesetz, auch von der NPD stammen könne. Diese wiederum versucht bei jeder Gelegenheit, einen Keil in die Ablehnungsfront der anderen Parteien zu treiben. Bei der Wahl der Landesverfassungsrichter bot sie der CDU ohne Bedingungen ihre Stimmen an. Bei der Einsetzung eines Untersuchungsausschusses zur SachsenLB stimmte sie einem Antrag der PDS zu.

Cornelius Weiss, Alterspräsident des Landtages und Chef der SPD-Fraktion, sagt, die NPD-Leute seien »auf ekelhafte Weise intelligent«. Die wüssten genau, dass sie bloß die PDS loben müssen, damit die CDU johle. Und umgekehrt. Ohne Weiss' Moderation wäre der Schulterschluss der anderen Parteien kaum zustande gekommen. Nun ärgert er sich über die PDS, denn die hätte, sagt er, den Gegenstand des Untersuchungsausschusses zur SachsenLB nur etwas geschickter formulieren müssen, um eine Zustimmung durch die NPD zu vermeiden. Über die internen Kämpfe beim Koalitionspartner CDU seufzt Weiss nur. »Ich bin so eine Art Schäferhund der Demokraten«, sagt er. »Ich treibe sie immer wieder zusammen, nur beißen darf ich nicht.«

Weiss sagt, er habe sich in den Haushaltsberatungen dafür eingesetzt, dass die beiden Regierungsfraktionen auch ein paar Änderungsanträgen von FDP und Grünen zur Mehrheit verhalfen. Es war das erste Mal in der 15-jährigen Landtagsgeschichte, dass die Mehrheit der Opposition zustimmte. Weiss nennt das »ein Zeichen der demokratischen Kultur«. Denn es sei durchaus »was dran«, wenn die NPD sich über eingefahrene Parlamentsrituale mokiere. »Wenn wir immer sagen, alles, was die anderen Parteien wollen, ist doof, das verstehen die Bürger ja wirklich nicht.«

So hat der Einzug der NPD durchaus positive Folgen für die sächsische Politik. Er zwingt die anderen Parteien – vor allem die CDU, die seit der Wende das Land autokratisch regierte –, ihre Gewohnheiten zu überprüfen. So fand etwa die lieb gewonnene Praxis ein Ende, den Plenarsaal des Landtags auch für Parteiveranstaltungen zu nutzen. Seit nun auch die NPD in den Genuss der Parteienfinanzierung kommt, wird genauer über deren Verwendung nachgedacht. Andererseits verletzten einige Reaktionen auf die NPD demokratische Standards. So beschloss der Landtag, die Demonstrationsfreiheit rings um das Parlamentsgebäude einzuschränken. Als die anderen Parteien nach den Abgeordneten suchten, die regelmäßig mit der NPD stimmten, geriet das Prinzip der geheimen Abstimmung in Gefahr. Und als die NPD vom »Bomben-Holocaust« sprach, forderten einige Stimmen sogleich für alle Mandatsträger die Einschränkung von Immunität und Indemnität – also den Schutz vor Strafverfolgung für Äußerungen im Landtag.

»Wir begeben uns nicht ins Hamsterrad der Ausschussarbeit«

Für die NPD ist die Arbeit der Landtagsfraktion in erster Linie ein wirksames Propagandainstrument. Sie achtet darauf, dass ihre Abgeordneten im Plenum möglichst vollzählig und möglichst lange anwesend sind. Das hebt sich ab von den oft lückenhaften Bänken der anderen Fraktionen. Diese wiederum halten der NPD vor, sie arbeite nicht in den Fachausschüssen mit. Doch ist das weniger Faulheit oder Inkompetenz als bewusste Entscheidung. Zu den Ausschüssen habe seine Fraktion »ein ganz zweckorientiertes Verhältnis«, gibt Jürgen Gansel zu, »wir begeben uns nicht ins Hamsterrad«. NPD-Anträge würden dort sowieso abgelehnt, also könne man sie sich auch sparen. Außerdem tagen die Ausschüsse grundsätzlich nicht-öffentlich, die Aktivitäten dort würde draußen ohnehin niemand mitbekommen. Gansel sagt, man schaue in den Ausschüssen zu, wie sich »die Fachleute Detailwissen um die Ohren hauen«. Diese Informationen sammle man und bringe sie später in eigenen Initiativen ins Plenum ein. Denn die Plenarsitzungen werden zumindest von den Besuchern auf der Tribüne verfolgt. Und der MDR überträgt sie über seine Mittelwellensender.

Als Holger Apfel in der Generaldebatte zum Landeshaushalt ans Rednerpult tritt, schaltet oben auf der Tribüne ein Mitarbeiter eine Videokamera ein. Die Fraktion zeichnet alle Ansprachen ihrer Abgeordneten auf, um die Leute rhetorisch zu schulen, um auf juristische Auseinandersetzungen vorbereitet zu sein und auch um die Reden später auf Parteiveranstaltungen vorführen zu können. Das Band läuft also, als Apfel die »Damen und Herren Berufsversager auf der Regierungsbank« beschimpft. Ein »baldiger Machtwechsel sei notwendig«, bellt er, »soll unser Volk nicht weiter kaputtgehen«. Das Band läuft, als Holger Apfel gegen »Masseneinwanderung« polemisiert, das Landesprogramm für Toleranz und Weltoffenheit geißelt und die Initiativen gegen Rechtsextremismus als »anarcho-bolschewistische Staats-SA« bezeichnet.

Das Band läuft wieder, als später die Abgeordnete Gitta Schüßler redet und namens der NPD-Fraktion die Streichung der Landeszuschüsse für jüdische Gemeinden beantragt. Das Band zeichnet die Unruhe im Saal auf und die empörten Zwischenrufe, das »Pfui!« von den Bänken der PDS.

Der Präsident fragt: »Gestatten Sie eine Zwischenfrage?«

»Nein, ich gestatte keine Zwischenfrage.« In der Vergangenheit waren NPD-Abgeordnete bei spontanen Antworten öfters ins Schleudern gekommen. Schüßler schließt die Rede: »Die so eingesparten Mittel könnten gern im Schulwesen eingesetzt werden.« Kamera stopp.

Unter ihre antijüdischen Anträge hat die NPD die lapidare Begründung geschrieben: »Keine Förderung von Partikularinteressen kleiner Minderheiten«. Bei der formal kom-

125

plizierten Formulierung der Haushaltsanträge hatte sich die Partei Unterstützung aus Brandenburg geholt, die dortige DVU-Landtagsfraktion hat schon eine Legislaturperiode länger Erfahrungen.

Die Etatberatungen zeigten die zwei Gesichter der NPD. Man beantragte zusätzliche Ausgaben vor allem im sozialen Bereich, wollte die Mittel zur Wirtschaftsförderung erhöhen und die Neuverschuldung senken. So weit, so konventionell. Aufschlussreich waren die Deckungsvorschläge. Die NPD wollte das Landesamt für Verfassungsschutz abschaffen, die Unterhaltszahlungen für Asylbewerber streichen, ebenso die Zuschüsse zu Projekten, die eine grenzüberschreitende Zusammenarbeit oder den Europagedanken fördern. Nicht nur die Gelder für jüdische Gemeinden in Sachsen wollte die NPD einsparen, sondern auch die angesichts des Gesamthaushalts nun wirklich marginale Summe von 12 500 Euro, mit der partnerschaftliche Beziehungen zum israelischen Parlament gepflegt werden. Chefdenker Karl Richter sagt nüchtern, mit derartigen Anträgen bediene man die rechtsextreme Klientel draußen im Lande.

In diesem Sinne ist wohl auch die Kleine Anfrage von Jürgen Gansel zu verstehen, in der er sich nach dem »Überfall eines sächsischen Polizeikommandos auf die Teilnehmer einer Geburtstagsfeier« vor bald zehn Jahren erkundigte. (Für diese »Geburtstagsfeier« hatten damals rund 150 Skinheads je 50 Mark Eintritt bezahlt, später skandierten sie »Sieg Heil!« und »Juden raus!« und bewarfen die Polizei mit Bierflaschen, als diese das Nazi-Rockkonzert auflösen wollten.) Oder ein mehrseitiger Fragenkatalog zu Skinheadkonzerten, die der Abgeordnete Uwe Leichsenring an die Landesregierung richtete: »Auch Skinheads sind Grundrechtsträger und haben das Recht, sich friedlich zu versammeln«, schreibt er da. »Wann genau darf der Staat unter welchen Bedingungen eine Musikveranstaltung auflösen? Was müssen die Organisatoren beachten, um in Sachsen ungestört von der Polizei ein Konzert durchführen zu können? Ist es bei der Durchführung von Polizeieinsätzen von Belang, ob ein Konzert als private Geburtstagsfeier mit kultureller Umrahmung oder als Konzert angemeldet wurde?«[120]

Leichsenring stammt aus der Sächsischen Schweiz, einer der Hochburgen der NPD im Lande. Er ist Parlamentarischer Geschäftsführer, die Arbeit im Landtag macht ihm sichtlich Spaß. Leichsenring ist der gewandteste Redner der Fraktion, im Plenum kann er spontan reagieren, seine Zwischenrufe verraten einen gewissen Witz. Gar nicht witzig sind seine Überzeugungen: »Natürlich sind wir verfassungsfeindlich«, erklärte er einmal, »wir wollen eine andere Gesellschaftsordnung.«[121]

»Großartig bewegen«, da macht sich Leichsenring keine Illusionen, könne man im Landtag nichts. »Wir nutzen die fünf Jahre, um intensivst Sachverstand zu sammeln«, sagt er. »Wir fressen hier Akten, wir saugen alles auf. Wollen uns vorbereiten.« Worauf? »Auf alle Zeit wollen wir denen das Land nicht überlassen.« Leichsenring ist sich sicher, dass es nicht mehr lange dauere, bis »die Zustände kippen«. Mit der DDR sei es doch 1989 auch ganz plötzlich zu Ende gegangen. Der Gefahr, man könnte es sich als hoch bezahlter Abgeordneter bequem machen, ist sich Leichsenring bewusst. Er sagt, er werde »genau aufpassen«, dass »keiner satt wird in der Fraktion«, dass »wir nicht verparlamentarisieren«.

Der Druck von außen schweißt die NPD-Leute zusammen, aber nach einem halben Jahr im Landtag zeigten sich Bruchlinien in der Fraktion. Die Abgeordneten, die in der DDR aufwuchsen, sind in vielen Bereichen anderer Meinung als die zugereisten Westkader. Die Ostler favorisieren Gesamtschulen statt harter Eliteauslese in einem gegliederten Bildungssystem. Abtreibungen beurteilen sie undogmatisch, die Partei hingegen lehnt die Tötung ungeborenen Lebens aus bevölkerungspolitischen Gründen strikt ab. Den Ostlern ist auch der Kampf um die Rehabilitierung des Dritten Reichs nicht so wichtig. »Eine Kriegsschulddebatte fange ich nicht an«, sagt etwa Uwe Leichsenring. Hitler sei tot, »heute ist Hartz IV«.

Die Ostler leiden auch stärker unter ihrer harschen Ausgrenzung durch die anderen Fraktionen. Sie sind aus ihren Heimatgemeinden anderes gewohnt, der stellvertretende Fraktionschef Dr. Johannes Müller etwa ist zu Hause in Sebnitz ein bekannter Arzt und geschätzter Bürger. Demgegenüber waren Westdeutsche wie Apfel oder Gansel ihr ganzes politisches Leben lang Außenseiter. Sie haben sich längst daran gewöhnt. Sie wollen von niemandem mehr anerkannt werden, sondern es »dem System« heimzahlen. Diese beiden gehören zu jenen, denen der Geschichtsrevisionismus ein Herzensanliegen ist.

Erste Konflikte gab es auch mit der Basis. Dort sind viele verärgert, dass bei ihnen nichts vom Geld der Fraktion ankommt. Auf dem ersten Landesparteitag nach dem Wahlsieg mussten die Abgeordneten ausführlich erklären, dass die Vorschriften dies verbieten. Unter den einheimischen Mitgliedern wird Unzufriedenheit über die vielen Westler in den Büros in Dresden lauter. Und dass kurz nach dem Wahlsieg zwei schwarze Mercedes-Dienstwagen angeschafft wurden, kam an der Basis überhaupt nicht gut an. Er »sehe nicht, wo ein Mercedes dem Wahlkampf dienen oder die Bewegung stärken könnte«, nölte etwa ein Leipziger Kamerad in dem Internet-Forum www.freier-widerstand.net.[122] »Und was sagt uns das??? Die NPD ist angekommen bei den anderen!! … wenn die NPD jetzt mit Autos rumkurvt, die sich ein normaler deutscher Arbeiter nie und nimmer leisten kann.« Ein Diskutant aus Köln ergänzte: »Wenn ich daran denke, dass einige Kameraden … sogar mitunter auf Nahrung verzichten, um sich die Fahrt zu einer Demonstration leisten oder etwas spenden zu können, dann wird mir bei dem Verhalten der NPD-Landtagsfraktion regelrecht schlecht.«

Die netten Nazis von nebenan

In Sachsen gelingt die kommunale
Verankerung besser als in Hessen.
Warum?

Königstein in Sachsen ist ein idyllisches Städtchen. Im historischen Ortskern drängen sich Kirche, Rathaus und kleine Läden um enge Gässchen; das Ganze ist umgeben von lieblicher Landschaft, den dunklen Wäldern des Nationalparks Sächsische Schweiz und den schroffen Felsen des Elbsandsteingebirges. Auf einem der Tafelberge, gleich hinter dem Städtchen, erhebt sich die Festung Königstein. Jahrhundertelang wurde von dort über das Elbtal geherrscht, majestätisch weit reicht der Blick in die Ferne. Hymnisch besangen Dichter die Schönheit der Region. Bei der letzten Kommunalwahl hat die NPD hier 21,1 Prozent der Stimmen bekommen.

Ehringshausen in Mittelhessen. Neun Dörfer sind zu der Großgemeinde zusammengeschlossen. Besondere Sehenswürdigkeiten gibt es keine, aber der Ort liegt im malerischen Tal der Dill. Johann Wolfgang von Goethe höchstpersönlich, dessen *Leiden des jungen Werther* im nahen Wetzlar spielt, lobte die Gegend einst wegen der »unaussprechlichen Schönheit der Natur«. In Ehringshausen ist man stolz auf die Industrie- und Bergbautradition, die zurückreicht bis ins Jahr 1600, als Graf Wilhelm Moritz von Solms-Braunfels einen Eisenhammer errichten ließ. Auch heute gibt es einige florierende Unternehmen am Ort, die Arbeitslosenquote liegt unter

129

dem Landesdurchschnitt. Seit Jahren sitzt die NPD im Gemeinderat, 1997 errang sie mit 22,9 Prozent ihr bislang bestes Ergebnis. Ein Fernsehsender verlieh Ehringshausen deshalb vor ein paar Jahren den Titel »Deutschlands braune Mitte«.[123]

Königstein und Ehringshausen sind Hochburgen der NPD, in beiden Gemeinden ist die Partei fest verankert. Aber in Sachsen breitet sich die NPD aus, ihre Wahlergebnisse sind seit Mitte der neunziger Jahre stetig gestiegen, nach Königstein hat sie auch in den benachbarten Kommunen Mandate gewinnen können. Im Kreistag der sächsischen Schweiz ist sie mittlerweile drittstärkste Partei, im Herbst 2004 gelang ihr sogar der Einzug in den sächsischen Landtag. In Hessen dagegen kommt die NPD nicht recht voran. Zwar ist sie außer in Ehringshausen noch in einigen umliegenden Städten vertreten, in Wölfersheim etwa oder in Leun. Aber bei den letzten Wahlen hat sie deutlich Stimmen eingebüßt. Und niemals seit Ende der sechziger Jahre hatte die NPD in Hessen auch nur den Hauch einer Chance, bei Landtagswahlen in die Nähe der Fünf-Prozent-Hürde zu kommen.

Es ist also interessant, beide Regionen zu vergleichen und danach zu forschen, worin sie sich ähneln und worin nicht: In Hessen, stellt sich dabei heraus, ist die Gesellschaft weitgehend einig in der Stigmatisierung und Ausgrenzung der NPD. Als sich vor ein paar Jahren in Ehringshausen – nach langer Gleichgültigkeit – Widerstand gegen die Partei regte, schlossen sich große Teile der Bevölkerung an. Ganz anders in Sachsen, wo häufig nicht die Rechtsextremisten die Außenseiter sind, sondern jene, die sich gegen sie engagieren, wo Polizei, Behörden und Politiker der demokratischen Parteien oft unsicher oder ignorant sind.

Den Strategen der NPD ist klar, wie wichtig für ihre Partei eine direkte Nähe zu Bürgern (und Wählern) ist. »Revolutionärer Weg konkret: Schafft Befreite Zonen!«, hatte ein Aufsatz in der *Vordersten Front*, der Zeitschrift des NHB, gefordert. Damit war gemeint, bestimmte Orte von Ausländern und Andersdenkenden zu säubern, aber auch: »Befreite Zonen sind ... Plätze, wo die Menschen unsere Worte an unseren Taten messen können. Sie sind Mikrokosmen der Gemeinschaft, die wir für ALLE anstreben.«[124] Ausführlich wird in dem Text aufgezählt, was das konkret bedeuten soll. Nationalisten müssten sich, heißt es da, auch an den Linken und an der PDS ein Beispiel nehmen:

»Alten Leuten kann man beim Ausfüllen von Formularen helfen, sie beim Einkauf unterstützen, man kann Babysitter bei arbeitenden Ehepaaren oder allein stehenden Müttern spielen, man kann den Garten in Ordnung bringen, die Straßen sauber und durch regelmäßige Nachtpatrouillen sicher halten. Man kann gegen den Zuzug eines Supermarkts, die Vertreibung alteingesessener Mieter durch Miethaie, die Schließung des kleinen Eckladens, den Aufmarsch von Scheinasylanten und anderen Lichtgestalten oder den Bau einer Autobahn durch das Wohnviertel protestieren und agitieren. Man muss so handeln, dass man in einem Meer der Sympathie schwimmt, dass die ›normalen‹ Bewohner für uns ›die Hand ins Feuer legen‹. Dann wird dem Staat jede Form der Unterdrückung nicht nur nichts nutzen, sondern das genaue Gegenteil bewirken: Die Menschen werden noch stärker in unsere Arme getrieben. Für die Menschen vor Ort werden WIR und nicht anonyme politische Strukturen und arrogante Politiker und Bürokraten das Maß aller Dinge sein. WIR sind die Elite dieser Wohngegend, UNS traut man zuerst, WIR sind die Vorbilder.«

Die rechten Vordenker wissen, dass ihre Anhänger, dass Skinheads und Neonazis bisher eher durch Gewalt und Hass aufgefallen sind, deshalb komme es auf strenge Disziplin an. In den Worten der *Vordersten Front*: »Allerdings ist das soeben mühselig erkämpfte Ansehen sehr schnell wieder durch Unwürdige ... zu verspielen. Weshalb wir auf die charakterlichen Eigenschaften unserer Mitkämpfer nicht genug Wert legen können.«

Seit dem Amtsantritt von Udo Voigt 1996 müht sich die NPD verstärkt um kommunale Präsenz. In der Parteizeitung *Deutsche Stimme* erschien ab 1999 unter der Rubrik »Strategiediskussion« eine ganze Reihe von Aufsätzen. »Bürgernähe zeigen, vor Ort siegen – Auf kommunaler Ebene kann die Ausgrenzung unterlaufen werden«, lautete eine Überschrift. In den Texten werden lokale Kader zum Beispiel aufgefordert, regelmäßig die Lokalpresse zu lesen und Stadtratssitzungen zu besuchen, um Themen zu identifizieren, an die man anknüpfen könnte. Die NPD müsse sich »in Zukunft viel stärker auf die ›weichen Bürgeranliegen‹« konzentrieren, Tierschutz etwa oder Familienpolitik. Ein dankbares Thema könne auch die vielerorts umstrittene Gemeindegebietsreform («»Auslöschung lokaler Identitäten«) sein.[125]

Zudem müsse »der Vereinsarbeit mehr als bisher von nationalistischer Seite Rechnung getragen werden«, aber statt neue Vereine zu gründen, solle man lieber bestehende unterwandern. »Das Betätigungsfeld reicht hierbei von der Freiwilligen Feuerwehr über die verschiedensten Sportarten, wobei sich insbesondere die ›Volkssportarten‹ anbieten, wie Fußball und Boxen; aber auch der Naturschutz, die Jugendarbeit und die lokale Kulturarbeit.« Mit Blick auf Auschwitz-Leugner in seiner Partei schreibt einer der Autoren, es käme gut an, »wenn sich zum Beispiel NPD-Politiker weniger mit Revisionismus als mit der Heimatgeschichte der eigenen Stadt und der eigenen Region auseinander setzen würden. Denn der engagierte Bürger in Zittau beispielsweise interessiert sich wohl mehr für die Geschichte der eigenen Stadt und der Oberlausitz als für chemische Formeln im Zusammenhang mit irgendwelchen Vernichtungsmethoden.«[126]

Der spätere Leiter des »Arbeitskreises Volk und Staat« beim NPD-Bundesvorstand, Jürgen Schwab, zählte in einem Aufsatz Organisationen auf, in denen sich die Mitarbeit lohne. Man solle sich nicht auf Burschenschaften, Vertriebenenverbände und Reservistenkameradschaften der Bundeswehr beschränken, sondern auch versuchen, Gewerkschaften, Umwelt- und Bauernverbände »mit nationalrevolutionären Inhalten zu infiltrieren«. Selbst »Karnevalsvereine eignen sich für politisch nicht korrekte Büttenreden und dergleichen mehr«.[127] Das Ziel all dessen ist klar: »Erst wenn auf der kommunalen und Kreisebene die NPD präsent ist, wird ein landesweiter oder gar bundesweiter Wahlerfolg möglich sein.« Mit explizitem Blick auf Sachsen schrieb die *Deutsche Stimme* im Jahr 2000: »Um also die Voraussetzung für den Einzug in den Landtag in dreieinhalb Jahren zu schaffen, müssen weitere Lokalgrößen und weitere regional bekannte Politiker der NPD aufgebaut werden.«[128]

»Klar, dass man ein Haus nicht mit dem Dach anfängt«

Uwe Leichsenring, 38, ist der lebende Beweis dafür, dass die Strategie aufgehen kann. In die NPD ist er 1990 eingetreten, ab Mitte der neunziger Jahre hat er seine Partei in der Sächsischen Schweiz Schritt für Schritt aufgebaut. Seit Herbst 2004 sitzt er im Landtag, ist dort Parlamentarischer Geschäftsführer der NPD-Fraktion.

In Königstein kennt man Leichsenring als netten Nachbarn. Er ist ein jovialer Typ, spielt im Tischtennisverein, betreibt die einzige Fahrschule am Ort, was sich als äußerst hilfreich erwiesen hat, um in Kontakt zu Jugendlichen zu kommen. Das erste Mal kandidierte er zur Kommunalwahl 1999. Da bekam er schon die zweithöchste Stimmenzahl überhaupt, nur die Frau des örtlichen Arztes holte für die SPD noch ein paar Stimmen mehr. »Ob Ordnung, Disziplin, Sauberkeit, Pünktlichkeit – ich lebe den Leuten eben meine Ideale glaubhaft vor«, erklärte er damals seinen Wahlerfolg.[129] Um seine Bekanntheit noch zu steigern, kandidiert Leichsenring, wann immer möglich, zum Bundestag, zum Landtag, als Bürgermeister. Bei der Kommunalwahl 2004 konnte er sich schon leisten, Plakate zu kleben, auf denen nur sein Porträt zu sehen war und der Schriftzug »Uwe«. Er holte 21,1 Prozent. Und er denkt weit über Königstein hinaus.

Was ist Ihr Ziel, Herr Leichsenring?

»Die Macht.«

Die absolute Mehrheit also?

»Möglichst zwei Drittel«, sagt er und grinst.

Natürlich wolle er eine »andere Gesellschaftsordnung«, erklärt er bei jeder Gelegenheit. »Das System hat keine Fehler«, schrieb er vor ein paar Jahren in seiner Zeitung *Klartext*, die er an alle Haushalte in Königstein verteilen lässt, »das System ist der Fehler.«[130]

Leichsenring arbeitet hart. Er sitzt im Gemeinderat, im Kreistag, im Landtag. Er ist Geschäftsführer des NPD-Kreisverbandes, war stellvertretender Landesvorsitzender, saß im Bundesvorstand der Partei. Das beweist seinen Fleiß – aber auch, wie wenig fähiges Personal die NPD selbst in ihrem Schwerpunktland Sachsen hat. Das Kommunalwahlergebnis in Königstein hätte 2004 sogar für drei Mandate gereicht, aber die NPD hatte nur zwei Kandidaten auf der Liste, Leichsenring und seine Lebensgefährtin, die zugleich sein Büro managt.

»Uns ist klar, dass man ein Haus nicht mit dem Dach anfängt«, sagt Leichsenring. Die Revolution kann warten. Er kümmert sich in der Kommune um die kleinen Probleme der Bürger, um Abwasserprobleme, den Erhalt von Schulen, den Straßenbau. Im Stadtrat fragt er zum Beispiel nach, wann denn endlich die kaputte Tür im Jugendclub Pfaffendorf repariert werde. Einer seiner Fahrschüler hatte ihm von dem Missstand erzählt.

Nach dem ersten Wahlerfolg der NPD 1999 hatte der Bürgermeister von Königstein gesagt: »Wenn sich Leichsenring für den Fortgang unserer Stadt bemüht, werde ich mit ihm zusammenarbeiten wie mit jedem anderen Stadtrat auch.«[131] Heute sitzt ein Nachfolger im Rathaus, Friedel

Haase. Er geht härter mit der NPD um. Aber es sei ziemlich schwer, die Partei ausgerechnet in der Kommunalpolitik zu entlarven. Typische Tagesordnungspunkte einer Stadtratssitzung sind der »Vollzug der Vereinbarung Nr. 04/2/V/03 über den Abriss von Gebäuden im Rahmen des Ausbaus der Staatsstraße S 171« oder die »1. Satzung zur Änderung der Satzung der Stadt Königstein über die Aufwandsentschädigung für ehrenamtliche Ortsvorsteher«.

Haase versucht durchaus, Leichsenrings Propaganda zu demontieren. Vor einiger Zeit hat er sich an seinen Computer gesetzt und anderthalb Seiten geschrieben, auf denen er die NPD-Vorschläge zerpflückt: Die wolle beispielsweise, dass Hauseigentümer für die Einrichtung ihres Abwasseranschlusses nicht mehr zur Kasse gebeten werden. »Als Deckungsvorschlag wird das Streichen der Stelle des Ausländerbeauftragten genannt, solch eine Stelle gibt es nicht in unserem Bereich«, schrieb Haase da. In Königstein hat er sein Papier noch nicht verteilt.

Der Bürgermeister sagt, Leichsenring »stichelt immer« nur, »wenn irgendwas nicht klappt, aber Ideen für die wirklichen Probleme hat er keine«. In einem Fernsehmagazin brüstete sich Leichsenring mal damit, dass er für breitere Fußwege kämpfe, die Sicherheit von Schulwegen und Gurte in Schulbussen. Da schrieb Haase einen wütenden Brief an den Sender und widerlegte Leichsenrings Bilanz mit Auszügen aus dem Stadtratsprotokoll. Doch so genau schauen die Wähler in der Regel nicht hin. Ihnen reicht der Eindruck, »der Uwe« setze sich ein für sie, der nehme kein Blatt vor den Mund, der spreche auch die unbequemen Dinge an.

Friedel Haase sagt, vor allem wegen der wirtschaftlichen Lage machten die Wähler ihr Kreuz bei der NPD. Dabei geht es Königstein gar nicht so schlecht. Hunderttausende Touristen besuchen jedes Jahr die Festung. Die örtliche Papierfabrik und eine Uranerzgrube bieten noch Hunderte Arbeitsplätze. Außerhalb des Ortes liegt abgeschottet ein Asylbewerberlager, Haase erwähnt das nur beiläufig. »Die kommen gar nicht nach Königstein runter.« Als vor ein paar Jahren die baurechtliche Genehmigung für das Heim zur Verlängerung anstand, hat Leichsenring das zu einem großen Thema gemacht. Direkt nach der Landtagswahl wurden zwei vietnamesischen Ladenbesitzern die Fensterscheiben eingeworfen, ein paar Königsteiner Bürger sammelten danach Spenden, was »nicht nur Wohlwollen« hervorrief, so Haase. Ein Imbissbetreiber habe sich bei ihm beschwert und gesagt: »Mir hilft auch keiner, wenn meine Scheiben kaputt sind!« So reden wahrscheinlich Leichsenrings Stammwähler.

Der Bürgermeister hat sich extra einen Aktenordner zu Uwe Leichsenring angelegt, sammelt darin die NPD-Flugblätter. Er hat auch die Wahlergebnisse der vergangenen Jahre genau analysiert, hat in einer Tabelle akribisch aufgelistet, welche absoluten Zahlen sich hinter den prozentualen Gewinnen verbergen. Mindestens 180 Bürger haben demnach 1999 Leichsenring gewählt, zwei Jahre später waren es schon über 280, seitdem stagniere die Anhängerzahl, macht er sich Mut. Für die Landtagswahl im vergangenen Jahr verzeichnet Haase »genau 246 Stimmen, aber ohne Briefwahl«. Er ist sehr gespannt, wie sich der Landtagseinzug der NPD auf das nächste Ergebnis auswirkt.

Politik »für die deutschen Bürger«

Das Gesicht der NPD in Ehringshausen ist das Ehepaar Zutt. Alfred Zutt, 71, stammt aus einer alteingesessenen Familie, arbeitete viele Jahre als Maschinenschlosser im örtlichen Buderus-Werk. Seine Frau Doris, 50, ist Altenpflegerin. Er ist schon seit 1967 in der NPD, sie folgte ihm 1982. Seit Jahren sitzt Doris Zutt im Bundesvorstand der Partei, sie ist dort die einzige Frau.

Erstmals kandidierten die beiden 1989 für den Ehringshäuser Gemeinderat, kamen gleich auf 6,2 Prozent und zwei

Sitze. Bis 1997 konnten sie ihr Ergebnis auf 22,9 Prozent steigern, doch bei der letzten Kommunalwahl 2001 stürzten sie tief, auf 7,1 Prozent – das war mitten in der NPD-Verbotsdebatte.

Bis dahin hatten die anderen Parteien sie als normalen Partner behandelt. Lange Zeit war die NPD im Gemeinderat von Ehringshausen das Zünglein an der Waage: Die SPD hatte 15 Sitze. CDU und Freie Wähler verfügten zusammen nur über 14, aber gemeinsam mit den beiden Stimmen der NPD konnten sie ihre Politik durchsetzen. Und das taten sie. Die NPD wählte den Bürgermeisterkandidaten der Konservativen mit, im Gegenzug bekam Doris Zutt den Vorsitz des Umweltausschusses. Alfred Zutt sagt im Rückblick: »Wir haben die anderen immer gegeneinander ausgespielt.« Über die Jahre, darauf ist das Ehepaar stolz, hätten sie eine Menge von Anträgen durchbekommen, hätten Änderungen an der Friedhofsordnung erwirkt oder höhere Zuschüsse für Seniorenfahrten. Auch sei es ihnen zu verdanken, dass jährlich 50 000 Euro für die Renovierung der städtischen Sozialwohnungen zur Verfügung stehen. Aber große Veränderungen haben sie nie erreicht. Alfred Zutt: »Ich habe es mit meiner Stimme geschafft, die Erhöhung der Müllgebühren um ein Vierteljahr zu verschieben.«

Die Reden der Zutts sind meist populistisch, stets beklagen sie die Belastung der Bürger durch Abgaben und Gebühren. Viele ihrer Anträge sind – offen oder verdeckt – rassistisch. Alfred Zutt sagt, sie machten Politik »zum Wohle der Bürger«. »Für die deutschen Bürger«, stellt seine Frau klar. In den Haushaltsberatungen verlangen sie, Sprachkurse für türkische Frauen nicht mehr zu fördern. Sie beantragen Kindergeld – aber nur für deutsche Babys. Sie fordern für Einheimische ermäßigten Eintritt in der örtlichen Schwimmhalle – »es würde den Rahmen sprengen, wenn das auch für Gäste gälte«, sagt Doris Zutt.

Mit »Gästen« meinen die Zutts im Ort wohnende Zuwanderer, egal wie viele Jahrzehnte sie schon in Deutschland leben und Steuern zahlen, egal ob sie noch einen türkischen Pass haben oder längst den deutschen. Damit kamen sie lange Zeit gut an in Ehringshausen. In der Bevölkerung halten sich die Ressentiments gegen die türkischen Gastarbeiter aus den fünfziger Jahren oder die Russlanddeutschen, die in den neunziger Jahren zuzogen. Neidisch wird auf deren Häuser geblickt, das neue Baugebiet am Hang über Ehringshausen heißt im Volksmund verächtlich »Wodkahügel«. Kurz vor der Wahl 1997 kam dann noch ein deutscher Jugendlicher zu Tode, ein im Ort bekannter Handballer. Er war nachts betrunken und mit Freunden am Haus einer türkischen Familie vorbeigezogen, nach Zeugenaussagen pöbelte er laut, stürzte im anschließenden Handgemenge mit dem Kopf auf einen Kanaldeckel, wurde in der Klinik falsch behandelt und starb schließlich Tage später. Doris Zutt sagt über ihr Spitzenergebnis von 22 Prozent: »Wir waren so erfolgreich, weil ein Türke einen Deutschen umgebracht hat.« Alfred Zutt fügt hinzu: »Weil wir eine gute Pressearbeit gemacht haben.« Im Wahlkampf 1997 hatten sie ihre vereinfachte Version des tragischen Falls verbreitet.

Ehringshausen ist nicht die einzige westdeutsche Hochburg der NPD, auch in einigen anderen Gemeinden in Hessen und Baden-Württemberg stellt sie – wie auch die Republikaner – lokale Abgeordnete. Doch das ist nichts mehr im Vergleich zu den frühen siebziger Jahren, als die NPD am Ende ihrer ersten Erfolgswelle noch über 420 kommunale Mandate hielt. Bis 1980 hatte sie diese bis auf zehn verloren, Anfang der neunziger Jahre stieg die Zahl dann wieder auf etwas über 40.

Laut einer Studie der Universität Marburg stammen rechtsextreme Lokalpolitiker in Westdeutschland eher aus den älteren Jahrgängen und »unteren sozialen Schichten und Statusgruppen, vor allem aus den Arbeiter- und Angestelltenberufen«.[132] Akademiker und Selbstständige sind selten. Sehr häufig sind die Abgeordneten untereinander verwandt und verschwägert, immer wieder tauchen auf Kandidatenlisten zur Kommunalwahl dieselben Familiennamen auf. Ehringshausen ist also ein wirklich typischer Fall: Dort besteht der Kern der Partei aus dem älteren Ehepaar Zutt und seiner Familie; die Eltern besetzen die zwei Mandate im Gemeinderat und einen Sitz im Kreistag, der Schwiegersohn ist Vorsitzender des Kreisverbandes.

Auch in ihren inhaltlichen Schwerpunkten entspricht die Ehringshäuser NPD dem üblichen Bild: Sie kümmert sich vor allem um soziale Fragen – und nutzt das zu Polemiken gegen Zuwanderer, Asylbewerber und die EU-Osterweiterung sowie zu Klagen über eine Benachteiligung der alteingesessenen Bevölkerung. Über diesen Kern kommt die NPD selten hinaus. Die Marburger Wissenschaftler resümieren, Rechtsextreme zeigten immer »die typischen ideologischen und gesinnungszentrierten Motive und Interessen, d. h. wenn sie aktiv sind, dominiert eine ideologisch-fixierte Politik auf wenige Programmpunkte mit den Themen ›Asylbewerber/ Ausländer‹ und ›innere Sicherheit/Kriminalität‹ sowie ›soziale Fragen‹ mit ihren nationalistischen und ethnischen Umdeutungen«.[133]

In einer detailreichen Dissertation hat der Freiburger Politologe Peter Wagner untersucht, warum sich die NPD in drei baden-württembergischen Städten (Tuttlingen, Villingen-Schwenningen und Weinheim) seit den siebziger Jahren hat verankern können. Er fand unter anderem heraus, dass wechselnde Mehrheiten im Gemeinderat und eine Tradition extrem rechten Wahlverhaltens Erfolge der NPD begünstigen. Auch in Ehringshausen hatte die NSDAP schon bei den Reichstagswahlen 1932 mehr als 70 Prozent der Stimmen erobert.[134]

Wagner erkundet die Besonderheiten der NPD-Zentren im Westen, aber wenn man seine Studie liest, fällt auf, dass diese ziemlich »ostdeutsch« sind. In den drei untersuchten baden-württembergischen Städten finden sich etliche Abweichungen vom Durchschnitt der alten Bundesländer – Abweichungen, die aber in den Neuen Ländern Normalität sind. In »protestantischen und später weitgehend säkularisierten Gemeinden«[135], so Wagner beispielsweise, könne sich die NPD leichter verankern (in der ehemaligen DDR sind *nicht*-säkularisierte Gemeinden die Ausnahme). Eine schwache Sozialdemokratie nütze ebenfalls den Rechtsextremisten (in Sachsen ist die SPD seit 1990 nicht auf die Beine gekommen und lag bei der letzten Landtagswahl mit 9,8 Prozent nur noch 0,6 Punkte vor der NPD). Den untersuchten Kommunen ist gemeinsam, dass ihre lokale Identität von einer »Grenzlage in der übergeordneten territorialen Einheit«[136] geprägt ist (was viele Ostdeutsche heute genauso empfinden). In allen drei Städten hat es Probleme im wirtschaftlichen Strukturwandel gegeben (in den neuen Ländern ist er seit 1989 desaströs verlaufen).

Eine der Hauptthesen Wagners lautet: »Günstig für die NPD sind Situationen mit einer ›gewissen Statusunsicherheit‹, bei der die Perzeption einer relativen Benachteiligung bereits ausreicht.«[137] Dies ist eine ziemlich genaue Beschreibung der ostdeutschen Gefühlslage. Und noch etwas ist den westdeutschen NPD-Hochburgen gemeinsam: Gegenaktivitäten blieben in diesen Orten »lange Zeit vor allem Gewerkschaften, Jugendorganisationen oder linken Gruppierungen überlassen; die etablierten Parteien bezogen entweder überhaupt nicht oder erst sehr spät Position«, wodurch in der Öffentlichkeit »teilweise der Eindruck einer vollkommenen Normalität des rechtsextremistischen Engagements« entstand.[138] In Sachsen hat die allein regierende CDU das Vordringen der NPD lange Zeit ignoriert, Kurt Biedenkopf erklärte noch im Jahr 2000 allen Ernstes, seine Landeskinder hätten »sich als völlig immun erwiesen gegenüber rechtsradikalen Versuchungen«.[139] Übrigens war auch Sachsen eine frühe Hochburg der NSDAP.

Wahrscheinlich sind also die Umstände gar nicht so verschieden, die der NPD in einigen Gemeinden in Westdeutschland, aber in vielen Regionen des Ostens ihre Erfolge ermöglichen. Ein wichtiger Unterschied geht aus Wagners Studie ebenfalls hervor: »Expansionsversuche ins Umland waren stets erfolglos«, heißt es da über die isolierten Hochburgen in den alten Ländern, weil eine »ausgeprägte rechte Subkultur« fehlte.[140] Dies aber ist in den neuen Ländern vollkommen anders, weshalb die NPD dort auch voranschreitet. Allein in Sachsen verfügt die Partei heute über 42 kommunale Mandate – so viel wie 1991 in allen West-Bundesländern *zusammen*. Überall in Sachsen, wo die NPD 1999 erste Sitze hatte erringen können – in der Sächsischen Schweiz, in Riesa, Meißen und Wurzen –, hat sie bei den folgenden Wahlen 2004 zugelegt. In Mecklenburg-Vorpommern ist die NPD bei zehn Mandaten angelangt, in Sachsen-Anhalt bei vier. Und zumindest in Sachsen sind weitere Erfolge bei den nächsten Kommunalwahlen so gut wie sicher: Als Landtagspartei kann sie nun – ohne weitere Formalitäten zu erfüllen – überall antreten. Bisher gab es Regionen mit hohen NPD-Stimmanteilen bei Bundes- oder Landtagswahlen, wo es aber die Kreisverbände nicht schafften, die notwendigen Unterstützungsunterschriften für kommunale Kandidaten zu sammeln.

Ein Arzt ist schwerer auszugrenzen als ein nölender Rentner

Reinhardtsdorf-Schöna, ein paar Kilometer elbaufwärts von Königstein. Es ist das letzte Dorf vor der tschechischen Grenze, die Landschaft ist »so romantisch und deutsch, dass es von ganz alleine tümelt«, schrieb einmal der *stern*. Hier holte die NPD im Jahr 2004 mit 25,2 Prozent ihr sächsisches Rekordergebnis. Die Partei in Reinhardtsdorf-Schöna sind Michael Jacobi, 51, und Mario Viehrig, 41. Auch ihre Stimmenzahl hätte wie in Königstein eigentlich für drei NPD-Sitze gereicht. Beide saßen schon vor der Wahl im Gemeinderat, damals für die Freie Wählergemeinschaft. Beide sind im Dorf wohl bekannt, Viehrig als der Sohn des Lehrers und langjähriger Chef des Heimatvereins, Jacobi als Klempnermeister, der Tag und Nacht zur Stelle ist, wenn man ihn ruft, der faire Preise macht und seinen Angestellten erlaubt, nach Feierabend auf eigene Rechnung zu arbeiten, solange sie nur das Material bei ihm kaufen.

Wenn abends in der Dorfkneipe der Gemeinderat tagt, sitzen die beiden am unteren Ende des langen Tisches. Vom Kopfende her führt der CDU-Bürgermeister mit straffer Hand durch die Tagesordnung, verbietet einem PDS-Abgeordneten mehrmals den Mund, als der ihm widerspricht und bohrende Fragen stellt. Jacobi und Viehrig widersprechen selten. Viehrig sagt während der ganzen, gut zweistündigen Sitzung kein einziges Wort. Jacobi wurde erst einmal in dieser Legislaturperiode laut, da ging es um ein Projekt gegen Rechtsextremismus, das in Reinhardtsdorf-Schöna geplant ist. Heute Abend aber geht es um die Vergabe von Bauaufträgen, einen neuen Trinkwasserbrunnen, den Glockenschlag der Schönaer Kirchturmuhr. Michael Jacobi stellt nur ein paar Verständnisfragen. Als man am Schluss der Tagesordnung angekommen ist, erkundigt er sich noch in unschuldigem Tonfall, was »die vielen grünen Autos hier draußen bedeuten«. Es ist der 20. April, Hitlers Geburtstag, und nachdem es in den Vorjahren mehrfach Feiern von Jugendlichen und Lagerfeuerabende gegeben hatte, ist in diesem Jahr Bereitschaftspolizei zur Patrouille angerückt.

Nach Ende der Sitzung bleiben die meisten Gemeinderäte noch beim Bier sitzen, die beiden NPD-Leute fahren gleich heim. Viehrig setzt sich ein Basecap auf mit großem *Lonsdale*-Schriftzug, die Marke ist wegen des »nsda« im Namen bei Rechtsextremen sehr beliebt. Im vergangenen Jahr sagte der Bürgermeister als Kommentar zum rechten Wahlerfolg, die PDS bereite ihm mehr Probleme als die NPD. Heute spricht er nur ungern mit Journalisten über Jacobi und Viehrig. Sie »diskutieren sachlich«, sagt er knapp, und sie »unterscheiden sich nicht von anderen Räten«.

In Ehringshausen hat sich der Umgang mit der NPD geändert, nachdem sie 1997 ihren 22-Prozent-Erfolg errang – aber so richtig drehte der Wind erst, als im Jahr 2000 die ganze Öffentlichkeit über Rechtsextremismus und ein NPD-Verbot diskutierte. Nun hielten die anderen Ratsparteien die NPD nicht mehr für normal und schlossen sich gegen sie zusammen. Bei der CDU mag zum Umdenken beigetragen haben, dass sie mittlerweile nur noch viertstärkste Partei und hinter die NPD zurückgefallen war.

Außerdem hatte in der Zwischenzeit mitten im Ort »Zutts Patriotentreff« eröffnet, ein Laden für rechtsextreme Literatur und Musik. Von weit her reisten nun Skinheads nach Ehringshausen, um sich mit Bomberjacken und Springerstiefeln auszurüsten – das sahen die ordentlichen Bürger gar nicht gern. Immer wieder berichteten Journalisten aus »Deutschlands brauner Mitte« – was viele im Ort nicht auf sich sitzen lassen wollten. In einem »Ehringshäuser Bündnis« schlossen sich die demokratischen Parteien, Gewerkschaften, Kirchen und Vereine zusammen, auch der einst mit NPD-Stimmen gewählte Bürgermeister war dabei. »Wir haben vielleicht zu lange geschwiegen«, hieß es in einem offenen Brief. Michel Friedman vom Zentralrat der Juden las den Honoratioren auf einer Podiumsdiskussion die Leviten. Ein Rockkonzert gegen rechts fand statt. Als die NPD ihren Parteitag in Ehringshausen abhielt, gab es Friedensgebete, alle Kirchenglocken läuteten Sturm. Hunderte Einwohner beteiligten sich an einer Lichterkette. Bei der folgenden Wahl stürzte die NPD ab. Und der »Patriotentreff« ist inzwischen wieder geschlossen; Alfred Zutt ließ sich das Haus vom Straßenbauamt abkaufen, das an der Stelle einen Kreisverkehr errichten will.

Auch in Reinhardtsdorf-Schöna gibt es Widerstand gegen die NPD, aber dort sind die Aktiven nur ein kleines Häufchen. Als sie im Frühjahr einen Vortragsabend über ihren Heimatort während der Nazi-Zeit organisierten, beriet der Kirchenvorstand der evangelischen Gemeinde erst lange, ob man Räume zur Verfügung stellen solle – und entschied letztlich dagegen. Zwar engagiert sich die Pastorin gegen die NPD, aber ihre Pfarrstelle wird in Kürze gestrichen. Eine organisierte Sozialdemokratie gibt es nicht in Reinhardtsdorf-Schöna. Die SPD-nahe Naturfreundejugend besitzt zwar ein Ausflugshaus; Gäste von dort wurden auch schon öfter von rechten Cliquen verprügelt. Aber wenn sich das Bündnis gegen rechts dort treffen will, muss es jedes Mal 25 Euro Miete zahlen.

Ein »Aufstand der Anständigen« kam in Reinhardtsdorf-Schöna bislang nicht in Gang, ob aus Angst vor den Rechten, aus Achtlosigkeit oder stiller Sympathie, ist nicht ganz klar. Zwei Jugendliche hatten nach der Kommunalwahl eine Unterschriftensammlung gegen die NPD gestartet. Als sie von Haus zu Haus zogen, wollten viele nur unterschreiben, wenn ihr Name nicht bekannt werde. Und als die beiden zum Bürgermeister gingen, damit er den Text im Amtsblatt veröffentlicht, lehnte der ab. Stattdessen verfasste er selbst einen wachsweichen Text gegen Rechtsextremismus, in dem die NPD aber nicht einmal erwähnt wurde.

In Ehringshausen sind die Zutts allgemein bekannt, doch sie stehen am Rand der Gesellschaft. In ihren »Patriotentreff« kam immer nur die rechtsextreme Szene, Normalbürger haben sich nie dahin verirrt. Ganz anders in der Sächsischen Schweiz: Hier heißt der Vorsitzende des NPD-Kreisverbandes Dr. Johannes Müller und praktiziert als Arzt in Sebnitz, ist nach Feierabend in der Bergwacht als Lebensretter aktiv. Fast die gesamte Königsteiner Jugend lernt bei Uwe Leichsenring das Autofahren, und Klempner Michael Jacobi kommt in fast jedes Haus. Da fällt die Ausgrenzung schwer. Dem

Text der Unterschriftensammlung in Reinhardtsdorf-Schöna ist das deutlich anzumerken: »Auch wenn wir die beiden gewählten Vertreter der NPD als Mitbürger achten, ihre Zuverlässigkeit bzw. ihr bisheriges Engagement für die Gemeinde anerkennen, lehnen wir doch die Partei ab, der sie angehören.«

Alfred und Doris Zutt sind die alte NPD. Auf ihre Internet-Seite stellen sie langatmige Pamphlete und Resolutionen. Wenn die SPD im Stadtrat beantragt, die Geschichte des Dorfes im Dritten Reich zu erforschen, kontern die Zutts mit einem mühsam gereimten Gedicht über »Masochismus in Ehringshausen«.[141] Wenn Alfred Zutt im Kreistag einen Redebeitrag zum Schulentwicklungsplan hält, braucht er keine drei Sätze, bis er die »antideutsche Politik« der Etablierten und »3,2 Milliarden Euro Kindergeld für nichtdeutsche Staatsbürger« geißelt.

In der Sächsischen Schweiz ist der Stil der NPD ein völlig anderer. Die dortige Kreistagsfraktion um Leichsenring und Dr. Müller formuliert lieber einen akkuraten Antrag, in dem der Herr Landrat aufgefordert wird, sich bei den übergeordneten Stellen für den Erhalt der Schulen einzusetzen. »Durch weitere Schulschließungen, insbesondere auf dem Lande, wird die Lebensqualität der dort lebenden Familien weiter eingeschränkt, was aus Sicht der Antragstellerin zu einem weiteren Wegzug, zu längeren Schulwegen der betroffenen Schüler und zu einer Mehrbelastung der Bürger, aber auch der kommunalen Haushalte auf Grund höherer Schulbeförderungskosten führen würde.« Der Landrat hätte sich zwar sowieso für den Erhalt der Schulen in seinem Kreis eingesetzt, aber beim normalen Bürger dürfte der NPD-Vorstoß gut ankommen, besser jedenfalls als die Ehringshäuser Tiraden.

Uwe Leichsenring erscheint zur Kreistagssitzung stets mit Anzug und Krawatte. Doris Zutt kam zum Gemeinderat schon mal mit einem schlabbrigen Kapuzenpulli, auf der

Brust in Schwarzrotgold der Aufdruck: »Deutsch sein! Die Freiheit nehm ich mir.«

Um die gesellschaftliche Ausgrenzung ins Leere laufen zu lassen, versucht die NPD in der Sächsischen Schweiz, selbst gemeinschaftliche Wärme zu vermitteln. Der Kreisverband lädt nicht nur zu trockenen Parteiversammlungen und Vortragsabenden. Eine AG Brauchtum organisiert Sonnenwendfeiern, ein Singkreis pflegt den deutschen Volksliedschatz. Für kleine Kinder – viele der Skinheads von vor zehn Jahren haben inzwischen Nachwuchs bekommen – wird eine Weihnachtsfeier oder ein Ostereiersuchen geboten. Auf die Jugend zielt eine NPD-Klettergruppe, die von einem Parteimitglied geleitet wird, das nebenher im Bergsteigerbund aktiv ist. Im Winter werden Schneewanderungen organisiert, im Sommer Fußballturniere. Zu Pfingsten veranstaltet die JN in der Oberlausitz ein Zeltlager mit Sport und Spiel und Schulungen und Schwein am Spieß. Und Mitglieder und Mitarbeiter der Dresdener NPD-Landtagsfraktion sind bei der Organisation von rechten Rockkonzerten behilflich. Auch werden Kameraden aus ganz Deutschland in die Sächsische Schweiz eingeladen. Leichsenrings Lebensgefährtin hat eine Ferienwohnung und schaltet dafür Werbeannoncen in der *Deutschen Stimme*: »21,1 Prozent für die NPD – hier macht man Urlaub!«[142]

Auch in Ehringshausen veranstaltet Alfred Zutt Grillfeste für die Jugend. In seinem »Patriotentreff« ging die rechtsextreme Szene ein und aus. Aber im ganzen Lahn-Dill-Kreis hat der JN-Verband nur ein Dutzend Mitglieder. Und wenn dort irgendwo Skinheads offensiv auftreten, wird das nicht als normal hingenommen. In einem Ortsteil von Dillenburg zum Beispiel, gut 30 Kilometer nördlich von Ehringshausen, fanden sich sehr bald Bürger zusammen, als sich eine rechte Jugendclique ständig auf dem Dorfplatz traf und es zu Schlägereien kam. Die Bürgerinitiative rief nicht nur nach dem Staat, sondern eröffnete selbst einen Jugendtreff, der bis heute von Mitgliedern des Vereins betreut wird. »Wir sind ein kleiner Kreis«, sagt Reiner Becker, einer der Gründer, in entschuldigendem Ton, nur ungefähr 35 Leute gehörten dazu. In Reinhardtsdorf-Schöna, das fast genauso viele Einwohner hat wie Dillenburg-Oberscheld, sind vielleicht fünf oder sechs Bürger gegen die NPD aktiv.

Bei Reiner Becker führte das Engagement zu einer Doktorarbeit, er schreibt darüber, wie das Elternhaus rechter Jugendlicher aussieht. Dazu führte Becker Interviews mit rechten Jugendlichen im ganzen Lahn-Dill-Kreis, und er war verwundert, wie oft darin das Ehepaar Zutt erwähnt wurde. Fast alle rechten Jugendlichen kannten die beiden, viele gingen regelmäßig zu deren Grillabenden. Die NPD-Leute hätten da »den Versuch einer respektablen Jugendarbeit« unternommen, sagt Becker durchaus anerkennend. »Alfred Zutt vermittelte den Jugendlichen offenbar das Gefühl, wertgeschätzt zu sein und ernst genommen zu werden.«

»Wir reden nicht darüber, wir machen Jugendarbeit!«

Als den Verantwortlichen im Lahn-Dill-Kreis das Problem mit der rechten Jugend vor ein paar Jahren bewusst wurde, ließen sie eine Studie über die Szene erarbeiten. Darin ist detailliert erfasst, in welchen Gemeinden solche Cliquen aktiv, wie sie zusammengesetzt und wie sie vernetzt sind. In der Sächsischen Schweiz reagiert die Pressesprecherin des Landrates bass erstaunt, wenn man sie nach etwas Ähnlichem fragt. »Nein, eine Übersicht haben wir nicht«, sagt sie. Sie bezweifle auch, dass man so etwas überhaupt anfertigen dürfe. »Wir sind doch kein Überwachungsstaat!« Interessanterweise sorgt sie sich um das Ansehen der rechten Jugendlichen: Man müsse doch auch aufpassen, sagt sie, »niemanden zu verunglimpfen«.

In dem Jugendprojekt in Dillenburg-Oberscheld steht

der Bürgerinitiative eine Teilzeitkraft zur Seite, die vom Landkreis bezahlt wird. In der Sächsischen Schweiz sind Anfang 2005 gerade erst drei weitere Stellen in der Jugendarbeit gestrichen worden. Die Kassen sind leer. »Der Landkreis ist zur Zeit nicht in der Lage, sich um seine Kinder und Jugendlichen zu kümmern«, räumte auf einer der letzten Kreistagssitzungen ein Mitglied des zuständigen Ausschusses ein. Da stand der NPD-Abgeordnete Uwe Leichsenring auf und sagte im Namen seiner Partei: »Wir reden nicht darüber, wir machen Jugendarbeit!«[143]

Die NPD in der Sächsischen Schweiz ist aufs Engste mit der Skinhead-Szene verbandelt. Leichsenring selbst pflegt seit Jahren gute Kontakte zu militanten Rechten, etwa zu Mitgliedern der mittlerweile verbotenen Neonazi-Kameradschaft Skinheads Sächsische Schweiz (SSS). Auch nach dem Einzug in den Landtag hat er seine Freunde nicht vergessen. In einer Parlamentsanfrage erkundigte er sich nach der Rechtskraft des Verbotes.[144] Eine Hausdurchsuchung der Polizei bei ehemaligen SSS-Mitgliedern bezeichnete er in einer offiziellen Presseerklärung als »dreiste Unverschämtheit«.

Ein ehemals führendes Mitglied der SSS sitzt heute im NPD-Kreisvorstand. Ein anderer Ex-SSSler, Thomas Rackow, betreut dessen Internet-Seite. Weitere Details der Verbindung wurden im Februar 2005 bekannt, als Hacker die rechtsextreme Homepage www.heimatschutz.net knackten und den Inhalt des internen Diskussionsforums öffentlich machten. Nach der Polizeirazzia, bei der auch Computer beschlagnahmt wurden, schrieb dort ein Aktivist (anscheinend Rackow selbst): »Habe wieder nen Rechner, diesmal von nem MdL.«[145] Und weiter: »Alle Daten, Providerverträge, die ich habe, ruhen nun sicher bei jemandem, der Immunität hat.« Es liegt nahe, dass damit einer der Dresdener NPD-Abgeordneten gemeint ist. Welcher der zwölf, bleibt offen. Jedenfalls war es Uwe Leichsenring, der kurze Zeit später im Landtag eine Kleine Anfrage zur linken Hackergruppe

148

»Katjusha« formulierte, die sich zu der Aktion bekannt hatte.[146]

Zum Dank für so viel Fürsorge helfen ihm rechte Jugendliche in Königstein bei seinen Wahlkämpfen. Auch in Reinhardtsdorf-Schöna, berichten Anwohner, haben Jungnazis NPD-Wahlplakate aufgehängt und sie sogar nachts bewacht. Einer der Söhne von Gemeinderat Michael Jacobi war Mitglied der SSS. Und auch die Tochter von Mario Viehrig ist im Dorf als Rechte bekannt, in die Heckscheibe ihres Autos hat sie »Terrornicki« geschrieben.

Pirna, die Kreisstadt der Sächsischen Schweiz. Hier wohnen knapp 40 000 Menschen, hier gibt es zumindest Ansätze eines aktiven Bürgertums, und der Oberbürgermeister macht klar Front gegen die NPD. Die Stadt unterstützt Jugendinitiativen gegen rechts. Einmal im Jahr demonstriert Pirna mit einem multikulturellen Straßenfest Toleranz und Weltoffenheit. Dann gibt es Paella und Pelmeni auf dem Markt, Musikgruppen aus Tschechien und Chile treten auf, ein Afrikaner flicht Zöpfe – die Ausländer, die sonst in der Stadt offen angefeindet werden, stehen zumindest einen Tag lang im Mittelpunkt.

Das Gesicht der NPD in Pirna sind Mirko Liebscher und Egon Weihs. Anders als Leichsenring in Königstein oder Jacobi in Reinhardtsdorf-Schöna sind die beiden in ihrem Heimatort nicht allseits bekannt. Weihs, 53, ist ein gemütlicher Steinmetz, Liebscher, 30, ein ruhiger Chemiearbeiter. Spricht man mit ihnen, wird schnell klar, dass sie keine Ideologen sind. Aber was sie auf den Schulungen der Partei gehört haben, haben sie verinnerlicht. Weihs jammert, »immer mehr ausländische Leute kaufen Deutschland auf«. Über das Dritte Reich mag er nur ungern reden, denn da werde man ja schnell zum Nazi gestempelt. Er sagt, die sechs Millionen ermordeten Juden wolle er »nicht leugnen, aber wie viele Mörder, Kinderschänder und Verbrecher saßen denn in den KZs und kriegen bis heute ihre Renten?« Liebscher denkt gern zurück an die DDR, »da hatte man alles, und die sozialen Strukturen haben gestimmt«. Über die BRD sagt er, »das System ist nicht zu verbessern, es muss weg, wie eine Warze, wie ein fauler Zahn«.

Politische Erfahrung haben die beiden nicht. Weihs sagt, bei seiner ersten Ratssitzung habe er sich gefühlt »wie als Kind in der Geisterbahn«. Sie lassen sich von Kamerad Leichsenring beraten, im Stadtrat erscheinen sie öfter mit vorbereiteten Manuskripten. Fragt man die beiden nach ihren politischen Schwerpunkten, sagt Liebscher, »ich würd' nicht sagen, dass wir welche haben«. Sie warteten einfach ab, was auf die Tagesordnung komme, und entschieden dann nach bestem Wissen. Weihs sagt noch, er finde Volkseigentum gut und lehne »jede Form der Privatisierung ab«. Im Stadtrat haben sie in dem Dreivierteljahr seit ihrer Wahl nur ein paar Anfragen gestellt. In ihrem ersten und bislang einzigen Antrag forderten sie, die städtischen Zuschüsse für das Alternative Jugendzentrum in Pirna zu streichen. Begründung: Von dort gehe Gewalt gegen »nationale Jugendliche« aus. Der Antrag wurde mit 24 Nein-Stimmen bei zwei Ja-Stimmen und einer Enthaltung abgelehnt.

Weihs und Liebscher sitzen im Stadtrat in der ersten Reihe – der Oberbürgermeister Markus Ulbig wollte es so, damit er und die anderen Parteien die beiden immer im Blick haben. Ulbig, 41, ist in der CDU, und anders als seine Partei warnt er seit Jahren vor der NPD. »Meine Kollegen sagten lange, ich sei ein Nestbeschmutzer.« Aus Angst um die Touristenzahlen, so Ulbig, behaupteten viele, das mit den Rechten »sei nicht so schlimm«. Er weiß es besser, sein 16-jähriger Sohn trägt seine Haare als Dreadlocks und ist mehrfach von rechten Jugendlichen verprügelt worden.

Auch Ulbig sagt, es sei ziemlich schwer, die Ideologie der NPD auf kommunaler Ebene zu entlarven. Lange habe er gegrübelt, wie er die beiden Rechtsextremisten bloßstellen könne. Auf der konstituierenden Sitzung hat er alle Stadträte

150

einen Eid aufs Grundgesetz ablegen lassen. Weihs und Liebscher verweigerten sich nicht. Ulbig sagt, er wolle auf jeden Fall »vermeiden, dass sie über ein paar Anfragen zu sozialen Themen den Bürgern das Bild vermitteln, sie seien tolle Kerle«. Deshalb will er künftig nicht nur kommunalpolitische Sachfragen auf die Tagesordnung setzen, sondern auch Themen, an denen sich grundsätzliche Debatten entzünden können. Das soll die NPD aus der Deckung locken und »Falschaussagen provozieren«.

Auf der Sitzung Ende April 2005, der letzten vor dem Jahrestag des Kriegsendes, berichtete eine Delegation von Stadträten eine halbe Stunde lang von einem Besuch im bayerischen KZ Flossenbürg. Die beiden NPD-Leute ließen das still über sich ergehen. Weihs guckte an die Decke, Liebscher blätterte in seinen Akten. Am Ende des Vortrags klopften alle Abgeordneten auf die Tische, auch Weihs, nur Liebscher blieb mit verschränkten Armen sitzen. Hinterher meldete er sich, er wolle etwas sagen. Laut Geschäftsordnung, wies ihn der Oberbürgermeister zurecht, seien an dieser Stelle ausschließlich Fragen erlaubt. Da setzte sich Liebscher brav wieder hin. Auf die Idee, seinen Kommentar einfach in Frageform zu packen, kam er nicht.

In Reinhardtsdorf-Schöna dagegen fühlt sich die rechte Jugend wohl, am 116. »Führergeburtstag« ließ sich das wieder einmal besichtigen. Obwohl den ganzen Tag lang die Bereitschaftspolizei im Dorf auf und ab gefahren ist, lodert am Abend des 20. April ein zünftiges Lagerfeuer. Knapp zwanzig Jungs und Mädchen sitzen vor einem alten Bauwagen, ein paar hundert Meter außerhalb des Ortes. Es gibt Bier und laute Musik. An eine Birke haben sie Holzlatten genagelt, offenbar ein Hakenkreuz, das zur Feier des Abends entzündet werden soll. Sie werden dabei gestört, aber nicht von der Polizei, sondern dem Mitarbeiter eines Anti-rechts-Projektes aus dem nahen Pirna. Der fährt zurück ins Dorf, alarmiert den Bürgermeister und einige Gemeinderäte. Es dauert eine halbe Stunde, bis er sie davon überzeugt hat, zum Bauwagen zu fahren und die Jugendlichen zur Rede zu stellen.

Als sie schließlich dort ankommen, liegen die Latten harmlos im Gras. Der Bürgermeister geht ein paar Schritte auf und ab, räuspert sich, fragt, was es denn zu feiern gebe. »Bergfest«, sagt ein Junge und grinst, es sei doch Mittwoch, die Hälfte der Arbeitswoche überstanden. Die Runde lacht. Der Bürgermeister sagt, die Jugend möge doch bitte dran denken, welch schlechten Ruf das Dorf habe. Ihm ist anzumerken, wie unsicher er sich fühlt. Er verkörpert in diesem Moment die Staatsmacht. Die herbeigerufene Polizei trifft erst nach anderthalb Stunden ein.

Ein bisschen neidisch schaut das Ehepaar Zutt nach Ostdeutschland. Die beiden sind oft dort, seit Jahren besitzen sie ein Ferienhaus in Mecklenburg. »Da seh' ich keine Türken«, sagt Alfred Zutt. Der Sohn der Zutts hat in Waren an der Müritz ebenfalls einen »Patriotentreff« eröffnet, und die Geschäfte dort laufen besser als einst in Ehringshausen. Doris Zutt sagt, in den neuen Ländern sei die Bevölkerung »freier«, im Westen habe die alliierte *re-education* die Leute »eingeschüchtert«, deshalb herrsche »Pogromstimmung« gegen die NPD. Alfred Zutt sagt, sie würden gern nach Waren übersiedeln, denn dort könne man als NPD-Politiker »viel leichter Erfolg haben«.

Bunt statt braun

Viel mehr als Skinhead-Musik:
Ohne die rechte Jugendkultur wäre der
Aufstieg der NPD nicht möglich gewesen

Vergessen wir für einen Moment alle Wahlergebnisse und
Parteiprogramme und schauen uns einen Pullover an, denn
der sagt mehr über den heutigen Rechtsextremismus als ir-
gendwelche Stimmenanteile für die NPD: Wer als Neonazi
wirklich etwas auf sich hält (und wer es sich leisten kann),
trägt neuerdings *Thor Steinar*. So heißt die erste Designer-
marke von Rechten für Rechte, gegründet im Jahr 2002 von
zwei Jungmännern aus der brandenburgischen Provinz. Die
Qualität ihrer Strickwaren hebt sich ab von der auch bei
rechtsextremen Versendern üblichen Billigware. Die Schnitte
sehen wirklich gut aus, die Bestellseite im Internet hat eine
edle Aufmachung. Auf der Brust des Pullovers prangt der
Markenname, er ist aus altgermanischen Runen zusammengesetzt, darunter die Worte »No Inquisition«, eine Anspie-
lung auf das Verbot des ursprünglichen *Thor-Steinar*-Logos.
Es hatte aus der Tyr- und der Gibor-Rune bestanden, zwei
Symbolen, die unter Hitler als Abzeichen der Reichsführer-
schulen und der Werwolf-Einheiten verwendet wurden.
  Heute ist das *Thor-Steinar*-Logo ein einfaches Wappen
mit diagonalem Kreuz und zwei Punkten, aber der Beliebt-
heit der Marke bei extremen Rechten tut das keinen Ab-
bruch. Der Name klingt nach nordischer Mystik, in die sich

völkische Rassephantasien projizieren lassen. Im Programm finden sich Jacken im militärischen Tarnlook, der Aufdruck »Division Thor Steinar« klingt kämpferisch. Doch die meisten Kleidungsstücke sehen unverfänglich aus, einfach nur modisch, der Stil erinnert ein wenig an amerikanischen College-Chic. Trotzdem kann man sich mit *Thor Steinar* diskret als Rechter zu erkennen geben. Und läuft damit kaum Gefahr, von Polizisten, Lehrern oder Antifa-Aktivisten belästigt zu werden.

Das ist moderner Rechtsextremismus: Nazis, die cool aussehen, die an den kulturellen Mainstream anknüpfen – und deshalb kaum mehr auszugrenzen sind.

Als die NPD am 8. Mai 2005 in Berlin anlässlich des 60. Jahrestages des Kriegsendes demonstrierte, war das fast eine *Thor-Steinar*-Modenschau. So ziemlich das gesamte Sortiment marschierte auf dem Alexanderplatz auf. Kaum einer der 2500 Demonstranten trug eine Bomberjacke und niemand Springerstiefel – nicht nur wegen der Auflagen der Polizei, sondern weil die klassische Skinhead-Kluft einfach out ist. Die früher sehr beliebte Marke *Lonsdale* fehlte fast völlig. Auf etlichen T-Shirts prangten Namen aus der nordischen Sagenwelt. Viele der Demonstranten wären mit ihren Turnschuhen, schwarzen Kapuzenpullis, Sonnenbrillen und Basecaps in einer linken Autonomen-Demo nicht weiter aufgefallen. Mittendrin standen Muskeljungs, die aussahen, als kämen sie geradewegs aus dem Fitnessclub, und solariumgebräunte Girlies in bauchfreiem T-Shirt.

Die rechte Jugend ist heute bunt statt nur noch braun. In den vergangenen zehn, 15 Jahren hat sich eine Kultur entwickelt, an der zweierlei neu ist: Sie ist größer als je zuvor, und sie ist vielfältig, zumindest im Äußeren. Noch Anfang der neunziger Jahre waren rechte Jugendliche eine kleine, klar abgegrenzte Szene, in der sich außer Skinheads nur ein paar scheiteltragende Faschos tummelten. Heute muss niemand mehr Springerstiefel anziehen oder sich Neonazi nennen, um

154

rechts zu sein, das geht heute auch in Turnschuhen und Bag-
gy-Jeans und mit einem Piercing in der Nase.

Die rechte Jugendkultur ist nicht mehr durch eine –
auch nur halbwegs – geschlossene Ideologie gebunden, sie ist
ein Mix aus Runenkunde und Rassismus, aus Alkohol und
der Ablehnung alles Fremden. Und ihre Elemente sind mit
fast allen Mode-, Musik- und Lebensstilen kombinierbar.
Die NPD schwimmt darin mit. Sie hat die Entwicklung nicht
gesteuert, aber sie hat sie gefördert – und für ihren Aufstieg
ausgenutzt. Ein »Zug [rauscht] durchs Land, auf den die nationalistische Opposition derzeit aufspringt oder bereits auf-
gesprungen ist«, schrieb *Deutsche-Stimme*-Redakteur Jürgen
Distler 1999 völlig zutreffend. Nun komme es darauf an,
»sich die besten Plätze zu reservieren, von denen aus man ein
gutes Stück Weg vorankommen kann«. Ziel müsse es sein, so
Distler, der wenig politisierten Jugend »ein nationalistisches
Bewusstsein« zu geben.

Das Instrument sollte Musik sein – keine neue Idee,
nur verstand die NPD bis dahin unter Musik alles andere als
Rechtsrock. Die Partei hatte, wie die gesamte extreme Rechte im Nachkriegsdeutschland, vollkommen den Anschluss
an den Zeitgeist verpasst. Der war von Swing, Jazz und
Rock 'n' Roll geprägt, doch all das galt der NPD als amerika-
nische Unkultur. Sie pflegte weiter ihren deutschvölkischen
Kulturbegriff, der nur Wander- und Volkslieder, Marschmusik und Wagner-Opern umfasste. Noch 1970 bezeichnete die
Parteizeitung Beat und Pop »als akustisches Rauschgift …
Das ist der Tiefpunkt eines Verfalls, der mit Schönbergs ato-
nalen Experimenten begonnen hat«.

Auch die NPD-Jugend war damals noch nicht weiter.
Die Jungen Nationaldemokraten veröffentlichten in den siebziger Jahren einige Schallplatten mit Liedern im Arbeiter-
kampfstil, gesungen vom »JN-Chor NRW«, begleitet von der
»Fanfarengruppe des Spielmannszuges Albert-Leo Schlage-
ter« und dem heutigen DVU-Pressesprecher Bernd Dröse an

Klavier und Orgel. »Vorwärts, vorwärts, für ein einiges Land, für ein einiges Vaterland, darum leisten wir Widerstand«, lautete einer der Texte. »Weil Sozis verrieten unser Land, CDU, weich wie Butter, zergeht in der Hand der roten Reaktion, darum nationale Revolution!« Begeistern konnte die NPD damit höchstens sich selbst.

Um »die Hemmschwelle gegenüber dem nationalen Gedanken bei Jugendlichen abzubauen«, gründeten einige Mitglieder des parteinahen Hochschulbundes NHB 1977 eine Rockgruppe namens *Ragnaröck*. Aber weil das Projekt in den eigenen Reihen umstritten war und bei der Zielgruppe wegen lausiger Qualität nicht ankam, versank es schnell wieder in der Versenkung. So bestand das kulturelle Propagandainstrumentarium der NPD bis in die achtziger Jahre lediglich aus holprig gereimten Gedichten und den Auftritten einiger klampfender Liedermacher.

Der Skinhead-Rock entsteht – »Barbecue in Rostock«

Die Geschichte des Rechtsrock begann in England: Die Londoner Punkband *Skrewdriver* verband Ende der siebziger, Anfang der achtziger Jahre erstmals moderne Musik mit rassistischen und nationalistischen Texten. »White Power« lautete der programmatische Titel eines der ersten Alben. Der Sänger der Gruppe, Ian Stuart Donaldson, war Mitglied der rechtsextremistischen National Front (NF) und goss deren Parolen in Songtexte. »Musik ist das ideale Mittel, Jugendlichen den Nationalsozialismus näher zu bringen«, erklärte Donaldson sein Ziel, »besser als dies in politischen Veranstaltungen gemacht werden kann, kann damit Ideologie transportiert werden.« Schnell wurde *Skrewdriver* unter britischen Skinheads populär. 1993 kam Donaldson bei einem Autounfall ums Leben, seitdem ist er so etwas wie der James Dean der Neonazis und wird bis heute auch in Deutschland fast kultisch verehrt.

Anfang der achtziger Jahre bildeten sich hierzulande erste rechte Punkbands, die bekannteste hieß *Böhse Onkelz*. Sie sangen 1982 zum Beispiel: »Türkenpack, Türkenpack, raus aus unserm Land! Geht zurück nach Ankara, denn ihr macht mich krank.«[147] Die meisten Texte der frühen Skinhead-Bands drehten sich aber um den eigenen Lebensstil, um Alkohol, Fußball, Gewaltexzesse oder sexistische Männerphantasien. Nach dem Vorbild der britischen NF versuchte die Aktionsfront Nationaler Sozialisten/Nationaler Aktivisten (ANS/NA) von Michael Kühnen und Christian Worch schon früh, unter Hooligans und Skinheads Mitglieder zu rekrutieren. Sie zogen in Fußballstadien, doch da blitzten sie erst mal ab, dort interessierte man sich für alles andere als für Gehorsam und Parteidisziplin. Die Band *Kraft durch Froide* machte sich in einem 1983 erschienenen Lied sogar über die Faschos lustig: »Du willst ein Soldat des Führers sein, aber du bist nur ein kleines fettes Schwein. Nickelbrille im Pickelgesicht, Wulstlippen, so etwas brauchen wir nicht.«[148] Ein Einschnitt für die deutsche Szene waren zwei Morde von Skinheads an jungen Türken in Hamburg 1985. »Glatzen« wurden danach ein beliebtes Medienthema, in der Öffentlichkeit wurden sie zunehmend zum Synonym für rechte Jugendliche. Die bis dahin diffuse Szene schlug eine eindeutige politische Richtung ein: Viele Skinheads wurden rechts, und viele Rechte wurden Skinheads. Sie dienten nun häufig als Saalschützer bei Parteiveranstaltungen der neonazistischen Freiheitlichen Arbeiterpartei (FAP), vereinzelt auch bei der NPD.

Der große Boom des Rechtsrock begann nach der Wiedervereinigung. Bis 1989 waren pro Jahr nur eine Hand voll Alben erschienen, 1990 stieg ihre Zahl schon auf 15, 1992 auf 26. Die Gruppen *Störkraft* und *Noie Werte* lieferten praktisch den Soundtrack zu den ausländerfeindlichen Pogromen in Hoyerswerda und Rostock-Lichtenhagen: »Wir sind Deutschlands rechte Polizei, wir machen die Straßen wirklich frei.«[149] Die britische Band *No Remorse* verewigte die Ereignisse hinterher in einem Lied mit dem Titel »Barbecue in Rostock«.

Mit der heutigen Rechtsrock-Branche ist die damalige Szene kaum vergleichbar. Das Internet, heute wichtigster Vertriebsweg, gab es damals noch nicht. Die Musik wurde meist auf Tonbandkassetten von Hand zu Hand gereicht, nach der dritten Kopie auf dem heimischen Rekorder war von den Texten nur noch wenig zu verstehen. Heute ist die Vervielfältigung dank Einführung von CDs und des mp3-Formats unbegrenzt möglich.

Anfang der neunziger Jahre hat nicht die NPD, sondern die FAP und Michael Kühnens GdNF haben die Verbreitung von Nazi-Musik in Deutschland gefördert. Sie organisierten Konzerte, am liebsten in den neuen Ländern, denn die waren damals ein beinahe rechtsfreier Raum. Auf Einladung von Kühnens Deutscher Alternative (DA) spielte *Skrewdriver* im Oktober 1991 in Cottbus zusammen mit den deutschen Bands *Radikahl*, *Tonstörung* und *Störkraft*. Am Rande des Konzerts wurden Ausländer überfallen. Es war durchaus üblich damals, auf der Bühne Hakenkreuzfahnen zu schwenken und »Heil Hitler« zu brüllen. Die Polizei griff selten ein. Die Entwicklung bekam eine Dynamik, die später nicht mehr aufzuhalten war.

Nach der langen Reihe rechter Anschläge Anfang der neunziger Jahre wurden die Behörden aktiv, ab 1992 wurden mehrere Neonazi-Organisationen verboten, und auch auf das Musikgeschäft wurde erstmals ein ernsthafter Verfolgungsdruck aufgebaut; bis dahin hatte auch die Bundesprüfstelle für jugendgefährdende Schriften Nazirock praktisch ignoriert.[150] Diese reagierten mit einer Doppelstrategie: Illegale Alben, die vor allem von Dänemark und Schweden aus vertrieben wurden, bekamen noch härtere Texte. Daneben gab es gemäßigte Versionen für den offenen Verkauf. Insgesamt stieg die Zahl der Veröffentlichungen rapide, auf 64 im Jahr 1995 und den Höchststand von 140 Rechtsrock-CDs im Jahr 1998.[151]

Die steigende Nachfrage hat den Rechtsrock zu einem Millionengeschäft gemacht. Die Aufnahmen wurden professioneller, die Booklets bunter. Alle möglichen Vertriebswege werden heute ausgeschöpft, neuerdings gibt es sogar Handy-Klingeltöne von *Kraftschlag*, Stückpreis je 89 Cent.

Über die Höhe der Gewinne, die in der Branche gemacht wurden, lässt sich nur spekulieren. Bei Razzien wurden nicht selten fünfstellige Bargeldsummen gefunden. Der nordrhein-westfälische Rechtsrock-Händler (und NPD-Mann) Dieter Koch gab 1999 in einem Gerichtsverfahren einen Jahresumsatz von 700 000 DM zu. Während eines anderen Prozesses in Frankfurt/Main räumte ein bis dahin nicht auffällig gewordener junger Mann ein, pro Jahr 120 000 DM mit Rechtsrock umgesetzt zu haben – der Handel war bloß sein Hobby, fand ohne Werbung und lediglich über Flohmarktstände und seine Handynummer statt, die in der Szene kursierte.

Nicht selten hetzten die Texte rechte Jugendliche direkt zu Mord und Totschlag auf. Als 1999 im vorpommerschen Eggesin zwei Vietnamesen fast totgetreten wurden, grölten die Täter lautstark den Refrain eines bekannten Liedes: »Fidschi, Fidschi, gute Reise«.[152] Die drei Neonazis, die im Sommer 2000 in Dessau den Angolaner Alberto Adriano ermordeten, gaben vor Gericht an, sie hätten kurz zuvor ein Lied der Gruppe *Landser* gehört.

Wie kaum ein anderer personifiziert Thorsten Heise die Entwicklung der Szene – seit bald 20 Jahren ist er immer dort, wo am rechten Rand gerade die Musik spielt. Er war einer der ersten, der Jugendkultur und Politik erfolgreich miteinander verband; als er anfing, gab es eine Hand voll von Bands, von denen er die meisten persönlich gekannt haben dürfte. Später hat die NPD Kader wie Heise an sich gebunden, 2004 holte sie ihn – zu beiderseitigem Nutzen – in den Bundesvorstand.

Heise, 1969 geboren, wuchs in Göttingen auf und schloss sich dort Mitte der achtziger Jahre den Skinheads an.

Noch heute schwärmt er von seiner Jugend, wie er mit Freunden auf dem Marktplatz herumlungerte und soff. Heise war einer jener Skins, bei denen damals die Ideologisierungs- und Werbungsversuche der Neonazis auf fruchtbaren Boden fielen. Der FAP-Kader Karl Polacek wurde sein Mentor, von ihm übernahm er später den niedersächsischen Landesvorsitz der Partei. Damals war Heise noch selbst gewalttätig. 1988 wurde er wegen des Überfalls auf einen türkischen Jugendlichen verurteilt. 1990 hatte er wieder ein Ermittlungsverfahren am Hals, weil er versucht hatte, einen libanesischen Asylbewerber zu überfahren. Heise ging in die DDR, ließ sich nacheinander an verschiedenen Orten nieder, baute dort Zellen der FAP auf. »Die NPD war damals noch auf dem Trip, nur Postfächer zu gründen«, sagt er im Rückblick. Kein Wunder also, dass die FAP-Aktivisten bei der Jugend besser ankamen. Nach knapp einem Jahr wurde er von Zielfahndern in Ostberlin gestellt.

Im Februar 1995 war es mit seiner Partei vorbei, mit Heise nicht. »Wir haben nach dem Verbot der FAP nach neuen Organisationsformen gesucht«, sagt er offen. Heise baute die Kameradschaft Northeim auf, die zur mitgliederstärksten in Niedersachsen wurde. Er pflegte intensive Geschäftsbeziehungen zum Skinhead-Netzwerk Blood&Honour (B&H) und organisierte weiter Rechtsrock-Konzerte. Im Oktober 1995 etwa gelang es ihm, in seiner Heimatstadt mehr als tausend Skinheads zu versammeln. Mit der Polizei lieferte man sich zu jener Zeit gern »Schnitzeljagden«, über versteckte Hinweise und SMS-Botschaften wurde das Publikum zu geheimen Veranstaltungsorten gelotst. Auf dem dänischen Plattenlabel eines B&H-Aktivisten erschien 1997 unter dem Titel »Northeim Live Vol. 2« ein später indizierter Konzertmitschnitt. Der erste Song auf dem Album war ein Klassiker aus dem Liederbuch der SA: »Blut muss fließen«.

1998 gründete Heise einen »Großhandel für Bild- und Tonträger, Geschenkartikel, Militärbekleidung und -schuhe,

Campingartikel«. Sein WB-Versand (Werbeslogan: »Der Versand aus unserer Mitte«) hat heute eine große Bandbreite rechter Musik im Angebot. Nein, gibt sich Heise bescheiden, viel Geld verdiene er damit nicht. »Wir sind ein kleiner Betrieb.« Jedenfalls nagt er nicht am Hungertuch, vor ein paar Jahren hat er im thüringischen Fretterode ein altes Herrenhaus gekauft.

Im Herbst 2000 wurde Blood&Honour verboten, Heises Geschäfte liefen weiter. Ja, sagt er, er vermittle auch weiterhin Bands, aber das seien bloß Freundschaftsdienste. 2003 wurde am Frankfurter Flughafen eine Lieferung von 5000 CDs mit volksverhetzendem Inhalt abgefangen, deren Besteller nach Angaben der Staatsanwaltschaft Heise war. Im vergangenen Jahr war er beteiligt an der »Aktion Schulhof«, bei der Neonazis 50 000 CDs kostenlos verteilen wollten. Zur NPD, sagt Heise, habe er immer gute Beziehungen gepflegt. Schon seit Jahren hat er auf ihren Demonstrationen gesprochen. Heute ist er im Bundesvorstand der Kontaktmann zu den Freien Kameradschaften – und damit eine Idealbesetzung.

An der Parteibasis, vor allem bei den in die Jahre gekommenen Mitgliedern in Westdeutschland, sind Leute wie Heise immer noch umstritten. Die NPD-Spitze weiß um das Problem. Voigt wirbt in fast allen seinen Reden um Verständnis für die (Ex-)Skinheads. In der *Deutschen Stimme* erschien, als die Partei sich öffnete, ein ausführlicher Artikel, der den Alten die Musik der Jungen erklärte. Schon die Überschrift »Wir hören keinen Punk« macht klar, welche Vorbehalte da abgebaut werden sollten. Im Fettdruck wird ein Lied der Band *Triebtäter* zitiert, die sich bei Erscheinen des Artikels längst aufgelöst hatte, deren Text aber viele Altnazis angesprochen haben dürfte: »Für die Fahne mit den alten Farben, unter denen schon die Väter starben, für das Schwarz, das Weiß und das Rot, gehen auch wir bis in den Tod.« Der Artikel räumt ein, es gebe »auch rechte Skinheads, die sich asozial verhalten und gewalttätig werden«, doch sei dies nur eine Reaktion auf staatliche Verfolgung, und »die Masse« entspreche »nicht den über sie verbreiteten Lügen«. Die NPD müsse, so der Autor, diese Jugendlichen auffangen und resozialisieren. Er gesteht das instrumentelle Interesse der Partei: »Nationale Musiker schaffen zunehmend das, was der nationalen Politik und Publizistik niemals wirklich gelang: nämlich die kulturelle Hegemonie der Linken wenigstens im Ansatz zu brechen.« Sein Appell lautet: »Trotz aller Kritik braucht die nationale Opposition ... die rechte Gegenkultur!«[153]

Die NPD geht rocken – »Die Hälfte der Texte ist wahr«

Über den Nazirock hatte die NPD erstmals seit ihrer Gründung Anschluss an die Populärkultur gefunden. Sie erreichte – wie Ian Stuart Donaldson es einst geplant hatte – große Teile der Jugend, die sich sonst kaum für das Parteiprogramm interessiert hätte. Auf den Schulhöfen wurden die rechten Bands von Hand zu Hand gereicht – an den üblichen Vertriebswegen vorbei und ohne dass es die Erwachsenen bemerkten. *Landser* und *Kraftschlag* sind dort heute genauso bekannt wie die Stars, deren Videos auf Viva oder MTV laufen. Vor allem die Berliner Gruppe *Landser* hat Kultstatus erreicht. Ihre Musik ist ziemlich gut gemacht, ihre Texte haben einen gewissen Sprachwitz und heben sich ab von der Dumpfheit anderer Rechtsrocker. Frontmann Michael Regener, der sich nach einer DDR-Wodkamarke »Lunikoff« nennt, inszeniert sich gekonnt als Rebell. Im Dezember 2003 wurde *Landser* als kriminelle Vereinigung verurteilt, was den Reiz ihrer Musik noch erhöht haben dürfte. Ihre Platten erreichen fünfstellige Auflagen, würden sie offen verkauft, tauchten sie sicherlich in den Hitparaden auf.

Zusammengezählt dürften alle Rechtsrock-Alben der vergangenen Jahre in Deutschland eine Gesamtauflage von

zwei Millionen erreicht haben.[154] Hinzu kommen Raubko-
pien und mp3-Dateien, die im Internet frei herunterladbar
sind. Das Antifaschistische Pressearchiv und Bildungszentrum in Berlin, das seit Jahren Rechtsrock sammelt, hat 103
neue Veröffentlichungen für 2004 gezählt, gegenüber dem
Vorjahr war das ein Anstieg von gut 20 Prozent. 147 Rechtsrock-Konzerte hat es 2004 gegeben, Sachsen war mit 25 Spit-
zenreiter aller Bundesländer. Die Zahl der Vertriebe ist auf
etwa 60 gestiegen.[155]

Ein ganzer Kosmos von Szenemedien ist abseits von
Bravo und MTV entstanden. Derzeit gibt es etwa 20 rechtsextremistische Fanzines, von Fans gemachte Magazine, Tendenz steigend. Sie heißen *Feuer&Sturm*, *Ostara*, *Volkswille*
oder *Der Panzerbär* und verbreiten Neuigkeiten aller Art.
Bands werden interviewt, Platten rezensiert, die letzten Sauf-
touren aufgearbeitet. In den Heften wird zum Beispiel ein
Boykottaufruf verbreitet gegen einen Vertrieb, von dem die
Polizei Informationen über *Landser* bekommen haben soll.
Unter der Rubrik »Ungebrochen« erscheinen Berichte von
inhaftierten Kameraden. Mittendrin finden sich auch Ge-
spräche mit Neonazi-Kameradschaften, verschwörungstheoretische Texte über den Mossad oder der Nachruf auf einen
kürzlich gestorbenen Generalmajor der Waffen-SS.[156] Manche Fanzines sind nur zusammengetackerte Blättchen, andere
haben Glanzcover und sind 60 Seiten dick. Die Auflage liegt
manchmal bei mehr als 1000 Stück.

Ein Dorf in der Oberlausitz im hintersten Sachsen. Der
Direktor der Mittelschule versichert, in seinem Haus sei »in
Bezug auf Rechtsextremismus noch nichts aufgetreten, was
meldepflichtig ist«. Große Pause auf dem Schulhof. Hier ken-
nen alle die Geschichte von Dennis aus der 10. Klasse, der im
Unterricht ein Hakenkreuz hochgehalten und den Lehrer als
Juden beschimpft hat. Hinter der Turnhalle stehen sechs
Jungs aus der 9. Klasse und saugen an ihren Zigaretten. Kei-
ner sieht aus, wie man sich Nazis gemeinhin vorstellt. Einer

hat einen Bundesadler auf schwarzrot-goldenem Hintergrund als Aufnäher an seinen Rucksack gepappt, zwei tragen Bomberjacken, die sie liebevoll »B-Jacken« nennen, ein Dritter läuft in New-Balance-Turnschuhen, die wegen des großen »N« an manchen Orten Erkennungszeichen der »nationalen« Jugend sind.

»Was hört ihr denn so für Musik?«

»Oi!«, grölen sie, damit meinen sie rechten Punk-Rock. Der Einzige, der HipHop mag, gibt sich erst auf zweimalige Nachfrage leise zu erkennen. Prompt ziehen ihn die anderen wegen seines »antideutschen« Geschmacks auf.

Stefan weiß noch genau, welche seine erste CD war: »Das Reich kommt wieder« von *Landser*. Er bekam sie von einem Freund seines großen Bruders, da war er 13 – hinterher hat er sie für etliche Klassenkameraden kopiert.

»Was ist so toll an der Musik?«

»Der Spaß!«

»Was hältst du von den Texten?«

»Die Hälfte ist wahr.«

»Ist dir das nicht ein bisschen zu heftig?«

»Das hört man sich so an, da lacht man drüber. Das gehört dazu.«

Nur das Lied »Blut muss fließen«, gesungen von *Tonstörung*, das sei ihm doch ein bisschen zu krass, sagt er und rezitiert es dann verselang: »Wetzt die langen Messer auf dem Bürgersteig. Lasst die Messer flutschen in den Judenleib. Blut muss fließen, knüppelhageldick, und wir scheißen auf die Freiheit dieser Judenrepublik.«

Die Oberlausitz war jahrelang ein Musterbeispiel dafür, wie rechte Rekrutierung funktioniert: Auf den Schulhöfen kreisten die CDs und Fanzines, wer mehr wollte, fuhr nach Zittau zum Nationalen Jugendblock e. V. (NJB). Der war ordnungsgemäß im Vereinsregister des Amtsgerichts eingetragen, weshalb die städtische Wohnungsbaugesellschaft nichts daran fand, dem NJB billig ein baufälliges Haus zu vermieten.

Zweck des Vereins war laut Paragraph 2 der Satzung, »national gesinnte Jugendliche zu sammeln und ihnen eine Basis für eine sinnvolle Freizeitgestaltung im Kreise Gleichgesinnter zu ermöglichen«. Paragraph 4: »Die Mitgliedschaft ist an eine Zugehörigkeit zur deutschen Nationalität gebunden.«

Über Jahre bekam der NJB Fördergelder vom Landkreis. Irgendwann dämmerte den Behörden, dass der Verfassungsschutz vielleicht doch nicht übertrieb, wenn er den NJB als »wichtiges Bindeglied der Rechtsextremisten in Ostsachsen« bezeichnete. Als der Zittauer Bürgermeister dann erstmals davon sprach, den Mietvertrag zu kündigen, drohte der NJB auf einem Flugblatt, in diesem Falle könne man für das »weitere Handeln einzelner Personen keine Verantwortung« übernehmen. Es dauerte weitere Jahre, bis sich die Stadt zu einem entschlossenen Vorgehen durchrang und das Haus 2002 schließlich abgerissen wurde – Jahre, in denen der NJB Kids ködern konnte, ihnen eine PlayStation und Bier, Kickertische und rechte Ideologie bot. Mal kam der Hamburger Neonazi Christian Worch zu Besuch, mal hielt der hessische NPD-Veteran und verurteilte Rechts-Terrorist Peter Naumann einen Vortrag. Noch kurz vor der Schließung des NJB-Hauses hatte der Verein das Mindestalter für Mitglieder von 16 auf 14 Jahre gesenkt. Die Interessenten waren halt immer jünger geworden.

Peter Naumann zieht noch heute durch Sachsen und spricht vor rechten Jugendlichen. Er ist jetzt persönlicher Referent eines NPD-Landtagsabgeordneten, bekommt also ein Gehalt vom Steuerzahler. Ein anderer Mitarbeiter der Fraktion, Sascha Wagner, organisiert Konzerte. Taucht dort die Polizei auf und droht mit Auflösung, hält der Abgeordnete Klaus-Jürgen Menzel seinen Landtagsausweis in die Höhe und bietet sich als Vermittler zwischen beiden Seiten an.

NPD und Rechtsrock sind eine nahezu symbiotische Beziehung eingegangen. Im sächsischen Landtagswahlkampf verteilte die Partei kostenlose CDs, die auch ein Lied von »Lunikoff« enthielten. Kurz danach, im Oktober 2004, trat

er in die NPD ein, er wolle »diese schöne Partei nicht den Demokraten ... überlassen«, teilte er den Fans auf seiner Homepage mit.[157] Im Landtag stellt der Abgeordnete Uwe Leichsenring die Anfrage, was ein Veranstalter beachten müsse,
»um in Sachsen ungestört von der Polizei ein Konzert durchführen zu können«.[158] Eine Antwort weiß die Partei schon –
sie legt neuerdings Konzerte mit ihren Veranstaltungen zusammen, weil sie dann schwerer verboten werden können.

Im Gegenzug verbreitert die Skinhead-Szene die Parteibasis, hilft im Wahlkampf, dient als Schutzmacht. Sie verleiht
der NPD eine Vitalität, die sie zuvor nie hatte: »Wir sind am
Puls der Zeit« heißt die aktuelle LP der Stuttgarter Band *Noie
Werte* (sinnigerweise nicht aus schwarzem, sondern aus wei-
ßem Vinyl gepresst). Sie ist zum Beispiel im Ladengeschäft
des *Deutsche-Stimme*-Verlages in Riesa erhältlich. Die Musik klingt wie die frühen *Toten Hosen*, und auch der Gestus
ist ähnlich rebellisch. »Du denkst anders, als man will«, wird
da das rechte Weltbild umschrieben. »Sie stecken dich in den
Knast«, lautet die scheinbar zwangsläufige Konsequenz.
Doch die »deutsche Jugend« müsse nur Stärke zeigen gegen
Polizei und Staat: »Dann kann es passieren, dass die Zeiten
sich ändern. Und du kannst sagen: Ich war dabei.« Der Refrain
lautet: »Wir sind am Puls der Zeit, kein Weg führt an uns vorbei. Wir sind am Puls der Zeit, der Widerstand ist bereit.« Das
ist Welten entfernt vom JN-Chor aus den siebziger Jahren.

Die NPD zieht nicht nur politischen, sondern auch finanziellen Nutzen aus dem Boom der rechten Musikbranche.
Die *Deutsche Stimme* betreibt einen Versand, der auch Musik anbietet. Nach Informationen des Verfassungsschutzes
werden 15 bis 25 Prozent des Verlags-Umsatzes in diesem Bereich erwirtschaftet, das wären etwa 250000 Euro. Pro Jahr.
Viel wird darüber spekuliert, ob auch andere rechte Versen-
der die Partei unterstützen. Der Berliner Politologe Henning
Flad hält das für unwahrscheinlich. Er hat alle großen Firmen
der Branche abtelefoniert, hat sich als 18-jähriger Jungnazi

ausgegeben und gesagt, er würde gern eine Bestellung aufgeben, aber nur, wenn ein Teil der Erlöse an die NPD fließe. »Die Antwort war überall: nein.« In Schleswig-Holstein ist vor zwei Jahren eine Neonazi-Truppe um den ehemaligen NPD-Landesvorsitzenden Peter Borchert verhaftet worden. Sie wollte von rechten Versendern Schutzgeld erpressen. Woraus man schließen könnte, dass niemand freiwillig Geld abführen mochte.

Ohnehin dürften die Profite in den letzten Jahren eher kleiner geworden sein – weil die Konkurrenz auf dem Markt immer größer wird. Außerdem sind die Betriebskosten in der halblegalen Branche hoch: Ladenlokale werden häufig das Ziel von Antifa-Aktionen, regelmäßig gehen Fensterscheiben kaputt, werden Autoreifen zerstochen. Bei Polizeirazzien wird in der Regel erst mal der gesamte Lagerbestand konfisziert und die nicht indizierte Ware erst nach einiger Zeit zurückgegeben. Doch auch wenn sie keine großen Gewinne abwerfen, sind Läden und Versandhäuser für die rechte Szene wichtig. Über sie werden Informationen verteilt und Kontakte gepflegt. Und für bundesweit ein paar hundert Neonazis dürfte das Musikgeschäft den Lebensunterhalt sichern. Sie sind oft seit mehr als zehn Jahren aktiv, die meisten sind heute Mitte 30, sie stellen das strukturelle Rückgrat der extremen Rechten – mehr noch als die Kader der NPD. Oder sie sind beides, wie Thorsten Heise. »Meine Arbeit im Bundesvorstand ist ein Ehrenamt«, sagt er. Dank des Musikgeschäftes kann er es sich leisten.

Die Grenzen fallen – »Hier kommt die Neue Deutsche Welle«

Die rechte Jugendkultur ist längst so weit, dass sie keine Drahtzieher mehr braucht – sie könnte auch gar nicht mehr gesteuert werden. Mit einer Eigendynamik, die lebendigen Jugendbewegungen eigen ist, haben sich im Laufe des letzten

Jahrzehnts verschiedene Stile und Segmente herausdifferenziert. Eine rechte Erlebniswelt ist entstanden, die spannend und fetzig ist, in die jeder Jugendliche eintauchen kann – und durch die Mosaiksteine der rechtsextremen Ideologie weit in den Mainstream sickern. Viel effektiver, als eine Partei wie die NPD es je hinbekäme.

So lädt etwa in Sachsen der Nationale Widerstand, ein Zusammenschluss rechter Kameradschaften, regelmäßig zu Fußballturnieren. Da kicken dann die Schlesischen Jungs aus Niesky gegen den Jungsturm Bellwitz, die Rüsselskins Kaupen gegen die Reichsfront Rennersdorf. Bei Germanenwettkämpfen misst man seine Kräfte im Baumstammwurf oder Kuhaugenweitspucken. Besonders angesagt sind heidnische Sonnenwendfeiern. Statt Weihnachten begeht man das Julfest. Detaillierte Tipps für den nationalistisch-korrekten Zeitvertreib finden sich auf den Internet-Seiten eines Heimatbundes Pommern. Da werden alte Spiele erklärt und Heimatsagen erzählt, es gibt Bilder von gemeinsamen Winterwanderungen und Einladungen zum Mitmachen. Mit nur einem Klick landet man auf der Homepage der harten Kameradschaft Großdeutschland. Andere Seiten ähnlicher Machart führen direkt zu der unverhüllt rassistischen »Artgemeinschaft« des Altnazis Jürgen Rieger.

Ausgiebig bedienen sich Neonazis im Fundus nordischer Mystik, germanischer Runen und heidnischer Riten. Weil es keine gesicherte Überlieferung ihrer tatsächlichen Bedeutung gibt, können sie freihändig mit Inhalten gefüllt werden. Unauffällig lässt sich so ein völkisches Weltbild transportieren, das nutzte schon der rechtsextreme Flügel der Lebensreformbewegung Anfang des 20. Jahrhunderts. Der sächsische Verfassungsschutz warnte bereits vor Jahren, dass Heidentum und Germanenkult »zunehmende Bedeutung für die Nachwuchswerbung« gewönnen. Altgermanische Fantasiewelten sind höchst attraktiv, nicht nur für rechte Jugendliche – sie sind gleichzeitig faszinierend fremd und doch irgendwie etwas Eigenes. Im weitgehend atheistischen Ostdeutschland fällt heidnische Esoterik auf besonders fruchtbaren Boden. Allerorten sieht man Jugendliche mit Runen-Tatoos. Thorshämmer sind weit verbreitet, »Stinos« (stinknormale Jugendliche) tragen sie ebenso als Amulett wie Neonazis. Der Versand von Thorsten Heise hat Thorshämmer in 23 verschiedenen Varianten im Angebot, klein und groß, aus Silber und aus Bronze und als Spitzenprodukt für 30 Euro handgeschnitzt aus Elchgeweih.

Runenkunde ist in, entsprechende Bücher sind in vielen Stadtbibliotheken ein Renner. Astrid Günther-Schmidt hat einmal einen Drohbrief in Runenschrift bekommen, da war sie noch Lehrerin an einer Berufsschule in Zittau. Sie kam 1999 aus Westdeutschland in den tiefen Osten, und sie sagt, sie sei damals die Einzige gewesen, die sich rechten Jugendlichen entgegenstellte. »Einem Jungen habe ich einen Button mit Hakenkreuz abgenommen«, erinnert sie sich, da sei der sehr verblüfft gewesen. »Der sagte zu mir, bevor ich kam, hätte er sich ein Hakenkreuz auf die Stirn tätowieren können.« Lange hat sie es an der Schule nicht ausgehalten; nicht nur von den Schülern, sondern auch von den Kollegen sei sie angefeindet worden. »Und als ich ging, wollte der Junge tatsächlich seinen Button wiederhaben!« Heute sitzt Günther-Schmidt für die Bündnisgrünen im sächsischen Landtag. Neulich war eine Klasse aus ihrer alten Schule zu Besuch im Parlament. »Die sahen ganz normal aus«, sagt sie, anders als früher. Aber die Fragen, die sie an die Abgeordneten stellten, drehten sich nur um eines: die NPD und warum sie ausgegrenzt werde.

In der Kleidung hat sich der Wandel der vergangenen Jahre am augenfälligsten niedergeschlagen. Eine Vielzahl neuer Marken und Stile sind in der rechten Jugendkultur aufgetaucht. Einst war mit der Musik von *Skrewdriver* auch die Mode der Skinheads aus Großbritannien gekommen, *Lonsdale*, *Ben Sherman*, *Fred Perry* und *Doc Martens* waren lange Zeit die Standardausrüster der Rechten. Als der Markt in Deutschland wuchs, versuchten immer mehr Leute aus der Szene mit Eigenschöpfungen Geld zu verdienen und Identität zu stiften. Ein einschlägiger Versand aus Landshut startete die Marke *Consdaple*, in dessen Namen sich (anders als noch bei *Lonsdale*) das »nsdap« nun vollständig fand. In Kassel dachte sich jemand die Marke *Doberman* aus. Aus dem Hooligan-Milieu drängten *Pit Bull* und *Troublemaker* auf den Markt.

Eine entscheidende Erweiterung des rechten Stils brachte die Einbeziehung der nordischen Mythologie; T-Shirts mit Runen, mit einem »Walhalla«-Aufdruck oder den Worten »Germanischer Gotteskrieger« lassen unterschiedlich viel Raum für Interpretationen. Im *Thor-Steinar*-Katalog finden sich heute »Asgard«- und »Thule«-Sweatshirts. Die neue Magdeburger Marke *Pro Violence* kommt im Kampfsportstil daher. An Skater und Rapper richtet sich *Rizist*, deren Logo im Graffiti-Style gehalten ist, ergänzt durch den Spruch »Action Department« oder »Fuck the System« und ein Maschinengewehr. »Neue Marke bei uns! Rizist Streetwear! Klarer politischer Standpunkt in hervorragender Qualität!«, pries der rechte Backstreetnoise-Versand die Produkte zur Einführung.[159]

»Wenn du die Leute von hinten siehst, denkst du, sie wären HipHopper«, sagt Ingo Stange vom Netzwerk für Demokratische Kultur im sächsischen Wurzen. Auf der Frontseite ihrer T-Shirts aber trügen die Kids extrem rechte Sprüche. Stange sagt, in seiner Stadt habe sich das Straßenbild sehr gewandelt, seit eines der großen rechten Versandhäuser sich in Wurzen angesiedelt und einen Laden eröffnet hat. Längst sind die Stile der rechten Jugend auch regional verschieden, je nach den Vorlieben des jeweils ortsansässigen Geschäftsinhabers. So ziemlich jeder bedruckt mittlerweile T-Shirts mit eigenen Motiven, auch weil dabei die Gewinnspanne größer ist als bei den eingekauften Markenklamotten.

Jedenfalls wird es immer schwerer, die Rechten an ihrem Äußeren zu erkennen. *Lonsdale* ist absolut out, in der Szene kursieren Boykottaufrufe, seit der deutsche Importeur der Marke sich vom Skinhead-Image zu lösen versucht. Die Firma hat eindeutig rechten Geschäften die Lieferverträge gekündigt, sponsert eine afrikanische Fußballmannschaft, fördert Anti-Nazi-Initiativen, zum Beispiel den Verein Augen auf! in der Oberlausitz. Bernd Stracke ist einer der Mitarbeiter, er fährt oft im *Lonsdale*-Sweatshirt in Schulen und hält dort Vorträge gegen Rechtsextremismus. »Die Lehrer gucken dann immer ganz verwirrt«, sagt Stracke. Mit jahrelanger Verspätung sei bei denen angekommen, dass *Lonsdale* eine rechte Marke ist. »Und nun stimmt das schon wieder nicht.«

Dieses Versteckspiel, der schnelle Wandel, die Zweideutigkeit von Stilen und Codes, ist ein Teil dessen, was die rechte Szene für Jugendliche anziehend macht. Nachdem etwa das Skinhead-Netz Blood&Honour verboten wurde, druckte man sich B&H auf sein T-Shirt oder – nach der Stellung der beiden Buchstaben im Alphabet – den Zahlencode »28«. Seit sich bei Lehrern herumgesprochen hat, dass »88« Heil Hitler bedeutet, schreiben die Schüler eben »2x44« auf ihre Federtaschen oder »87+1«. Bei solchen Katz-und-Maus-Spielen machen sich Verbote selbst lächerlich.

Die neue Vielfalt der Stile ist eine wichtige Voraussetzung für die Ausbreitung rechter Ideologiefragmente. »Nationalismus muss jungen Leuten als ein spannendes Erlebnis oder gar Abenteuer ›verkauft‹ werden. Heranwachsenden muss es Spaß machen, nationale Veranstaltungen zu besuchen«, schrieb der NPD-Funktionär Jürgen Schwab in einem Artikel, der 1999 gleich in drei rechten Zeitschriften erschien.[160] Noch zu jenem Zeitpunkt hatte seine Partei nur zwei Stile im Angebot: die Wander- und Lagerfeuerromantik in der Tradition der bündischen Jugend und die Sauf- und Prügelorgien der Skinheads. Heute sind die Rechten ein großes Stück weiter. Um bei ihren Demonstrationen, Sonnenwendfeiern und Fußballturnieren mitmachen zu können, muss niemand mehr die Skater-Jeans oder Spaghettiträger-Hemdchen ausziehen. Vielleicht wird man noch etwas schief angeschaut, aber früher hätte es vermutlich eine Tracht Prügel gegeben. Heute darf jeder und jede kommen, aus der engen Szene ist eine breite Strömung geworden. Und auf rechten Demos dröhnt gelegentlich Deutschpop und HipHop von Lautsprecherwagen.

Skinhead-Punk ist allenfalls noch der Kern des rechten Musikkosmos, inzwischen haben sich in etlichen musikalischen Szenen rechte Segmente entwickelt. Aus der Metalszene gingen NS-Blackmetal, aus dem Hardcore-Punk der Hatecore hervor und wurden – obwohl dort oft Englisch gesungen wird – schnell die dominierende Richtung des Rechtsrocks. Ab Mitte der neunziger Jahre öffneten sich Teile der Gothic-Musikszene nach rechtsaußen, als Spielart des Darkwave entstand der Neofolk, dessen antimoderner Habitus sich wunderbar mit rechtsextremen Inhalten füllen lässt. Für das biedere Publikum stehen Liedermacher wie Frank Rennicke oder Annett bereit, die im Dirndl die Probleme der deutschen Mutter besingt.

Auf der anderen Seite gab es in der kommerziellen Musikbranche Entwicklungen, die der extremen Rechten entgegenkamen. *Rammstein* machte mit martialischem Germanenrock und Leni-Riefenstahl-Szenen im Begleitvideo Furore. Im Techno-Bereich bildete sich die Gabber-Szene, in der sich auffällig viele Rechte tummeln, und von einigen DJs sind rechte Sprüche überliefert, etwa von Love-Parade-Erfinder Dr. Motte, der 1995 den Juden der Welt riet, »sie sollten doch mal eine neue Platte auflegen. Und nicht immer nur rumheulen«.[161] Im HipHop ist es wichtiger Teil des Geschäfts, durch möglichst böses Beleidigen (»Dissen«) von Konkurrenz-MCs oder möglichst krasse Tabubrüche auf sich aufmerksam zu machen. Es ist kaum verwunderlich, dass sich bei diesem Wettrüsten einzelne Rapper in Rassismus oder

172

Antisemitismus steigerten. So wurden afrodeutsche Künstler als »Affen« oder »Selloutnigger« beschimpft.[162]

Die Dessauer Band *DissauCrime* reimte auf ihrem Debütalbum mit dem Namen »Zyklon D – Frontalangriff«: »Ich schieße mit der Flak auf das ganze Judenpack, zack, zerwische die Drecksgesellschaft oder am besten alles, schnallt es, ich hasse die Fuck-Homo-Welt und die ganzen schwulen Penner. Es gibt nur einen Nenner, und der ist arisch. Sag lieber gar nichts. Sprich deutsch!« Im Gästebuch der Band-Homepage wünschten daraufhin Kameraden: »Heil Euch!« und »Macht weiter so! 88 Mit deutschem Gruß«. Die Rapper sagen, sie seien keine Nazis, »uns ging es eigentlich immer nur um Musik und den damit verbundenen Spaß!!!«[163]

Angesichts solcher Konkurrenz klingt *Fler* vom Label »Aggro Berlin«, dessen »Neue Deutsche Welle« es im Sommer 2005 bis in die Top 10 schaffte, fast schon harmlos. Der Berliner stilisiert sich als deutscher Eminem, als weißes Unterklassen-Kid, das gegen die Übermacht türkischer Jugendgangs kämpft. Ein Neonazi ist er sicher nicht, aber er macht deren Jargon hoffähig, trägt dieselben Ressentiments ins Musikfernsehen, präsentiert Rassismus als Teil von Coolness. Und im *Fler*-Video kann sich der Durchschnittsskin mit seinem Lebensgefühl und seinen Wunschträumen wiederfinden: Prügelorgien, ein dicker Mercedes, gefügige Frauen mit großen Brüsten und in der ganzen Stadt Plakate, auf denen der eigene Name prangt.

Auf den rechten Internet-Seiten löste *Fler* lebhafte Debatten aus. »Sehr gutes Lied, und auch der Text ist einigermaßen i.O.«, freute sich ein Kamerad auf www.freier-widerstand.net, einem wichtigen Medium der Szene. »Ein Schritt in die richtige Richtung.«[164] Im Forum des Wikingerversandes erschien das Lob: »Seit langer Zeit ... ein Video auf Viva, in dem die Deutschland-Fahne zu sehen ist.«[165]

In der Diskussion bildeten sich drei Fraktionen: Ein paar Puristen meckerten über »Drecks-HipHop«. Rechter

Rap habe »nicht mehr viel mit der Sache zu tun. Ist halt ne Migranten-Musik. Rock war nie reine Neger-Musik, Hip-Hop schon«. Die zweite Gruppe bekannte offen: »Scheiß egal, Aggro Berlin ist einfach goil!« oder »Ich liebe Deutsch-Rap«. Jemand fragte: »Warum sich immer am Alten festklammern? Wir leben im Jahr 2005 und nicht 1936, wo man evtl. ausschließlich Volkslieder gesungen hat. Was nicht heißen soll, dass man diese als Deutscher nicht beherrschen sollte.« Es gab auch Intellektuelle, die sich ihren Spagat zwischen Rassismus und Musikgeschmack mit einer ethnopluralistischen Argumentation nach Art der Neuen Rechten zurechtbogen: »Da ich als Nationalist keine ›Rasse‹ als besser oder überlegen betrachte, lehne ich logischerweise auch keine Musik von Personen ab, die nicht meine Hautfarbe haben. Davon unabhängig ist allerdings, dass gewisse Personen nichts in meinem Land verloren haben.«

Die dritte – offenbar größte – Gruppe bildeten die Pragmatiker: Solle doch jeder hören, was ihm gefällt. Und selbstverständlich dürfe man auch Deutsch-Rap zur Vermittlung rechter Ideologie nutzen. »Ich mag HipHop zwar auch nicht, aber der Zweck heiligt ja die Mittel.« Merklich genervt über den ganzen Streit schrieb ein Kamerad: »Erst wenn wir lernen, solche – absolut überflüssigen – Grenzen innerhalb relativ kurzer Zeit zu überwinden, dann haben wir eine Chance, unsere Idee in den Köpfen der breiten Masse auch nur ansatzweise zu etablieren.« [166]

Es ist natürlich ein Unterschied, ob Rapper wie *Fler* mit Ressentiments spielen oder Bands wie *Landser* sie als Teil eines politischen Plans einsetzen. Aber vermutlich kann man bald nicht mehr sagen, woher ein Jugendlicher seine Ausländerfeindlichkeit hat – aus einem Video von *Fler* oder von einer indizierten *Landser*-CD. In den Kinderzimmern wird beides gehört. Die Grenzen zwischen rechts und nicht-rechts sind längst gefallen. Und damit auch die Tabus. Eine Ächtung des rechten Weltbildes ist kaum noch möglich.

Oft treffe er sogar Schüler, die *Landser* ebenso toll finden wie *Die Ärzte*, sagt David Begrich, der als Mitarbeiter einer Magdeburger Anti-Rechts-Initiative durch Schulen tourt. Viele Jugendliche hätten offenbar jegliche Bewertungsmaßstäbe verloren – oder sie hatten nie welche gelernt. So ist es kein Wunder, dass Versatzstücke des Rechtsextremismus in die Mitte der Gesellschaft vordringen. Als er in einem Sommerlager der Landjugend war, erzählt Begrich, kam man ganz nebenbei auf »die Juden« zu sprechen, und da meinte ein Junge, der bis dahin durchaus engagiert gegen rechte Ideen gestritten hatte, »die« hätten ja wirklich »zu viel Macht«, »die« sollten »nicht so viel jammern«, ihm gehe es auch schlecht. Begrich war offenbar der Erste, der ihm je widersprochen und darüber diskutiert hat, kein Lehrer, kein Elternteil hatte es zuvor getan.

Auf vielen Schulhöfen in der ostdeutschen Provinz sind antisemitische und fremdenfeindliche Klischees inzwischen Konsens, aber auch im Westen sieht es oft nicht anders aus. Reiner Becker arbeitet in einem Jugendzentrum im hessischen Dillenburg. Vor Jahren hatte es dort eine rechte Skinhead-Clique gegeben. Die habe sich inzwischen aufgelöst, sagt Becker, aber wenn er heute mit äußerlich ganz normalen Kids am Kickertisch stehe und die sich beschimpfen, erzählt er, dann brüllten die: »Du Jude!«

Man sollte meinen, solche Entgrenzung lässt die Strategen der extremen Rechten jubeln. Doch kam es in der Neonazi-Szene bereits zu erbittertem Streit darum, wie weit die Annäherung an die Stile der Mehrheit – und damit der Abschied vom eigenen Stil – gehen dürfe. Die inzwischen verbotene Kameradschaft Tor aus Berlin-Lichtenberg kopierte ganz bewusst die Ästhetik der linken Autonomen. Ihre Mitglieder kamen als Schwarzer Block zu rechten Demos, ihre Flugblätter waren denen der Antifa täuschend echt nachempfunden. Am Tag des Richtfestes für das Berliner Holocaust-Mahnmal zogen sie in topmodischen Outfits und mit einem poppigen Transparent über den Alexanderplatz, zitierten darauf einen *Wir sind Helden*-Hit: »Hol den Vorschlaghammer – Sie haben uns ein Denkmal gebaut«. Wenn man nicht gleich als Nazi erkannt werde, so ihre Argumentation, könne man viel mehr erreichen – gerade in der Großstadt. Dafür wurden sie in der Szene scharf angegriffen. Durch die Vielfalt im Äußeren gehe die Einheit der Bewegung verloren, argumentierte etwa Christian Worch. Nach einer Demonstration beschwerte er sich: »Wir brauchen … keinen Schwarzen Block in unserem Zug, denn unser Zug ist EIN Block.«[167]

Das ist die Kehrseite der immer weiteren Ausbreitung der rechten Erlebniswelt: Die ideologischen Inhalte werden zugleich verwässert. Kultur kann zwar Elemente aus einem Parteiprogramm transportieren – aber auch nicht mehr. Heute ist der Einstieg in die rechte Szene viel leichter – zugleich aber auch der Ausstieg. Früher blieb, wer einmal bei der Wiking-Jugend oder in der Skinhead-Szene gelandet war, in der Regel für mehrere Jahre. Er wurde dort dauerhaft geprägt, bekam ein geschlossenes Weltbild vermittelt – und wechselte hinterher in andere rechtsextreme Organisationen, oft in die NPD. Heute ist die Verbindlichkeit gesunken, in einigen Provinzkameradschaften macht sich wegen der Kurzlebigkeit des Engagements bereits das Fehlen erfahrener Kader bemerkbar. Für eine Bewegung oder eine Partei, die einen völkischen Staat propagiert, ist es ein schwerwiegendes Problem, wenn ihr die Homogenität abhanden kommt. Zwar sickern Teile ihrer Ideologie in die Gesamtgesellschaft, aber ihrem eigentlichen Ziel kommen sie dadurch nicht wirklich näher.

So mokierte sich die Nazi-Veteranin Ursula Haverbeck nach dem Rudolf-Hess-Gedenkmarsch 2004 über das Äußere der rechten Jugend von heute. In einer Art Theaterstück schrieb sie nieder, was der tote Hess ihrer Meinung nach über das Äußere der Demonstranten sagen würde: »Junge Deutsche würden sich nicht nach ihren Feinden richten. Sie würden ganz normal und korrekt aussehen, nur eben besonders ordentlich und sauber und in gebügelten Hemden. Und dann dieses schreckliche Tam-Tam-Tam der Urwaldtrommeln, das sogar noch Volksliedern unterlegt wurde. Überhaupt die Musik bei dem sog. Trauermarsch war ein Trauerspiel. Wenn ich da an unsere Spielmannszüge denke.«[168]

Christian Worch, obwohl fast 30 Jahre jünger, klang ähnlich, als er sich über moderne Kleidung, Tattoos und Piercings auf einer von ihm angemeldeten Demonstration beschwerte: »Solange Befindlichkeitsmode und teilweise grobe Entstellungen von Gesicht und Körper mithilfe von Formen primitiver Stammeskulturen das Bild einer Versammlung zumindest deutlich sichtbar ausmachen, wird sich niemals auch nur eine erkennbare Gruppe ... abseits stehender Deutscher in unserer Mitte einfinden.«[169] Dass ein lockerer Stil im Gegenteil sogar anziehend wirkt, kann sich Worch offenbar nicht vorstellen. Er sieht nur, wie ihm die Popkultur seine schöne, völkische Bewegung kaputtmacht.

Die harten Nazis scheinen vom eigenen Erfolg überrollt. Die rechte Jugendkultur hat sich verselbstständigt. Eine gute Nachricht ist das nicht.

Bluten für Deutschland

Die NPD lebt von der Opferbereitschaft
ihrer Mitglieder – und vom Geld des
Staates, den sie bekämpft

Die Finanzen der NPD waren lange Zeit eine traurige Geschichte. Über Jahrzehnte balancierte die Partei am Rande der Pleite. Sie wäre längst tot ohne den Opferwillen ihrer Mitglieder. Und sie wäre handlungsunfähig ohne das Geld vom Staat, gegen den sie voller Verachtung kämpft. Doch dank des Wiederaufstiegs in den vergangenen zehn Jahren sind die Kassen der Partei heute gut gefüllt.

Wenn es so etwas gibt wie das finanzielle Geheimnis der NPD, dann ist es die Motivation ihrer Mitglieder. Sie sehen sich als Kämpfer für eine große Sache, manchmal erinnern sie an die Jünger einer Sekte. Sie spenden, obwohl die meisten selbst nicht viel haben; wenn es sein muss, geben sie sogar ihr Blut. Vor der Hamburger Bürgerschaftswahl 1966 gingen 80 von damals 500 NPD-Mitgliedern in der Hansestadt zur Blutspende und legten den Erlös, 145 Mark, in die Parteikasse.

Es gab wohl kein Jahr in der Geschichte der Partei ohne Bettelbriefe an die Mitglieder. In ihrer Not ließ sich die NPD-Spitze immer neue Mittel einfallen, die Spendenbereitschaft anzuspornen. In den Anfangsjahren verkaufte sie »Aufbauzertifikate«, prägte Silbermünzen, ließ sich sogar die Parteiabzeichen bezahlen (Preis 2 Mark, Selbstkosten 38 Pfennig).

Damals verlangte sie sogar Eintritt für ihre Wahlkampfreden, und die Anhänger bezahlten gern.

»Wir brauchen Geld. Solches ist nie leichter und reichlicher zu erhalten als in der Summe aller Veranstaltungen«, lautete die sechste von »Zehn eisernen Regeln zu der Vorbereitung und Durchführung von Versammlungen«, die der Propagandachef der NPD (und NSDAP-Veteran), Otto Heß, 1966 an die Parteigliederungen schickte. »Am besten fordert der Redner auf, nicht das bekannte dämliche ›Scherflein‹ zu geben, sondern ein echtes Opfer, mit dem der Einzelne über sich selbst hinauswächst und ohne welches noch nie in der Geschichte Bedeutendes erreicht worden ist. Die Sammlung muss in der Pause *sofort* nach der Rede erfolgen. Das bedeutet: in derselben Sekunde, in der der Redner schließt. ... Aufpassen und nicht schlafen! Unzählige Male haben Besucher berichtet, dass der Sammler weitereilte, während sie gerade nach dem Geldbeutel griffen. Es ist nun einmal so: In der minuziösen Vorbereitung liegt der Erfolg! ... Wenn ein Freund bereit ist, einen Schein zu geben, und dies bekannt ist: Beginnen Sie bei ihm zu sammeln, damit die anderen wissen, dass es erlaubt ist, auch größere Beträge zu stiften. Ein erfreuliches Ergebnis muss danach in freudigem Tonfall bekannt gegeben werden!«[170]

Der schnelle Aufstieg Ende der sechziger Jahre spülte der NPD beträchtliche Summen in die Kassen. 1968 verfügte sie über Einnahmen von 3,86 Millionen Mark – fast die Hälfte davon stammte aus Wahlkampfkostenerstattungen, knapp eine Million Mark aus Spenden und mehr als 600 000 Mark aus Mitgliedsbeiträgen.

Die Bundestagswahl 1969 überstand die NPD noch ohne größere Schulden, aber das miserable Abschneiden 1972 stürzte die Partei in den Ruin – und lähmte sie für die folgenden 20 Jahre. Intern hatte man mit zwei Prozent der Wählerstimmen gerechnet und darauf die Finanzplanung aufgebaut. Die NPD bekam letztlich nur 0,6 Prozent und musste deshalb fast zwei Millionen Mark Vorschüsse aus der Wahlkampf-kostenerstattung zurückzahlen. Den Berg von Schulden bei Bund und Ländern konnte die Partei nur in Miniraten abtragen. Noch 1981 stand sie zum Beispiel beim Land Schleswig-Holstein mit 72 000 Mark für Vorschüsse in der Kreide, die sie zehn Jahre zuvor bekommen hatte; jeden Monat zahlte die NPD 500 DM zurück.

Die bescheidenen Erfolge bei der Europawahl 1984 (0,8 Prozent) und der Bundestagswahl 1987 (0,6 Prozent) verschafften der NPD vorübergehend etwas Luft, doch nach dem miserablen Resultat von 1990 (0,3 Prozent) rutschte die Partei wieder in die roten Zahlen.[171] Generalsekretär Ulrich Eigenfeld sagt rückblickend, Bund und Länder hätten immer genauso hohe Raten gefordert, »dass die Partei existieren, aber nicht leben konnte«.

Unschuldig an ihrer finanziellen Misere war die NPD nicht. Lange Zeit war sie schlecht gemanagt, immer wieder wirtschafteten Funktionäre in die eigenen Taschen. Nach jedem Führungswechsel wurden Vorwürfe der Misswirtschaft laut. Als etwa Günter Deckert den Vorsitz übernahm, hielt er seinen Vorgängern ihre enormen Gehälter und Reisekostenabrechnungen vor. Nach Deckerts Abwahl wiederum setzte der Parteivorstand extra eine »Untersuchungskommission« ein. In deren Bericht war 1997 nachzulesen, dass Deckert sich aus einer Erbschaft ein Ferienhaus in dem malerischen Fischerdorf Scilla in Kalabrien gesichert habe, das eigentlich der Partei zugedacht gewesen sei. Auf die Forderung, er solle mit der NPD einen Nutzungsvertrag abschließen oder das Haus wenigstens nach seinem Tode der Partei überlassen, »reagierte Deckert abschlägig«, er habe mitgeteilt: »Sein Nachlasserbe sei seine Tochter und nicht die NPD.« Der ganze Vorgang, so die kühle Bewertung durch die Kommission, »muss für die NPD unbefriedigend sein«.[172]

Die einfachen Mitglieder dagegen zahlten treu – auch wenn sie immer wieder in Bitt- und Mahnbriefen daran erinnert werden mussten. Obwohl sie ab 1969 immer weniger wurden, blieb die Gesamtsumme ihrer Beitragszahlungen relativ konstant, nur zweimal in den siebziger und achtziger Jahren sank sie unter eine halbe Million Mark (und die Summe der Spenden stieg sogar deutlich an).[173] Je weniger Mitglieder die NPD hatte, desto mehr gab der Einzelne. Das ist bis heute so. Obwohl Republikaner und DVU mehr als doppelt so viele Mitglieder haben, liegen dort die Beitragseinnahmen deutlich unter denen der NPD. Im Jahr 2000 zum Beispiel zahlte das durchschnittliche NPD-Mitglied 71,31 Euro Beitrag. Die Republikaner nahmen pro Kopf nur gut 30 Euro ein. Die vom Multimillionär geführte DVU kassierte nicht einmal 14 Euro.

Dabei ist die NPD alles andere als eine Partei der Besserverdienenden: 40 Prozent der Mitglieder, so eine interne Statistik für das Jahr 2002, sind Arbeiter und Handwerker, deren Einkommen in der Regel niedrig sind.[174] Ein großer Teil der NPDler ist außerdem in einem Alter, in dem noch nicht so gut verdient wird. 42 Prozent der Mitglieder sind jünger als 30 Jahre, das Durchschnittsalter der NPD liegt bei 37 Jahren (und damit unter dem der anderen Parteien; bei der CDU zum Beispiel ist das durchschnittliche Parteimitglied deutlich älter als 50 Jahre).

Im NPD-Landesverband Bayern zahlen nach Erkenntnissen des dortigen Verfassungsschutzes mehr als ein Fünftel der Mitglieder nur den »Sozialbeitrag« von 3,50 Euro pro Monat. In der Frühzeit der NPD sah das noch anders aus, da war sie eine Partei des unteren Mittelstandes. Immerhin sechs Prozent der Mitglieder kamen 1967 aus dem öffentlichen Dienst, auch wegen der vom Staat ausgesprochenen Berufsverbote für Mitglieder verfassungsfeindlicher Organisationen ist diese Gruppe im Laufe der siebziger Jahre fast vollständig aus der Partei verschwunden.

Viele kleine Spender –
aber auch ein paar große

Obwohl die NPD das bundesrepublikanische »System« verachtet, hat sie keine Skrupel, Geld von ihm anzunehmen. In den sechziger Jahren noch klagte sie gegen die staatliche Parteienfinanzierung, polemisierte gegen die anderen »Steuergeldparteien«, ihre Abgeordneten waren 1967 im Landtag von Rheinland-Pfalz die Einzigen, die das Gesetz über die Wahlkampfkostenerstattung ablehnten. Doch die öffentlichen Gelder wurden schnell zu einer wichtigen Säule der Parteifinanzen. Fast zwei Drittel ihrer Einnahmen, knapp 4,5 Millionen Mark, erhielt sie 1969 aus dieser Quelle.

Für Udo Voigt war es nach seinem Amtsantritt eines der wichtigsten Ziele, bei der Landtagswahl 1998 in Mecklenburg-Vorpommern die Ein-Prozent-Hürde zu überspringen – danach bekam die Partei erstmals seit Jahren wieder Geld vom Staat. Damit, und dank der steigenden Mitgliederzahlen, haben Voigt und sein neuer Schatzmeister Erwin Kemna die NPD in jenen Jahren finanziell auf sichere Füße gestellt. Bis zum Jahr 2000 hatten sich die Gesamteinnahmen der Partei gegenüber 1996 bereits mehr als verdoppelt (auf zwei Millionen Euro). Dadurch konnte die NPD im Jahr 2000 fast in dreimal so viel Aktionen und Propaganda investieren wie noch 1996 (999 000 Euro statt 364 000 Euro). Auch die Ausgaben für Personal verdreifachten sich in diesem Zeitraum.

Im Jahr 2003 (dem letzten, für das offizielle Zahlen vorliegen) machten öffentliche Zuschüsse etwa ein Viertel des NPD-Budgets aus. Dank der Wahlerfolge von 2004 sind sie noch einmal kräftig gestiegen: Die Stimmengewinne bei der Europawahl und den Landtagswahlen in Thüringen, im Saarland und in Sachsen bescheren der NPD in diesem Jahr mehr als 400 000 Euro von Bund und Ländern.[175] Die Zahl der hauptamtlichen Mitarbeiter in der Berliner Parteizentrale wurde daraufhin noch einmal aufgestockt, von sieben auf jetzt zehn.

Und das sind nur die direkten Zuschüsse. Wie alle anderen Parteien ist auch die NPD von der Erbschafts- und Schenkungssteuer befreit. Zudem legt der Staat (innerhalb gewisser Grenzen) auf jeden Euro, den die Partei an Spenden und Mitgliedsbeiträgen einnimmt, noch einmal 38 Cent drauf – das bringt jährlich Hunderttausende Euro. Außerdem können Spender und Mitglieder durch die Gaben ihre Steuerlast mindern. Damit wirbt die NPD auch ungeniert, zum Beispiel auf der Internetseite des Kreisverbandes Göttingen. Dort antwortet die Partei auf fiktive Fragen möglicher Sympathisanten: »Ich möchte gern spenden, aber Vater Staat soll mitspenden, d. h. ich möchte das steuerlich absetzen. Geht das? – Ja. Von den Spenden und Mitgliedsbeiträgen bekommt man praktisch die Hälfte wieder! – Aber dann erfährt das ja das Finanzamt! – Die schweigen wie ein Grab. Deutsche Beamte sind anständig.«[176]

Den größten Teil ihrer Spenden bekommt die NPD von den eigenen Mitgliedern. Es sind meist kleine Beträge, mal 50 Euro, mal 100; eine Summe von 500 Euro, sagt ein Kreisvorsitzender, sei bereits außergewöhnlich. Großspenden aus der Wirtschaft, über die gern spekuliert wird, bekam und bekommt die NPD nicht – weder heute, wo sie auf antikapitalistischem Kurs ist, noch in ihrer bürgerlich-konservativen Frühzeit in den sechziger Jahren. Damals standen die Unternehmer Rudolf August Oetker und Carl Underberg im Verdacht, Förderer zu sein. Aber beide haben stets und glaubhaft dementiert.

Die kommunistische These, die Faschisten würden vom Großkapital finanziert, stimmt zumindest für die NPD nicht. Im Gegenteil. Die deutsche Industrie hat seit dem Zweiten Weltkrieg dank ihrer europäischen und internationalen Einbindung überhaupt kein Interesse an einer Partei wie der NPD. Schon in den sechziger Jahren warnten die Wirtschaftsverbände ihre Mitglieder: »Das Auftreten rechtsradikaler Bestrebungen hat bereits in der jüngsten Vergangenheit teilweise zu Schwierigkeiten für exportierende Firmen geführt. Der Inseratenteil rechts-extremistischer Publikationen wird im Ausland sorgfältig beobachtet.«[177]

Wolfgang Frenz, der lange Jahre im Landesvorstand NRW saß und 2002 als V-Mann des Verfassungsschutzes aufflog, berichtet in seinen Memoiren vom Geschäft der Spendenakquise – es war schon in den Anfängen mühsam, trotz des betont bürgerlichen Auftretens der Partei. Ein pensionierter General fuhr als Werber »gegen Zahlung einer Provision die großen Unternehmen an Rhein und Ruhr ab, um Spender für die NPD zu gewinnen, was nur selten gelang«.[178] Lediglich »aus der Privatschatulle« hätten einige Unternehmer etwas gegeben, so Frenz. Als Vehikel für die Spendensammlung habe man in Köln einen Verein zur Wiedererlangung der besetzten Ostgebiete und Kriegsursachenforschung e.V. gegründet, der als gemeinnützig anerkannt wurde. Frenz lässt in seinen Schilderungen einige Namen aus dem Management der Ruhrchemie oder von Thyssen fallen – aber durchschlagenden Erfolg, das klingt aus seinen Schilderungen deutlich heraus, hatte die NPD mit alldem nicht. Die einzigen Summen, die Frenz stolz erwähnt, sind zweimal 10 000 Mark, die er aus seinen V-Mann-Honoraren an die Partei spendete.

In den ersten Jahren ihres Bestehens hatte die NPD einige solvente Persönlichkeiten in ihren Reihen. Der erste Vorsitzende, Friedrich Thielen, war ein wohlhabender Betonfabrikant aus Bremen. Den Hamburger Landesverband führte ein Reeder, im Saarland hatte der Chef einer Versicherungsagentur den Vorsitz inne, der erste bayerische Landeschef Franz Florian Winter besaß eine Wurstfabrik.

Auch in jüngerer Zeit sind unter den NPD-Funktionären etliche Firmeninhaber. Doch wirklich reich ist niemand von ihnen, ihre Unternehmen sind Klein- und Kleinstbetriebe, die keine Riesengewinne abwerfen, aber den Parteikadern wirtschaftliche Unabhängigkeit sichern – kein Arbeitgeber kann sie wegen des Engagements in der NPD unter Druck setzen oder gar entlassen. So baute Parteichef Voigt nach seinem Abschied aus der Bundeswehr gemeinsam mit seiner Frau eine Textilreinigung auf. Udo Holtmann, viele Jahre NRW-Landeschef und Mitglied des Bundesvorstandes, verdiente seinen Lebensunterhalt mit einer Druckerei in Bochum (und als V-Mann des Bundesamtes für Verfassungsschutz). Der Vorsitzende des Landesverbandes Schleswig-Holstein, Uwe Schäfer, betreibt in Plön einen Kaffee- und Süßwarenvertrieb. Manfred Börm, Mitglied des Bundesvorstandes und Chef des NPD-Ordnungsdienstes, hat eine kleine Baufirma in der Lüneburger Heide. Der Neonazi und zeitweilige Landeschef von Sachsen-Anhalt, Steffen Hupka, betreibt im Harz einen Dachdeckerbetrieb. Bundesvorstandsmitglied Thorsten Heise lebt von einem rechten Musikversand.

Die Personen, die der NPD in den vergangenen Jahren größere Summen vermacht haben, lassen sich an zwei Händen abzählen. Aus den jährlichen Finanzberichten, die jede Partei beim Bundestag einreichen muss, gehen ihre Namen hervor. Es sind bewährte Kader und langjährige Mitglieder, zum Beispiel Udo Voigt (1997 – 20 829,52 DM), der Schatzmeister des Bundesverbandes Erwin Kemna (1997 – 23 550,– DM), der frühere Landesvorsitzende von Sachsen-Anhalt, Frank Kerkhoff (2001 – 50 722,22 DM), oder Friedrich Preuß, Vorstandsmitglied in Niedersachsen (2002 – 10 066,10 Euro).

Immer wieder bittet die NPD in der *Deutschen Stimme* darum, man möge sie in Testamenten bedenken. Mit Erfolg. Schon Mitte der neunziger Jahre vermachten zwei Schwestern aus dem schwäbischen Eningen der NPD 405 000 Mark in bar und eine Villa im Wert von zwei Millionen Mark – die Parteizeitung bejubelte die Erbschaft als »Geschenk der Götter«, die Partei war dadurch mit einem Schlag ihre Altschulden los. Bereits in den achtziger Jahren hatte die Partei ein Ferienhaus im norditalienischen Iseo bekommen, das sie jahrelang für Kaderschulungen in angenehmem Ambiente nutzen konnte. Mit dem Geld eines 2002 verstorbenen Rentners aus Stuttgart legte sich die NPD in Berlin-Köpenick eine Immobilie zu – an der Fassade der Parteizentrale steht ihm zu Ehren nun »Carl-Arthur-Bühring-Haus«. Und eine langjährige NPDlerin hat ihrer Partei zwei Grundstücke in Derschen im Westerwald überschrieben.[179]

Der mit Abstand großzügigste Gönner der letzten Jahre heißt Wolfgang Schüler. Seit 1997 hat er der NPD mehr als 300 000 Euro gespendet.[180] Außerdem hält er knapp ein Viertel des Grundkapitals des *Deutsche-Stimme*-Verlags, immerhin 53 000 Euro.[181] Im Jahr 2000 gewährte er der Parteizeitung außerdem ein Darlehen über 35 000 DM.[182] Ein Amt in der NPD hat Schüler nicht, Anfang der neunziger Jahre war er für kurze Zeit Vize-Chef der sächsischen DVU. Heute ist er 72 Jahre alt, als Beruf gibt er »Kaufmann« an. Eine geerbte Immobilie in der Leipziger Innenstadt hat ihn zu einem wohlhabenden Mann gemacht.[183]

Schüler wohnt in einem unauffälligen Häuschen im Leipziger Vorort Böhlitz-Ehrenberg, an seinem Briefkasten steht kein Name. Den Vorgarten schmückt Wacholder, die Auffahrt ist akkurat gepflastert, die Eingangstür blumenüberrankt. Schülers Ehefrau öffnet, nein, ihr Mann gebe keine Interviews. Ja, bestätigt sie, »er war Spender«. Er habe auch »weiter mit der Partei zu tun«, aber Geld gebe er nicht mehr. Ein Insider berichtet, Schüler sei eng befreundet mit dem stellvertretenden Landeschef Jürgen Schön. Doch der ist in der Partei umstritten, sein Einfluss sinkt seit ein paar Jahren. Das könnte ein Grund sein für Schülers Zurückhaltung.

Die sächsische NPD wird es verschmerzen, sie hat seit September 2004 zwölf neue Großspender: ihre Landtagsabgeordneten. Wie schon in den sechziger Jahren (und auch bei anderen Parteien üblich), führen die NPD-Mandatsträger einen Teil ihrer Diäten an die Landespartei ab. In Sachsen liegt der Satz bei rund 15 Prozent. Das ergibt pro Jahr mehr als 90 000 Euro – für die sächsische NPD eine enorme Summe, das Anderthalbfache dessen, was sie 2002 insgesamt an Spenden hatte einwerben können. Über die ganze Legislaturperiode kommt so eine knappe halbe Million zusammen, nach Angaben aus der Partei soll ein Großteil zurückgelegt werden für den Landtagswahlkampf 2009. Einige der Abgeordneten sind noch freigiebiger, sie sponsern hier eine Busfahrt, dort einen Grillabend. »Vor zwei Jahren bin ich noch Sozialhilfeempfänger gewesen«, sagt etwa der Abgeordnete Klaus-Jürgen Menzel. Er komme locker »mit einem Zwanzigstel« seiner Diäten aus.

Germanenschmuck, Hess-Videos, eine Schreibtisch-Flak

Siechtum und Wiederaufstieg der NPD lassen sich anschaulich an ihrer Zeitung und deren Verlag nachvollziehen. Die Deutsche Stimme Verlagsgesellschaft mit beschränkter Haftung wurde 1976 gegründet, zu einer Zeit, als sich die Partei grundsätzlich neu ausrichtete. Die früheren Partei-Zeitungen *Deutsche Nachrichten* und *Deutscher Kurier* waren eingegangen oder hatten sich von der NPD entfernt. Der Verlag war und ist bis heute formal unabhängig, für das Gründungskapital von 20 000 Mark legten 18 Persönlichkeiten aus der NPD zusammen, darunter Parteichef Mußgnug und sein Generalsekretär Walter Seetzen, die NPD-Ideologen Prof. Dr. Ernst Anrich und Dr. Felix Buck sowie etliche Landesvorsitzende, zum Beispiel Walter Bachmann (Bayern), Alfred Behr (Niedersachsen), Horst Jürgen Fuhlrott (Hessen) und Gerhard Gebauer (Hamburg). Bereits damals beteiligt war der Steuerberater Eberhard Müller aus dem baden-württembergischen Köngen, der bis heute alle Finanzberichte der NPD als Wirtschaftsprüfer gegenzeichnet.[184] Die ersten Ausgaben der *Deutschen Stimme* hatten noch eine Auflage von 100 000

Exemplaren, aber das Blatt war – trotz stetig steigender Abo-gebühren – immer ein Verlustgeschäft.

Im September 1984 fasste Müller die zersplitterten An-teile in seiner Hand zusammen, es ist anzunehmen, dass er bis heute als Treuhänder von Personen fungiert, die lieber im Hintergrund bleiben möchten. Jedenfalls wurde in Müllers Namen mehrfach Geld nachgeschossen, mal 50 000 Mark, mal 75 000 Mark, 1995 sogar 130 000 Mark. Heute beträgt das Stammkapital der GmbH 219 000 Euro. Bleibende Werte hat der Verlag mit dem Geld nie geschaffen, eine Druckerei zum Beispiel hat er nie aufgebaut; die größte Maschine, die er besitzt, ist ein Risograph-Kopierer.

Der Druckauftrag für die Parteizeitung wurde immer an Fremdfirmen vergeben. Im Mai 2005 sorgte die Meldung, die NPD lasse im polnischen Jelenia Gora drucken, im säch-sischen Landtag für große Belustigung, hatte sie doch im Wahlkampf plakatiert: »Grenzen dicht für Lohndrücker«. Aber neu ist der Gang ins Ausland nicht. Anfang der neunzi-ger Jahre wurde die *Deutsche Stimme* sogar in Litauen und Weißrussland produziert, intern klagte die Partei über die »Steinzeittechnik« der dortigen Druckereien und die »Mafia-Art« ihrer Geschäftspartner.[185]

Die *Deutsche Stimme* war damals ein jämmerliches Blatt. Sie umfasste nur acht Seiten, mehrfach reichte es nur zum zweimonatlichen Erscheinen, im letzten Quartal 1993 gab es sogar überhaupt keine Zeitung. Der Inhalt erschöpfte sich damals in lausig geschriebener Propaganda und verzwei-felten Erfolgsmeldungen aus der Partei. Größeren Raum nah-men Annoncen von Deckerts privatem Reiseunternehmen ein.

Das änderte sich 1996, als Holger Apfel, damals 29 Jah-re alt und ein aufstrebender Kader des Jugendverbandes JN, die *Deutsche Stimme* übernahm. Er war ausgebildeter Ver-lagskaufmann und hatte seinen alten Job zugunsten der Par-teizeitung gekündigt. Bereits im Jahr darauf erschien das

Blatt wieder in größerem Format, im Oktober 1997 hatte es erstmals wieder 16 Seiten. Apfel hat die Redaktion aufgestockt, die Texte wurden anspruchsvoller. Mit sicherem Gespür für den Geschmack seiner Leserschaft richtete er auch eine feste Seite ein, auf der der Neonazi Ralph Tegethoff jeden Monat Leben und Werk von SS-Obersturmführern und Wehrmachtsgeneralen ausgiebig würdigen darf.

Im Jahr 2000 verlegte die *Deutsche Stimme* ihren Sitz nach Riesa, was die Strukturen der sächsischen NPD stärkte und für Apfel selbst zum Sprungbrett in den Landtag wurde. Er hat den Verlag zu einem florierenden Unternehmen mit zehn Angestellten gemacht. Das jährliche Pressefest ist in den vergangenen Jahren mit Tausenden von Besuchern zum größten Treff der gesamten extremen Rechten geworden.

Apfel baute auch das Versandgeschäft aus, zusammen mit Jens Pühse, der seine Karriere einst bei der verbotenen Nationalistischen Front begann und Mitte der neunziger Jahre einer der großen rechtsextremen Musikverleger war. Sein Unternehmen »Pühses Liste« wurde in den Parteiverlag integriert. 1999 schluckte die *Deutsche Stimme* für 285 000 Mark außerdem den Donner-Verlag aus Lüdenscheid, dessen Inhaber wegen Volksverhetzung verurteilt und daraufhin mit Gewerbeverbot belegt worden war.[186]

In dicken Hochglanzkatalogen bietet der NPD-Versand heute alles, was das rechte Herz begehrt: die Reichskriegsflagge als Gürtelschnalle, nostalgische Emailleschilder aus dem Dritten Reich (»Swing tanzen verboten! – Reichskulturkammer«), die Nachbildung einer deutschen Flugabwehrkanone (»aus schwerem Metall, Geschütz beweglich, Gewicht: 2 kg«), germanischen Schmuck, bronzene Wikingerbüsten und Trinkgefäße aus Rinderhorn (»Trinken Sie Ihren Met wie die alten Germanen«). Im Buchprogramm finden sich SS-Biographien und antisemitische Pamphlete. Es gibt Videos über Rudolf Hess (»Märtyrer des Friedens«) und eine Reise durchs Reich von 1934 (»Deutschland, bevor die Bomben fielen«). In der Musiksparte gibt es harten Rechtsrock, aber der Verlag empfiehlt besonders die »Balladen des nationalen Widerstandes, Teil 1« (»Elf durch und durch nationalistische Lieder voller Hingabe bezeugen, dass die hier vertretenen Liedermacher nicht nur von Deutschland reden bzw. singen, sondern auch in der politischen Praxis zu handeln wissen«). Ein Ladengeschäft im Verlagsgebäude in Riesa hält eine kleine Auswahl zum Mitnehmen bereit.

Dieser Devotionalienhandel ist offensichtlich sehr profitabel. Anders als in den Jahrzehnten zuvor fährt die *Deutsche Stimme* unter Apfel Gewinne ein: 1997 waren es gut 30 000 Mark, 1998 etwas über 15 000 Mark, 1999 und 2000 dann jeweils rund 50 000 Mark. Der Verlustvortrag von über 240 000 Mark, den der Verlag noch 1997 in den Büchern hatte, wird Schritt für Schritt abgebaut. Schon 1999, drei Jahre nach Apfels Antritt bei der *Deutschen Stimme,* lobte Udo Voigt, dass der Verlag nun »das 50- bis 100fache umsetzt wie vor seiner Zeit«.[187] In jenem Jahr betrugen die Umsätze mehr als 2,5 Millionen Mark. 2000 waren sie bereits auf 3,3 Millionen gestiegen. Wohl wegen des Verbotsverfahrens gegen die NPD sanken die Umsätze dann wieder und haben sich jetzt bei gut 1,2 Millionen Euro eingependelt.

Seit März 2005 ist Jens Pühse Geschäftsführer des Verlages, Apfel hat als Fraktionsvorsitzender im sächsischen Landtag mehr als genug zu tun. Auch der langjährige Co-Geschäftsführer, NPD-Schatzmeister Kemna, hat sich aus dem aktiven Geschäft bei der *Deutschen Stimme* zurückgezogen, hält aber weiter 56 000 Euro des Grundkapitals. Erwin Kemna, im Hauptberuf Vertreter für Großküchen, war immer eine wichtige Stütze des Verlages, er selbst und eine ihm gehörende Immobilien GmbH gewährten der *Deutschen Stimme* Darlehen in sechsstelliger Höhe.

Die Auflage der *Deutschen Stimme* ist in den vergangenen Jahren stark gestiegen, nach Angaben des Bundesamtes für Verfassungsschutz lag sie 2004 bei 21 000. Für die nächsten Jahre träumt die NPD von einer wöchentlichen Erscheinungsweise, damit könnte sie der *National-Zeitung* von DVU-Chef Gerhard Frey ernsthaft Konkurrenz machen.

Schon heute ist das Blatt für die NPD nicht nur aus finanziellen Gründen wichtig. Die Leserschaft reicht weit über die derzeit etwa 5300 Mitglieder hinaus, so werden Sympathisanten gebunden, mögliche Spender und Erblasser angesprochen. Der Kleinanzeigenteil ist ein wichtiges Medium zur Vernetzung der Szene. Dort gibt es aktuelle Veranstaltungshinweise (»Jeden Montag: Chemnitz, 17.30 Uhr, Mahnwache gegen Hartz IV. Nähere Infos unter Tel. 0174/...«). Andere suchen auf diesem Weg die Liebe (»Echter Deutscher [26] aus Thüringen, sucht schlaues Mädel für schöne Zweisamkeit«) oder einen neuen Job (»Nationalist, 45 Jahre, sucht Anstellung im Wach- u. Sicherheitsgewerbe im Großraum Düsseldorf o. Eisenach/Gotha«).[188] Die Annoncen illustrieren auch, wie die Finanzierung der Rechten jenseits von Parteien und Organisationen funktioniert: Wohlhabende Kameraden vergeben private Darlehen an Aktivisten. Auf diese Weise hat zum Beispiel ein nach Spanien ausgewanderter Altnazi dem zeitweiligen NPD-Bundesvorstandsmitglied Steffen Hupka ein Haus im sachsen-anhaltischen Trebnitz finanziert, das zu einem nationalen Schulungszentrum ausgebaut werden sollte.

Viele westdeutsche Nazi-Kader sind in den letzten Jahren in den Osten gezogen, dort locken niedrige Immobilienpreise und ein großes politisches Potenzial. Zwei Funktionäre der Jungen Landsmannschaft Ostpreußen (JLO) erwarben einen Bauernhof in Steinbrücken bei Halle.[189] Hamburger Neonazis um Thomas Wulff bauen in der Nähe von Boizenburg in Mecklenburg-Vorpommern ein Haus aus. Ähnliche Projekte wurden aus Jena, Sangerhausen und der Sächsischen Schweiz gemeldet. Aber nicht immer wird aus hochfliegenden Plänen Realität, oft mangelt es an Geld, Geduld und Managementgeschick.

Dass sich über rechte Netzwerke aber durchaus größere Summen mobilisieren lassen, hat nicht zuletzt die NPD mehrfach bewiesen, durch die Geschichte der *Deutschen Stimme* zum Beispiel oder ein Immobilienprojekt in der Altmark (Sachsen-Anhalt), für das im Jahr 1994 Anteilsscheine an Parteimitglieder verkauft wurden; 240000 Mark kamen so zusammen.[190] Das Projekt, damals von Günter Deckert vorangetrieben, scheiterte letztlich an Problemen mit der Treuhandanstalt. Als Privatmann besitzt Deckert heute ein Haus im sächsischen Gränitz, das er politisch nutzen will. Außerdem hat er sich eine Immobilie in der NPD-Hochburg Annaberg-Buchholz im Erzgebirge zugelegt. »Man bekommt nirgendwo so billig Grund und Boden wie in den neuen Ländern«, sagt er ganz offen.

Gut möglich also, dass auch dieses Inserat aus der *Deutschen Stimme* 5/2005 Erfolg hat: »Suche auf diesem Weg einen Sponsor/Geldgeber! Möchte eine Gaststätte aufbauen, in der sich nur deutsche Kameraden treffen können. Bitte nur ernst gemeinte Angebote, danke! Tel. 0173/...«).

»Rummel ist ganz gefährlich«

Das Leben in einer Stadt,
die zur »National Befreiten Zone«
erklärt wurde

Das Unheimliche sind die kleinen Zeichen, die beiläufigen, solche, die ein Besucher gar nicht bemerken würde. Es ist Samstagnacht, halb zwölf, Doreen will schnell noch ein paar Briefe zum Postkasten bringen. Nur wenige hundert Schritte sind es, einmal quer über den leeren Marktplatz und die Jacobsgasse hinunter. Auf dem Rückweg kommen zwei Autos vorbei, sie fahren dicht hintereinander wie eine Kolonne. Das zweite, ein tiefer gelegter Opel Vectra, bremst, rollt langsam noch einige Meter, stoppt. Die Beifahrertür öffnet sich. Ein junger Mann guckt heraus, er hat sehr kurze Haare. Er mustert Doreen. Ihre Blicke treffen sich. Ein, zwei Sekunden nur. Dann fliegt die Tür wieder zu. Der Wagen fährt mit jaulendem Motor davon, verschwindet hinter der nächsten Häuserecke. »Den kenn' ich«, sagt Doreen. Er kennt sie auch.

Soll man wegen einer solchen Begegnung die Polizei rufen? Muss man Angst haben? Ist die Szene überhaupt der Rede wert?

Ingo sagt, er sei einiges gewöhnt. Diese Rufe: »Scheiß Zecke, wir kriegen dich!« zum Beispiel, die »kennt man ja«. Aber »wirklich gruselig« sei neulich im Gerichtssaal der stechende Blick eines rechten Schlägers gewesen, dazu das feine

Kopfnicken, das er direkt nach dem überraschend harten Urteilsspruch zu ihm herüber auf die Zuschauerbank schickte. Vor ein paar Monaten hatte ein Nazi eine Belastungszeugin auf der Straße abgepasst. Er baute sich vor ihr auf, zog einen Zettel aus der Tasche und las eine Liste mit den Namen all jener vor, die gegen ihn ausgesagt hatten, dazu die Privatadressen. Nichts weiter.

Wurzen ist ein schmuckes Städtchen, 20 Kilometer östlich von Leipzig: gepflasterte Straßen, ein renovierter Marktplatz, ein mächtiger Dom. Man ist sehr stolz darauf, dass der Dichter Joachim Ringelnatz 1883 hier geboren wurde. Im 19. Jahrhundert brummte in Wurzen die Industrie. Zu DDR-Zeiten wurden hier Panzermotoren gebaut, Teppiche gewebt, Kekse gebacken. Nur die Keksfabrik und ein paar mittelständische Metallbetriebe haben die Marktwirtschaft überlebt. Die Arbeitslosenquote liegt heute bei 16 Prozent. Die Jungen, die Aktiven wandern ab. Von einst knapp 20000 Einwohnern sind noch gut 16000 geblieben.

Wird in überregionalen Medien über Wurzen berichtet, dann meist wegen seiner Rechtsextremisten. In den neunziger Jahren gab es offene Straßenschlachten. Aus Angst vor dem rechten Mob wurde damals ein Asylbewerberheim geräumt. Rechte schlugen portugiesische Bauarbeiter zusammen, zerschossen einem halbblinden Obdachlosen das sehende Auge mit einem Luftgewehr. Regelmäßig gab es Rechtsrock-Konzerte, in den städtischen Jugendclubs herrschten Glatzen und Springerstiefel. Die Neonazi-Szene feierte Wurzen damals als erste »National Befreite Zone«. Eine rechtsextremistische Zeitschrift pries die Stadt als »Modell einer gelungenen lokalen Kulturrevolution«.

Der damalige Bürgermeister leugnete, dass es in seiner Stadt überhaupt ein Problem gebe. Bei den Kommunalwahlen 1999 eroberte die NPD einen ersten Stadtratssitz, heute hält sie schon drei Mandate. Bei der Landtagswahl im September 2004 holte die Partei in Wurzen überdurchschnittliche 11,4 Prozent. Während der letzten Haushaltsberatungen ließ sich die CDU von der NPD zur Mehrheit verhelfen. Vor ein paar Monaten haben ein bekannter Parteikader und der Besitzer eines rechten Musikversands ihren Wohnsitz nach Wurzen verlegt. Auf den Straßen ist es inzwischen etwas ruhiger geworden. Laut Polizeistatistik. Sehr langsam fahrende Autos und stechende Blicke zählen darin nicht.

Es gibt viele Möglichkeiten, mit der Angst umzugehen. Doreen, Ingo und ein paar ihrer Freunde beschlossen irgendwann, sich zu wehren, die Stadt nicht einfach den Rechten zu überlassen. Im Herbst 1999 gründeten sie das Netzwerk für Demokratische Kultur e. V. (NDK). Vorher waren sie in einer kleinen Umweltgruppe aktiv, machten in Punkbands Musik, wohnten in einem besetzten Haus – in den Augen der Rechten waren sie allesamt »Zecken«. »Irgendwann merkt man, dass etwas passieren muss«, sagt Frank, einer der Vereinsgründer. Er war eines Samstagnachts in der S-Bahn von Typen mit Springerstiefeln zusammengetreten worden.

Seit 1999 führt die Gruppe akribisch Buch über die großen und kleinen rechtsextremistischen Vorfälle. Allein die Chronik der letzten drei Jahre füllt mehr als 30 Seiten: Ein Schüler ruft in der Sportstunde »Sieg Heil«. Das Schaufenster eines vietnamesischen Gemüseladens geht zu Bruch. Auf einem Spielplatz findet sich neben Hakenkreuzen die Inschrift: »Alle die diesen Platz betreten dürfen sind Marci, Mücke, Nazi, Krufti und Fubu.« Ein Bauwagen, Treffpunkt nichtrechter Jugendlicher, wird angezündet. Zum Fasching verkleiden sich zwei Jungs als Adolf Hitler. Rechte bespucken einen linken Jugendlichen vorm Supermarkt mit Bier. Ein Mann wird von einer Gruppe Skins mit Fäusten und Hämmern attackiert. Vor Gericht erscheint ein Angeklagter mit SS-Tätowierung im Nacken, ohne dass sich jemand daran zu stören scheint. Das Haus eines Libanesen wird beschossen.

195

Ein Junge wird mit antisemitischen Sprüchen beschimpft, seit er einmal seine jüdischen Vorfahren erwähnt hat.

Vielen in Wurzen gelten die Leute vom NDK als Querulanten, als Nestbeschmutzer. Den guten Ruf der Stadt gefährden nicht die Rechtsextremisten, sondern jene, die über sie reden. Lange hat der Oberbürgermeister jeden Kontakt gemieden. Ohne Spenden und andere Unterstützung von außerhalb wäre der Verein längst tot.

Direkt am Bahnhof hat das NDK sein Büro. Es ist voll gestellt mit Naturholzregalen, darin lange Reihen von Aktenordnern, Literatur über Rechtsextremismus, Hannah Arendts *Elemente und Ursprünge totaler Herrschaft*, ein Handbuch *Grundlagen des Marketing*. An der Pinnwand hängt ein Zettel mit polnischen Vokabeln, damit die Verständigung mit dem Praktikanten aus Wrocław besser klappt. Ein Plakat erklärt *Zehn Punkte für Zivilcourage*. Aus unterschiedlichsten Töpfen werden drei Vollzeit- und vier Teilzeitstellen finanziert, daneben fliegt ein Schwarm von Ehrenamtlichen ein und aus.

Beim NDK haben sie erkannt, dass die Rechten erfolgreich in die Jugendkultur eingesickert sind. Sie halten mit Kultur dagegen. Sie organisieren HipHop-Konzerte, damit nicht-rechte Jugendliche auch mal was zu feiern haben. Sie holen Schriftsteller zu Lesungen. Sie bieten Reisen nach Auschwitz an. In einer Selbsthilfewerkstatt können Jugendliche ihr Fahrrad reparieren, in einem Medienlabor das Videofilmen lernen. Zur Fußball-EM 2004 bauten sie auf dem Domplatz eine Leinwand auf, luden alle Wurzener ein und stellten im Rahmenprogramm die neuen EU-Mitgliedsländer vor.

Eines Abends fuhr dort ein Trupp Rechter vor, sprang aus den Autos, randalierte. Einmal bekam das NDK einen Eimer Tapetenleim vor die Tür gekippt, ein andermal flog ein Ziegelstein, ging ein Transparent in Flammen auf. Am 7. November vergangenen Jahres explodierten nachts zwei Rohrbomben am Bürofenster. Das Panzerglas hielt, aber nur, weil die Sprengsätze dilettantisch angebracht waren. Das Landeskriminalamt ermittelt, bisher ergebnislos.

Ingo schweigt erst mal auf die Frage, was sich mit den Bomben geändert hat. »Wir haben uns gesagt, wir müssen ein bisschen vorsichtiger sein«, antwortet er schließlich. Sie säßen jetzt abends »nicht mehr bis ultimo« im Büro, gingen zu zweit oder zu dritt nach Hause. Zwei Mädchen trauen sich seit dem Anschlag nicht mehr in die Räume des Vereins.

Ein nebliger Dezemberabend, das NDK feiert fünften Geburtstag. Vorn im Büro, am gesplitterten Schaufenster, hat eine Band Schlagzeug, Saxophon und E-Gitarre aufgebaut. Neben dem Kopierer steht ein Buffet mit Nudelsalat, Gemüseburgern und selbst gebackenem Kuchen. Dreißig, vierzig junge Leute drängen sich in den Räumen. Eine Hobbypoetin trägt ihre Reime vor. Ein Weihnachtsmann bringt Geschenke für die Gründungsmitglieder. Spät am Abend rufen sie eine ehemalige Praktikantin in Polen an und singen im lauten Chor »Happy Birthday«. Dann tanzen sie bis morgens halb sechs zwischen den Schreibtischen.

Von weit her sind die Leute zum Feiern gekommen. Ein Ex-NDKler arbeitet heute in Berlin beim Auswärtigen Amt. Jan ist aus Frankreich zu Besuch und David aus Bayreuth, wo er gerade seinen Zivildienst ableistet. Michi ist im letzten Sommer nach ihrem Diplom zurück nach Wurzen gezogen. »Wenn es das NDK nicht gäbe, wäre ich nicht wieder hier«, sagt sie. Dies ist der vielleicht größte Erfolg des Vereins: Er hält Jugendliche in der Stadt, die sonst längst geflohen wären. Ohne NDK wäre die rechte Übermacht viel größer.

Mit »den Kurzen«, wie die Rechten wegen ihrer Frisuren hier genannt werden, hatten sie alle schon »Stress«. Mehr oder weniger. Man muss lange bohren, bis sie darüber reden. Erst sagen sie, nein, so krass sei es eigentlich gar nicht. Und jeder kennt jemanden, der bereits Schlimmeres erlebt habe als er selbst. Beiläufig, als sei es ganz normal, erzählen sie dann von den Einschränkungen, mit denen nicht-rechte Jugendliche in Wurzen leben.

David sagt: »Auf den Rummel kannste nicht gehen.«

»Ja«, nickt Paul, »Rummel ist ganz gefährlich.« Auch bestimmte Jugendclubs betrete er nicht. »Ich muss ja nicht noch provozieren.«

Conny sagt, um viele Orte in Wurzen mache man besser einen Bogen, um bestimmte Spielplätze, bestimmte Straßen.

Ingo sagt: »Man ist direkt froh, wenn man abends auf der Straße ältere Leute trifft.« Gruppen von Jugendlichen könnten Schläger sein.

Paul sagt, wer nachts Zigaretten brauche, fahre lieber zur Tankstelle ins nächste Dorf, bei Esso in Wurzen stünden immer die Rechten. Seit er einen Führerschein hat, fühlt er sich besser. Im Auto kann man schneller flüchten.

»Wir sehen halt aus wie typische Opfer«, sagt Frank. Er ist schmächtig, hat eine Nickelbrille und Spaghettihaare.

Vince sagt, ihm werde öfter hinterher gerufen: »Wie siehst du denn aus?« Er ist HipHopper, trägt breite Hosen und eine rote Strickmütze. Vor zwei Jahren fielen in den Jugendclub, wo er gerade Karten spielte, Rechte ein, schlugen mit Eisenstangen alles kurz und klein. »Das kam mir vor wie Krieg«, sagt Vince. Er wurde mit Prellungen und einem Loch im Kopf ins Krankenhaus eingeliefert. Ein Freund erlitt einen Schädelbasisbruch. Über Angst mag Vince nicht reden. Er gibt sich cool. Inzwischen wohnt er in Leipzig, er hat dort eine Lehrstelle gefunden. Zwar gebe es dort auch Rechte, sagt er. »Aber die sitzen *so* in der Straßenbahn!« Vince hockt sich auf einen Stuhl, macht sich ganz klein, senkt den Kopf und schaut auf den Boden.

Vier Wochen sind seit dem Anschlag vergangen, als sie beim NDK das erste Mal in Ruhe über das Leben nach der Bombe zu sprechen versuchen. Aus Berlin ist eine Supervisorin angereist, Heike Barten. Alle Mitarbeiter und Mitglieder des NDK sind zum Nachmittagsseminar eingeladen. Barten hat mit 15 Teilnehmern gerechnet. Zwei Mitarbeiter sagen, sie müssten dringend zu einem Prozess gegen rechte Schläger in die Nachbarstadt. Etliche Leute fehlen ohne Begründung.

Fünf Leute zwischen 20 und 42 Jahren sitzen schließlich in einem Stuhlkreis beisammen. Barten spielt ein paar Minuten sanfte Musik von der Kassette ein. »Der Schreck sitzt uns allen in den Gliedern«, beginnt sie die Sitzung. Mit sonorer Stimme spricht sie von der »Lebenslandkarte«, deren Eintragungen man sich heute genauer anschauen wolle. Reihum sollen die fünf von Angstsituationen aus der Vergangenheit erzählen, gemeinsam werde man überlegen, was sich daraus für die Zukunft lernen lasse. Vor der Tür wird es langsam dunkel.

Drei Stunden lang schildern sie sich gegenseitig Kindheitserfahrungen, Gewalt in der Schule, Konfrontationen mit Rechten und wie sie dabei ihre Ängste bewältigt haben. Eine junge Frau berichtet von einem Angriff betrunkener Faschos auf dem Marktplatz. Eine andere davon, wie sie wegen einer Veranstaltung des NDK vom städtischen Ordnungsamt vorgeladen und dort unter Druck gesetzt wurde. Ein junger Mann erzählt, wie er nach einem rechten Überfall in eine Kreistagssitzung ging, um den Politikern von seiner Angst zu erzählen, wie er da am Mikrofon stand, wie ihm die Stimme wegblieb.

»Und, wie hat der Kreistag reagiert?«, fragt die Supervisorin.

»Es hat niemanden interessiert. Und der Landrat machte ein schiefes Gesicht«, so die Antwort. »Aber uns hat es trotzdem geholfen.«

Die beiden Rohrbomben – der eigentliche Anlass ihres Treffens – werden während des gesamten Nachmittags nicht ein einziges Mal erwähnt. Heike Barten sagt hinterher, »dass der Bewältigungsprozess noch kaum begonnen« habe. Sie hat jahrelange Erfahrung mit Supervision, hat unter anderem in der Polizistenausbildung gearbeitet. »Verdrängen, abspalten, bagatellisieren, Dienst nach Vorschrift, bloß nichts spüren« seien gewöhnliche Reaktionen auf eine außergewöhnliche Bedrohung.

Doreen sagt nach der Sitzung, die Bombe habe sie nicht eingeschüchtert, im Gegenteil, sie habe sie wütend gemacht. »Ich hab keinen Bock mehr, mit Rechten zu diskutieren.« Die kriegten »viel zu wenig Widerstand«. Doreen hat ein rundes Gesicht und dunkle Locken. Sie wirkt mütterlich, die harschen Worte scheinen nicht zu ihr zu passen. Sie ist Referendarin an einer Lernbehindertenschule. Morgens, auf dem Weg zur Arbeit, laufen ihr oft Rechte über den Weg. »Ich möchte denen jetzt am liebsten vor die Füße spucken«, sagt sie. Seit den Bomben gehe sie frontal auf sie zu. »Die sollen *mir* Platz machen. Die sollen merken, dass ich keine Angst habe.«

Doreen ist beim NDK zuständig für die ausländischen Praktikanten. Am Tag nach dem Bombenanschlag schrieb sie eine erklärende Mail an alle Partnerorganisationen. Lange saß sie da vor dem Computer, tippte ein paar Worte, löschte sie, setzte neu an. Auf Englisch, sagt sie, habe alles viel beängstigender geklungen.

Es kamen viele ermutigende Mails zurück. Freunde aus Belfast zum Beispiel schrieben: »Wir sind in Gedanken bei Euch!« In Nordirland hat man Erfahrung mit Bomben.

Man muss lange suchen, ehe man in Wurzen Ausländer findet. Es gibt ein paar Spezialitätenrestaurants, einige vietnamesische Händler. Einer ist vor zwei Jahren aus dem brandenburgischen Schwedt hergezogen und sagt über seine neue Heimat: »Hier sind die Leute nicht so gut.« Jugendliche auf der Straße riefen ihm »schlimme Wörter« zu. Wenn es dunkel sei, setze er keinen Fuß vor die Tür, in der Disko oder in einer Kneipe sei er in Wurzen noch nie gewesen.

Ein paar Häuser weiter ein Gemüseladen. Hier klagt der vietnamesische Inhaber nur darüber, dass die Kunden immer weniger Geld hätten. Ihm sei in Wurzen nie Böses passiert. »Ich habe das Gefühl, alle Leute mögen mich.«

Aber ist nicht sein Schaufenster schon mehrmals zerstört worden?

Das seien Betrunkene gewesen, wehrt er ab. Oder gelangweilte Jugendliche. »Und schauen Sie, das ist sehr dünnes Glas«, sagt er. Wenn sich draußen jemand aufs Fensterbrett setze, etwa weil ihm die Füße wehtun, da könne es schon mal einen Knacks in der Scheibe geben.

Die Leute, die beim NDK hauptamtlich Opfer rechter Gewalt beraten, unterscheiden drei Kategorien: Migranten, soziale Randgruppen und nicht-rechte Jugendliche. Sie haben beobachtet, dass Migranten oft versuchten, Anfeindungen schlicht zu ignorieren. Obdachlose, sagen sie, zeigten einen Angriff praktisch nie an, weil bei ihnen die Angst vor Rache am größten sei. Sie sind Opfer ohne jeden Rückzugsraum. Jugendliche wiederum, vor allem Jungs, wollten vor den Kumpels tapfer erscheinen, nur im Einzelgespräch reden sie über Ängste und Schmerzen. Mädchen seien da offener, aber sie scheuten häufig die Anzeige, weil sie sich sorgten, was dann mit dem Täter passiere.

Seit der Landtagswahl und dem Erfolg der NPD haben die Opferberater mehr zu tun. »Seit September ging es plötzlich Schlag auf Schlag«, sagen sie. Offenbar fühlen sich die Rechten im Aufwind, werden wieder aggressiver.

Im Büro der Opferberatung steht ein Schrank, in dem alle Fälle in Hängeordnern abgelegt sind. Eine besonders dicke Akte hat Holger. Auf Protokollblättern sind die Überfälle, die er hinter sich hat, detailliert erfasst. Auf dem letzten Blatt steht: »Ort des Angriffs: Straße des Friedens, Höhe ehem. Kino, Datum und Uhrzeit: 10.12.03, 13 Uhr«. Holger war mit dem Rad unterwegs, als ein bekannter Rechter ihm mit dem Auto den Weg abschnitt. »Der Pkw fuhr nun vorsätzlich rückwärts in H.s Fahrrad. Der Fahrer stieg aus und schlug H. mit der Hand ins Gesicht.« Unter »materieller Schaden« heißt es: »Fahrrad ist kaputt«, unter »Verletzungen« lapidar: »nein«.

Holger ist ein Punk. Er hatte mal rote Haare, mal einen Irokesenkamm, im Moment sind seine Haare raspelkurz. Darüber trägt er ein Basecap mit dem Schriftzug *Crimson Alloy*, der Band, in der er seit ein paar Monaten Sänger und Texter ist. Holger ist 20 Jahre alt und hat noch fast das Gesicht eines Kindes. Insgesamt zwölf Piercings trägt er in Nase, Lippen und Ohren.

Ungefähr 1999 ging es los, sagt er. An seiner Schule waren sie drei Punks, die meisten anderen Jungs Rechte. Sie zischten: »Unter Hitler wärst du längst tot.« Sie schlugen. Sie stachen mit Nadeln. »Es gab Zeiten, da wurden wir vor der Schule von den anderen erwartet, und ein Lehrer hat uns im Auto nach Hause gefahren.« Später hat er erlebt, wie ein Jugendclub brutal überfallen wurde. Nach einem Angriff von Rechten lag er vier Tage im Krankenhaus. Ein Rentner hat ihn mitten in der Stadt mal vom Fahrrad gestoßen und dann den Hitlergruß gezeigt. Der Kommentar seiner Eltern: Er solle sich vernünftig anziehen, dann passiere so was nicht.

Als Kind war er im Boxverein, aber bei mehr als zwei Gegnern, sagt Holger, »kann man nicht mehr machen, als die Beine in die Hand zu nehmen«. Ein Messer »würde nichts bringen, dann bin am Ende bloß ich schuld«. Holger und ein paar Freunde dachten sich stattdessen ein Flugblatt aus und verteilten es in Wurzen: »Schweine sind besser als Nazis«, schrieben sie drauf, dazu zehn Punkte: »Schweine haben Haare, Nazis nicht« oder »Schweine haben Sex, Nazis nicht«.

Holger sagt, er verkrieche sich nicht, denn dann »hätten die ja ihren Willen bekommen«. Auf die Polizei setze er keine Hoffnung. Auf dem Wurzener Revier, sagt er, machten sie sich lustig über ihn. »Was willst du denn schon wieder hier«, sei er mal gefragt worden. Dabei melde er gar nicht jeden Vorfall bei der Polizei, sagt er. »Nur das, wo Gewalt im Spiel war.«

Und wo fängt Gewalt an?

»Wenn es wehtut.«

Ingo ist in Wurzen das bekannteste NDK-Mitglied – und das wahrscheinlich meistgehasste. Gerade hat ihn die NPD auf einem Flugblatt als »Stalinisten« tituliert, der Privatmilizen befehlige. Er sagt, der Oberbürgermeister mache ihm Vorwürfe, wenn ihn eine Zeitung mit einer kritischen Äußerung über Wurzen zitiert. Und von der autonomen Antifa wird Ingo als »Faschist« beschimpft. Er ist ihnen nicht radikal genug, weil er versucht, in Wurzen Verbündete im Kampf gegen die Rechtsextremisten zu finden. Die Antifa aus Leipzig und Dresden rückte am Tag nach dem Bombenanschlag zur Demo an, wollte »Wurzen zuscheißen«, wie es auf einem Transparent hieß. Die Polizei knüppelte zurück. Die Lokalzeitung schrieb wieder einmal über linke Randalierer. Dem NDK hat das nicht wirklich geholfen.

Ohnehin schwirren viele Gerüchte durch die Stadt. Die Bomben seien vom NDK selbst gelegt worden, um Aufmerksamkeit auf sich zu lenken. Der Verein habe kurz vor der Pleite gestanden. Hinter dem Anschlag stecke Liebeskummer. Der Vermieter kassiere eine schöne Versicherungssumme. Doreen hat kurz nach dem Anschlag eine Nachbarin auf dem Markt getroffen. »Kind«, hat die zu ihr gesagt, »ihr lasst doch immer das Hoftor offen stehen. Da müsst ihr euch nicht wundern, dass euch jemand eine Bombe reinwirft!«

Andererseits gab es nach dem Anschlag erstmals eine Unterschriftensammlung in der Stadt für das NDK, immerhin 1300 Bürger schrieben sich ein. Der Stellvertreter des Oberbürgermeisters solidarisierte sich öffentlich, das Stadtoberhaupt selbst traf sich mit Vertretern des Vereins. Wie sein

Vorgänger hatte auch er lange Zeit Vorbehalte, ihm war das NDK zu links. Der Kontakt sei nun »enger als in den letzten Jahren«, sagt er, und »das Verständnis für das Anliegen des NDK gewachsen«. Vor ein paar Wochen hat seine CDU mit der SPD im Stadtrat einen Kooperationsvertrag geschlossen und will künftig nicht mehr auf die Stimmen der NPD rechnen.

Nach dem Anschlag druckten einige Unternehmen Plakate: »Extremisten schaffen keine Arbeitsplätze«. Mit der Formulierung drücken sie sich zwar immer noch darum, das eigentliche Problem, den *Rechts*extremismus, klar zu benennen. Aber es ist besser als nichts. Vielleicht sind das alles gute Zeichen. Vielleicht reizt es die Bombenleger noch mehr. »Mich würde es nicht überraschen, wenn als Nächstes einer von uns gezielt angegriffen wird«, sagt jemand aus dem NDK. »Wenn etwa Ingo angeschossen würde.« Er selbst sagt, die Bedrohung komme ihm »jetzt schlimmer vor als früher«. Damals, in den neunziger Jahren, habe man gewusst, womit man es zu tun hatte, sagt Ingo, mit offener, brutaler Straßengewalt. Das sei schlimm gewesen, aber kalkulierbar, anders als heute. Er sagt, er wisse nicht mehr, wann er das letzte Mal ein längeres Stück zu Fuß durch Wurzen gelaufen sei.

Ingo wohnt in einer WG zusammen mit Freunden aus dem NDK, mit Doreen und Jens, bis vor kurzem auch mit Markus, dem langjährigen Geschäftsführer des Vereins. Vermutlich muss man eng zusammenrücken, wenn man es als Nicht-Rechter in Wurzen aushalten will. Privates und Politisches fließen selbstverständlich ineinander. An ihrem Küchenschrank pinnt zwischen lauter Urlaubskarten ein NPD-Flugblatt. Im Klo (»dort, wo es hingehört«) hängt ein Papierhalter mit Reichsadler und Hakenkreuz. Beim gemeinsamen Frühstück am Sonntagmorgen springt das Gespräch hin und her. Gerade redeten sie noch von Kinofilmen, da fragt Doreen: »Sag mal, Jens, hast du eigentlich Anzeige erstattet?«

»Ja«, sagt Jens, »aber es wird nichts bei rumkommen.«
Zwei Tage nach dem Bombenanschlag waren an seinem Auto
die Radmuttern locker.

Ingo liest derweil in der Lokalzeitung die Traueranzei-
gen. »Ach, der Immo-Kleeberg ist gestorben«, sagt er. Alle
am Tisch wissen, dass das der Makler war, der ihnen die Halle für das erste HipHop-Konzert gegen rechts vermieten
wollte. Es scheiterte damals an Sicherheitsbedenken der Bau-
aufsicht. In ihren Köpfen ist über die Jahre ein ganz eigener
Stadtplan entstanden: Sie wissen genau, wer auf wessen Seite
steht. Zwei Optiker gibt es in Wurzen, sie gehen eher zu dem,
der Mitglied im NDK-Beirat ist. Wenn ein Taxi gebraucht
wird, rufen sie jedenfalls nicht den Unternehmer, der sich
nichts dabei dachte, eine Horde Rechter zu einem Überfall zu
chauffieren.

»Wir achten jetzt sehr darauf, dass so ab sieben oder
acht Uhr die Haustür abgeschlossen ist«, sagt Ingo. Auf dem
Klingelschild der WG draußen am Haus stehen keine Namen.

Markus hat Wurzen hinter sich gelassen, er wohnt jetzt in
Leipzig. Markus war einer der Gründer des Vereins und jahrelang das Hauptziel der Anfeindungen. Auf NPD-Plakaten
wurde sein Name genannt. Die städtische Jugendpflegerin
sagte einmal, sie würde ihn am liebsten »aus Wurzen verwei-
sen«. Saß man damals, im Sommer 2001, mit Markus in einer
Pizzeria zum Interview, blieb draußen vor dem Fenster eine
Gruppe Glatzen stehen und schnitt Grimassen. Wurde die
Tür des Lokals etwas lauter aufgerissen, zuckte Markus zusammen und taxierte die Leute, die hereinkamen.

Markus hat für das NDK sein Geographiestudium abgebrochen. Praktisch Tag und Nacht hat er gearbeitet. »Ich
habe mich nicht getraut, mal über den Domplatz zu schlendern«, erinnert er sich, »ich dachte immer, ich muss mehr
tun, ich muss mich überall engagieren.« Der Erwartungs-
druck, unter dem er sich sah, war riesig. »Und ich stand stän-

dig unter Beobachtung.« Wenn er privat eine Fete gemacht habe, seien die Nachbarn mit ihren Beschwerden nicht zu ihm gekommen, sondern hätten sich beim NDK beklagt. Irgendwann verließ ihn seine Freundin, weil er, wie sie sagte, niemals für irgendetwas Zeit hatte. Irgendwann konnte Markus nicht mehr.

Damals hatte er eine John-Lennon-Nickelbrille und lange Haare. Heute sind die Haare kurz, seine neue Brille ist hip – schwarz, eckig und aus Kunststoff. Markus hat eine Ausbildung zum Graphik-Designer bei einem Leipziger Verlag begonnen. Aus seiner Wurzener WG ist er ausgezogen. Es gab Streit, nachdem er sich vom NDK zurückgezogen hatte. Markus sagt: »Mir ging es noch nie so gut wie jetzt.« Er klingt ein wenig, als habe er ein schlechtes Gewissen.

Für eine Baustelle ist die Tür sehr aufwändig gesichert: Ein dicker Balken hängt von innen als Riegel davor, ein zweiter stützt die Tür nochmals nach innen ab. Dies wird das neue Domizil des NDK.

Domplatz 5, ein altes Gemäuer mit Sandsteinportal und hohen Räumen. Im Frühjahr 2002 hat der Verein das Haus gekauft. Durch Spenden von *Zeit*-Lesern kam damals das nötige Geld zusammen. Ein Kulturzentrum soll hier entstehen, Büros für alternative Vereine, ein Konzertkeller, ein Proberaum für junge Bands. Mehr als 5000 Arbeitsstunden hat das NDK schon in das Haus gesteckt. Das Projekt zieht auch Jugendliche an, die mit den kulturellen Aktivitäten des Vereins wenig anfangen konnten. Aus der Wirtschaft gibt es ebenfalls Unterstützung: Ein Architekt macht die Planung zum Freundschaftspreis. Ein örtlicher Elektriker liefert verbilligt Material.

Doch immer wieder stocken die Arbeiten, das Geld ist knapp. Regelmäßig bettelt das NDK bei Stiftungen, sammelt Spenden, organisiert Benefiz-Aktionen. Letztes Jahr ließ sich ein Dutzend Mitglieder für einen Wandkalender nackt auf der Baustelle fotografieren. Kürzlich kam Harry Rowohlt zu einer Buchlesung. Knapp 5000 Euro spielte er ein, das müsste reichen für die Decke zwischen Keller und Erdgeschoss.

Fast so nötig wie das Geld hatten die Wurzener Jugendlichen die Bestätigung, die der Abend mit Rowohlt ihnen brachte. Zwei, drei, vier Stunden saß er auf der Bühne mit Rauschebart und Whiskey-Flasche, las Gedichte und Geschichten und machte zwischendurch immer wieder Witze über die bitteren Zustände. In Dublin habe er nachts mal vier Skins gegenübergestanden, die hätten aber erst mal beraten, ob vier gegen einen nicht feige sei. »Da sollten sich deutsche Nazis eine Scheibe abschneiden!«

Am Ende, nach allen Zugaben und dem letzten Applaus, es war schon weit nach Mitternacht, räusperte Harry Rowohlt sich nochmal. Er wolle ein Schlusswort sprechen: Ja, es gebe zwölf Prozent Nazis in Wurzen. »Aber was sind schon zwölf Prozent? Zwölf Prozent Nazi bin ja sogar ich!« Der Saal lachte befreit, und Melanie, die NDK-Geschäftsführerin, stand hinten in den Kulissen, die Dankesblumen in der Hand, und heulte vor Rührung. »Ihr dürft nicht vergessen«, rief Rowohlt, »wir sind – mehr wollt ich eigentlich nicht sagen – in der Mehrheit!«

Als sie letztes Jahr über Weihnachten ihr Büro für ein paar Tage schlossen, hängten die Leute vom NDK einen grünen Zettel in ihr zersplittertes Schaufenster. Darauf wünschten sie »allen Wurzenern« kein frohes, sondern »ein friedvolles Weihnachtsfest«.

Was tun?

Eine kleine Gebrauchsanleitung
für den Umgang mit der NPD

1. Nicht unterschätzen ...

Ein NPD-Mitglied ist nicht automatisch dumm. Und obwohl ein Teil ihrer Wähler sicherlich Protestwähler sind, ist die NPD keine Protestpartei; sie hat disziplinierte Kader, ein geschlossenes Weltbild, eine klare Strategie. Ihre Abgeordneten im sächsischen Landtag beweisen Cleverness bei der Auswahl ihrer Themen. Sie demontieren sich nicht selbst, wie man es beispielsweise von der DVU gewohnt war. Sie sind fleißiger als ein Durchschnittsdemokrat, denn der ist – zum Glück – nicht so fanatisch. Die NPD-Kader haben eine Mission, sie fühlen sich als Teil einer unaufhaltsamen Bewegung.

Ignorieren hilft nicht. Inzwischen hat die NPD in etlichen ostdeutschen Kommunen einen Wählerstamm von zwanzig Prozent aufgebaut. Trotzdem setzen sich die anderen Parteien und die Medien nicht ernsthaft mit Propaganda und Programm der NPD auseinander. Als die Partei in den sechziger Jahren ihre erste Erfolgswelle hatte, gab es eine wahre Flut von Ratgebern und Aufklärungsbroschüren. Auch die CDU erarbeitete damals einen 43 Seiten dicken »Leitfaden« für ihre Mitglieder. Bis heute, ein Dreivierteljahr nach dem Landtagseinzug der NPD, hat zum Beispiel die sächsische CDU nichts dergleichen zustande gebracht. Kein Wunder, dass sie immer noch völlig kopflos agiert.

2. ... aber auch nicht überschätzen

Ein Gutteil der NPD-Leute ist aber doch dumm; der Mangel an halbwegs fähigem Personal ist das größte Problem der Partei. Den meisten Kadern fehlen soziale Kompetenz und politisches Geschick. Gerade weil sie ein hermetisches Weltbild haben und ihren »Kampf für Deutschland« fast wie Besessene führen, sind die meisten von ihnen zu praktischer Politik nicht fähig.

Niemand in der heutigen NPD hat ein Charisma, das über die Partei hinausreicht. Die einfachen NPD-Mitglieder sind oft nicht einmal in der Lage, ihre Nachbarn zu einer Unterstützungsunterschrift für die Partei zu überreden. Die NPD glaubt in ihrem Größenwahn, sie könne den Staat stürzen. Reißerische Illustriertenstorys und empörte Politikerrituale machen sie größer, als sie ist.

3. Korrekt behandeln

Seien Sie höflich, auch zu Neonazis! Es bringt der NPD nur Sympathien, wenn ihr – wie am Abend der sächsischen Landtagswahl – im Fernsehen das Mikrofon weggezogen wird oder Politiker aus dem Studio rennen. Für das Selbstbild und den Zusammenhalt der rechten Szene ist es ungemein wichtig, sich als Märtyrer aufführen zu können.

Abgeordnete der NPD sind demokratisch legitimiert – ihre Ideologie ist es nicht. Ihre Reden dürfen nicht unwidersprochen bleiben. Doch dazu muss nicht die Geschäftsordnung des Landtags geändert werden. Schon gar nicht dürfen die allgemeinen Rechte eines Abgeordneten eingeschränkt werden – das wäre Beschneidung der Demokratie zur Verteidigung der Demokratie. Es ist nicht nur albern, sondern verkehrt, den Plenarsaal zu verlassen, wenn Rechtsextremisten reden. »Ich hätte nicht gedacht, dass es so einfach ist, ein Parlament zu säubern«, lästerte Holger Apfel einmal, nachdem die Abgeordneten der demokratischen Parteien hinausge-stürzt waren. Die Freude sollte man ihm nehmen.

4. Ausgrenzen, aber nicht ausstoßen

Die NPD ist keine normale Partei. Ihre Mitglieder und Funk-tionäre sind keine gleichberechtigten Partner in der poli-tischen Auseinandersetzung. Doch muss ihre Ausgrenzung immer begründet werden, damit sie sich nicht als verfolgte Unschuld präsentieren können: Die NPD lehnt das Grundge-setz ab. Sie erkennt die allgemeinen Menschenrechte nicht an. *Sie* ist es, die sich damit ausgrenzt.

Wer sich zur NPD bekennt, darf deshalb ausgeschlossen werden. Auch aus dem Sportverein, dem Männerchor, der Gewerkschaft. Es muss abschreckend sein, bei der NPD mit-zumachen. Aber der Weg zurück muss offen bleiben. Es wird viel schwerer, die rechte Szene zu verlassen, wenn Freunde und Familie alle Brücken abgebrochen haben. Wer sich nur noch in den geschlossenen Zirkeln der Rechten bewegt, stei-gert sich immer weiter hinein. Sagt sich jemand von der NPD-Ideologie los, darf ihm seine Vergangenheit nicht ewig nachgetragen werden.

5. Null Toleranz gegenüber rechten Straftaten ...

Wer Paragraphen verletzt, gehört bestraft. Das gilt für Rechts-extremisten nicht weniger, aber auch nicht mehr als für alle anderen. Ein Hakenkreuz auf dem Schulranzen oder ein Tritt gegen einen Dunkelhäutigen in der S-Bahn darf nicht tole-riert werden. Von niemandem.

Das hat nichts zu tun mit »Pogromstimmung«, über die die NPD gern jammert. Die Prinzipien des Rechtsstaats müs-sen selbstverständlich eingehalten werden. Und natürlich gilt das Grundgesetz für jeden Skinhead, natürlich genießen Neonazis Versammlungsfreiheit. Die Änderung des Demonstrationsrechts, die vor dem 60. Jahrestag des Kriegsendes hektisch durchgezogen wurde, beschneidet Grundrechte und war bloße Symbolpolitik. In keiner KZ-Gedenkstätte kann man sich erinnern, dass dort je ein Neonazi demonstrieren wollte.

Um glaubwürdig gegen Nazis vorgehen zu können, darf der Staat selbst keine Minderheiten benachteiligen. Solange etwa Asylbewerber in menschenunwürdigen Heimen hausen müssen, werden sich Rechtsextremisten ermutigt fühlen, Brandsätze auf sie zu werfen. Im Übrigen würden die ausländerfeindlichen Überfälle schnell aufhören, wenn jedes Opfer automatisch ein Daueraufenthaltsrecht für Deutschland bekäme.

6. ... doch die NPD gehört nicht verboten, sondern widerlegt

Wahrscheinlich kann man außer in Diktaturen nur in Deutschland auf die Idee kommen, eine oppositionelle Partei zu verbieten, obwohl sie nicht offen zur Gewalt aufruft. Die freiheitliche Demokratie ist das bessere System als der völkische Führerstaat, den die NPD anstrebt. Wenn Demokraten sich nicht mehr zutrauen, die Wähler davon überzeugen zu können, haben sie schon verloren.

Aber ist überhaupt noch jemand fähig, für die Demokratie und ihre Prinzipien zu streiten? Die etablierten Politiker sind (wie die meisten Bürger) grundsätzliche Angriffe nicht mehr gewohnt. Sie sind Schönwetterdemokraten und schnappen nach Luft, wenn sie mal einen echten Nazi treffen. Die Auseinandersetzung mit Rechtsextremisten ist mühsam, und Spaß macht sie auch nicht. Aber ein anderes Mittel gegen die NPD gibt es nicht. Wenn sie sich als Sozialkämpfer aufspielt, muss man ihr Konzept einer wärmenden Volksgemeinschaft bloßstellen. Wenn sie für Umweltschutz eintritt, muss man die zugrunde liegende Blut-und-Boden-Ideologie offen legen.

Es ist nicht so schwer, das Programm der NPD zu demontieren. Dazu muss man es aber zumindest gelesen haben.

Auch praktisch wäre ein Verbot der NPD nutzlos, die harten Kader würden weiterziehen in andere Organisationen. Genauso gut könnte man versuchen, sie einfach wegzuzaubern.

7. Themen streitig machen

Im sächsischen Landtag zeigt sich deutlich, dass die NPD nur so gut ist, wie die anderen Parteien sie sein lassen. Ihre Abgeordneten werfen sich gern auf Themen, die von den anderen liegen gelassen werden. Chancen und Risiken der Integration von Ausländern zum Beispiel müssen offen debattiert werden. Demokratiedefizite der EU sind ein wichtiges Thema. Wenn die NPD bestehende Probleme anspricht, hilft es kein bisschen, die Nazi-Keule zu schwingen. Und wenn sie etwa Volksabstimmungen fordert, muss man die nicht ablehnen – sondern darauf hinweisen, dass sie für die NPD der erste Schritt zur Abschaffung der Parlamente sind.

Würden die anderen Parteien nur halb so viel Energie in die Auseinandersetzung mit der NPD stecken, wie in den Streit untereinander, wäre viel gewonnen. Demokratische Politiker sollten planmäßig die Themen identifizieren, mit denen die NPD kampagnenfähig werden könnte, und diese selbst besetzen. Bisher hecheln sie der NPD immer nur hinterher.

8. NPD-Wahlerfolge nicht mit sozialen Problemen entschuldigen

Natürlich wählen auch Arbeitslose die NPD, aber sie tun das nicht, weil sie arbeitslos sind, sondern weil sie deren rassistischen Parolen glauben. Das ist ein wichtiger Unterschied. Von den Wählern, die bei der sächsischen Landtagswahl im

September 2004 der NPD ihre Stimme gaben, waren nur 20 Prozent arbeitslos. Aber 96 Prozent waren der Überzeugung, von Ausländern gehe eine »Überfremdungsgefahr« aus[191]; bei einem Anteil von gerade 2,8 Prozent nicht-deutscher Bevölkerung in Sachsen.

Wenn CSU-Chef Edmund Stoiber öffentlich die gestiegene Arbeitslosenquote und Gerhard Schröder für das Erstarken der NPD verantwortlich macht, lenkt er also vom eigentlichen Problem ab, nämlich dem rechtsextremen Weltbild eines wesentlichen Teils der Bevölkerung. Deutschland sei in einer Situation wie »seit 1932 nicht mehr«, sagte Stoiber mit Blick auf die Zahl von sechs Millionen Menschen ohne Job. Das bringt wenig für die Auseinandersetzung mit der NPD und ist historisch falsch. Die Weimarer Republik scheiterte nicht an der Massenarbeitslosigkeit, sondern weil die bürgerlichen Parteien damals die Demokratie nicht verteidigt haben.

9. Die NPD nicht mit der PDS oder Linksextremisten gleichsetzen

Wer die PDS mit der NPD auf eine Stufe stellt, verharmlost die Rechtsextremisten. Die Postkommunisten sind längst eine staatstragende Partei geworden, die NPD aber will diesen Staat stürzen. Die PDS hat in den vergangenen 15 Jahren dafür gesorgt, dass auch die Wiedervereinigungsgegner in der Bundesrepublik angekommen sind, sie hat die DDR-Nostalgiker in die parlamentarische Demokratie integriert – in der Oppositionsrolle zwar, aber doch als Teil der Ordnung. Die NPD dagegen will eine »neue Ordnung«, und sie kann sich nicht versöhnen mit dem Parlamentarismus.

Praktisch jeden Tag werden in Deutschland Ausländer, Obdachlose und linke Jugendliche von rechten Schlägern überfallen. Aber es ist lange her, dass hierzulande ein Kapitalist von einem Linksterroristen ermordet wurde. Rechtsextremistische Propaganda richtet sich gegen Schwache, links-extremistische gegen Starke. Wen die NPD zum Feind erklärt, der ist in der Regel schutzlos. Die Feinde der Linksextremisten aber fahren gepanzerte Limousinen und bekommen Polizeibegleitung.

Wer behauptet, man müsse gleichermaßen gegen Extremisten von rechts wie von links kämpfen, vernebelt den Blick auf die Realität. Linksextremisten muss man in Ostdeutschland mit der Lupe suchen, Rechtsextremisten beherrschen vielerorts die Straßen. Will man die NPD unbedingt mit irgendwem vergleichen, dann bitte mit Islamisten. Sie stellen die freiheitliche Demokratie und die liberale Gesellschaft ähnlich fundamental in Frage, wie es die NPD tut. Nicht umsonst besuchte Udo Voigt 2002 eine Versammlung der islamistischen Hizb-ut-Tahrir und versicherte der inzwischen verbotenen Organisation die »Solidarität aller aufrechten Deutschen«.[192]

10. Demokratische Werte in der Gesellschaft vermitteln

Parteien wachsen aus der Gesellschaft; wenn sich dauerhaft eine demokratiefeindliche Partei etabliert, stimmt etwas mit der Gesellschaft nicht. Mag sein, dass Politiker das nicht begreifen können, denn die harte Währung in ihrem Geschäft sind Prozente bei Wahlen. Mag sein, dass für Politiker Rechtsextremisten erst zum Problem werden, wenn sie Plätze in den Parlamenten wegnehmen – und es sich erledigt hat, wenn sie dort wieder verschwunden sind.

Der wirkliche Kampf gegen die NPD muss in der Gesellschaft und von der Gesellschaft geführt werden, in Städten und Dörfern, auf Schulhöfen und an Buswartehäuschen. Wenn sich dort niemand für Demokratie und Menschenrechte einsetzt, haben die Rechtsextremisten schon gewonnen.

An den Schulen sieht es oft traurig aus – gerade im Osten. Was kann dabei herauskommen, wenn ein desinteressierter Lehrer mit autoritärer DDR-Vergangenheit den Schülern demokratische Werte vermitteln soll? Aber auch im Westen hat kaum ein Pädagoge Ahnung von der rechten Jugendkultur. Und den Bildungsministern ist die Didaktik im Mathematikunterricht wichtiger als politische Bildung – jedenfalls wird für Ersteres viel mehr Geld ausgegeben. Gegen die NPD hilft es nicht, in der Schulordnung das Tragen von Springerstiefeln zu untersagen und einmal im Jahr in die nächstgelegene KZ-Gedenkstätte zu fahren.

11. Alternative Jugendkulturen fördern

Die extreme Rechte hat erkannt, dass sie die Jugend mit kulturellen Angeboten am besten erreicht. Verbote bringen wenig, dadurch wird es nur noch spannender, Nazi-Konzerte zu besuchen.

Wo Rechtsextremismus zum Lifestyle geworden ist, muss man mit Lifestyle dagegenhalten. Solange die Linken cooler sind und mehr Spaß haben, ist noch nicht alles verloren. Wenn der Dorfbürgermeister sagt, Punks seien dreckig, und der Lehrer meint, bunte Haare gehörten sich nicht, dann freut sich die NPD. Sie sieht das genauso. Es kann verheerend wirken, wenn Skaterbahnen abmontiert und Sprayer aus Jugendclubs geworfen werden. Dann haben die Rechten freie Bahn. Sie geben bereits heute in vielen Gegenden Ostdeutschlands den Ton an. Wer dort jung ist und seine Ruhe haben will, braucht sich nur rechts zu geben.

12. Initiativen gegen Rechtsextremismus unterstützen

Wer Zivilcourage gegen rechts fordert, muss sie auch fördern – oder sie zumindest nicht behindern. Als vor ein paar Jahren ein Anschlag auf die Erfurter Synagoge verübt wurde, organisierten Jugendliche eine Menschenkette und druckten Flugblätter. Die Polizei hatte nichts Eiligeres zu tun, als Anzeige zu erstatten – die Bürger hatten auf den Flugblättern das vorgeschriebene Impressum vergessen. Weitere Beispiele? Ein Bürgermeister weigert sich, den Wahlaufruf einer Initiative gegen die NPD im Amtsblatt abzudrucken. Eine schwarz-gelbe Landesregierung dreht einer anerkannten Anti-Nazi-Initiative den Geldhahn zu.

Die Arbeit gegen Rechtsextremismus muss langfristig geführt werden und unabhängig davon, ob das Thema gerade in Mode ist oder nicht. Im Sommer 2000, als die deutsche Öffentlichkeit groß über Rechtsextremismus debattierte, legte die Bundesregierung Förderprogramme gegen rechts auf – seitdem wird Schritt für Schritt wieder gekürzt. Gerade in Ostdeutschland aber gibt es kaum andere Geldquellen, die kommunalen Kassen sind leer, und die Wirtschaft ist zu schwach für große Sponsoringaktivitäten. Für viele Initiativen bedeutet dies zeitraubende Betteltouren bei Spendern und Stiftungen. Oder das Ende.

Anmerkungen

1 *Deutsche Stimme*, 9/2000
2 In einer Rede bei einer öffentlichen NPD-Veranstaltung in Kaufbeuren, zit. nach Begründung des Antrags der Bundesregierung zum Verbot der NPD, Kapitel 1, Punkt 1.f.bb
3 *Deutsche Stimme*, 2/1999, S. 3
4 Apfel, S. 470
5 *Deutsche Stimme*, 4/2001, S. 2
6 *Junge Freiheit*, 40/2004, S. 3
7 So Voigt am 31. Oktober 2004 in seiner Abschlussrede auf dem NPD-Bundesparteitag in Leinfelde
8 *Münchner Merkur* vom 1. 12. 1964
9 *Reichsruf* vom 4. 12. 1964
10 In der frühen NPD saßen dann zahlreiche hohe Nazis an entscheidenden Positionen. Dazu Maier/Bott, S. 17: »Die NS-Belastung in der Partei wächst von unten nach oben. Eine nazistische Vergangenheit haben 35 % aller NPD-Mitglieder, aber 46 % der Funktionäre auf Orts- und Kreisebene und 66 % auf Bezirksebene. Das Maximum wird in der Parteispitze erreicht: 76 % der obersten Funktionäre waren Mitglieder der NSDAP und hatten häufig leitende Positionen in der NS-Hierarchie eingenommen.«
11 Zit. nach Kühnl, S. 45, der auf die *ZEIT* vom 17. März 1967 verweist
12 Dieses und das vorherige Zitat: Smoydzin, S. 128, 134
13 Vgl. Niethammer, S. 109 (Tuchfabrik und Lehrerstellen), S. 173 (Bauern), S. 181 (Richterpensionen)
14 Ebd., S. 268 f.
15 Ebd., S. 213 f.
16 Hoffmann, S. 82
17 Abgedruckt in Dudek/Jaschke, Bd. 2, S. 153
18 Hoffmann, S. 212
19 Ebd., S. 201

20 Apfel, S. 42, S. 146, S. 147, S. 142

21 *Deutsche Stimme*, 2/80, zit. nach Hoffmann, S. 222

22 Parteitagsunterlagen im Archiv des apabiz Berlin, Ordner NPD IV

23 So der damalige Frankfurter Fraktionschef, Winfried Krauß, bei Hoffmann, S. 250

24 Zitiert nach: Leipzig ganz rechts. Eine Dokumentation rechtsextremer Aktivitäten in Leipzig 1989–1995. Broschüre im Bestand des apabiz, Signatur: 4/2/3/9045A, S. 20

25 Republikaner: Baden-Württemberg 1992: 10,9 Prozent, 1996: 9,1 Prozent. DVU: Bremen 1992: 6,2 Prozent, Schleswig-Holstein 1994: 6,3 Prozent, Sachsen-Anhalt 1998: 12,9 Prozent, Brandenburg 1999: 5,3 Prozent

26 Nachzulesen z. B. im DDR-Schulbuch für die 5. bis 10. Klasse: Geschichte in Übersichten. Wissensspeicher für den Unterricht. Berlin 1984, S. 15

27 So das Ergebnis einer Studie der Berliner Soziologin Loni Niederländer, die 1990 Prozessakten aus der DDR auswertete; in: Neue Justiz, 1/1990, zit. nach Siegler, S. 73

28 Assheuer/Sarkowicz, S. 127, Stöss, S. 65

29 Wagner, S. 6

30 Zit. bei Siegler, S. 71 f.

31 *Spiegel*, 19/1990, zit. nach Siegler, S. 46

32 Im Zeitgeist-Magazin *Wiener*, zit. nach Siegler, S. 57

33 Faksimiliert in Schmidt, S. 125

34 Wagner, S. 41

35 Hoffmann, S. 212

36 Ebd., S. 214

37 »Die politische Zusammenarbeit von NPD-Mitgliedern mit ehemaligen Funktionären der verbotenen FAP und anderen maßgeblichen Repräsentanten von sich offen zum Nationalsozialismus bekennenden Organisationen ist parteischädigend und wird grundsätzlich mit dem Ausschluss aus der Partei geahndet. Als parteischädigend wird namentlich die Zusammenarbeit mit den Herren Christian Worch, Siegfried Borchardt, Friedhelm Busse, Frank Hübner, Winfried Arnulf Priem, Michael Swierczek, Peter Naumann, Meinolf Schönborn und dem Ehepaar Müller (Mainz) angesehen.« Antrag des KV Münster, im Bestand des apabiz Berlin, Ordner NPD IV

38 Zit. nach Hoffmann, S. 265

39 Apfel, S. 330

40 Ebd., S. 360

41 *Vorderste Front – Zeitschrift für politische Theorie & Strategie*, Nr. 2, Juni 1991, S. 4 ff.

42 *Deutsche Stimme*, 2/1998, S. 8

43 *Deutsche Stimme*, 6/1997, S. 3

44 *Deutsche Stimme*, 8/1990, zit. nach Hoffmann, S. 343

45 *Deutsche Stimme*, 11/1998, S. 3

46 *Zentralorgan* Nr. 11, Februar 2001, S. 29; zit. nach *ZEIT*, 3/2001, S. 6; RPF-Rundbriefe 3/00, 4/01

47 Etwa Michael Grube, V-Mann des VS M-V, der in einen Brandanschlag 1999 verwickelt war, vgl. Gössner, S. 49

48 Gössner, S. 133; der Name des V-Manns ist Toni Stadler.

49 Frenz, S. 20

50 Kershaw, S. 165 ff.

51 Faksimiliert in Frenz, S. 65

52 Dietzsch/Schobert, S. 3

53 Interview in der *Jungen Freiheit* vom 24. September 2004, S. 3;
Deutsche Stimme, 6/1997, S. 10

54 Hessischer Landtag, Stenografische Berichte, VI. Wahlperiode,
Seite 49, zit. nach Konow, S. 227

55 Zit. nach Hoffmann, S. 292

56 *Deutsche Stimme*, 2/1998, S. 8

57 Zit. nach Hoffmann, S. 278

58 *Deutsche Nachrichten*, 35/1965, zit. nach Hoffmann, S. 278

59 *Deutsche Nachrichten*, 46/1967, zit. nach Hoffmann, S. 277

60 Zit. nach Fleckheim, S. 543

61 *Deutsche Nachrichten*, Sonderdruck vom 24. Februar 1967; zit.
nach Maier/Bott, S. 31 f.

62 Anrich, S. 71 f.

63 *Deutsche Nachrichten*, 23/1968, zit. nach Hoffmann, S. 291, der
auch ähnlich positive Aussagen über Griechenland und Portugal aufführt

64 Thielen, S. 17

65 Schmollinger, S. 1935

66 Krebs, S. 83; zit. nach Feit, S. 83

67 Singer, S. 49

68 Henning Eichberg: The People of Democracy. Understanding Self-
Determination on the Basis of Body and Movement. Arhus 2004

69 Alle Zitate nach einem Faksimile in Bartsch, S. 242 ff.

70 Zit. nach einem Faksimile in Bartsch, S. 285

71 Meinrad, S. 14; zit. nach Feit, S. 103

72 Zit. nach einem Faksimile in Bartsch, S. 246

73 Die Solidaristen argumentierten vehement, ihr Begriff habe »für die
beabsichtigte ›verfassungskonforme System-Veränderung‹ eine strategische
Schlüsselfunktion. Sie ist innerhalb der vor uns liegenden politischen Auseinandersetzung in der Lage, das Bewusstsein der Volksmassen aufzu-
schließen und zu integrieren.« – Rundbrief »An alle NRAO-Mitglieder«
vom 13. August 1974; faksimiliert in Bartsch, S. 280 ff.

74 Zit. nach Greß et al., S. 266

75 Zit. nach Bartsch, S. 108

76 *Deutsche Nachrichten*, 36/1971, zit. nach Hoffmann, S. 323

77 Das Papier (»Nur zur *vertraulichen* Kenntnisnahme«) ist faksimiliert
in Bartsch, S. 231 f.

78 Diese Argumentation findet sich auch im JN-Thesenheft von 1998
und Apfels »Kalender des Nationalen Widerstandes 2005«! In der
ehemaligen DDR ist sie wichtiger denn je.

79 Dieser und der folgende Antrag im Archiv des apabiz, Berlin, Ordner
NPD IV

80 Archiv des apabiz, Berlin, Ordner NPD IV

81 *Deutsche Stimme*, 4–5/1998, S. 8

82 *Deutsche Stimme*, 7/1998, S. 2

83 Abgedruckt in der Broschüre »Die NPD und ihr nationalrevolutionäres Umfeld«, hrsg. vom DGB-Bildungswerk Hessen, September 1999, S. 38 f.

84 *Deutsche Stimme*, 4/1998, S. 6

85 Grundgedanken zur Nationaldemokratischen Wirtschafts- und Sozialordnung. profil (Nationaldemokratische Schriftenreihe). Heft 2, 1974, S. 1

86 Vgl. Broschüre »Die NPD und ihr nationalrevolutionäres Umfeld«, hrsg. vom DGB-Bildungswerk Hessen, September 1999, S. 46

87 DS-Verlag, Anhang, Stichwort »Sozialismus«

88 *Deutsche Stimme*, 3/1999, S. 10

89 *Deutsche Stimme*, 2/1999, S. 3

90 DN-Verlag, S. 111

91 Schwab, S. 381 und S. 305

92 *Deutsche Stimme*, 11/1998, S. 3

92 Thielen, Friedrich: Die NPD – eine politische Notwendigkeit

94 Europaprogramm der NPD, hrsg. vom Parteivorstand, Berlin 2004, S. 15

95 Abschnitt V, 12, zit. nach Flechtheim, S. 549

96 »Aktionsprogramm für ein besseres Deutschland«, hrsg. vom NPD-Parteivorstand, Berlin, o. J., S. 16 f.

97 *Deutsche Nachrichten* vom 17. März 1967, zit. nach Kühnl, S. 90

98 *Deutsche Stimme*, 4/1999, S. 9

99 *Deutsche Stimme*, 10/2001, S. 11

100 Maier/Bott, S. 92 f.

101 Ähnlich mehrdeutige Einträge finden sich in dem Lexikon beispielsweise zu den Stichworten »Endlösung der Judenfrage« und »Judentum« – Auszüge in Schmidt, S. 8 f.

102 *Deutsche Stimme*, 6/1998, S. 1

103 *Deutsche Stimme*, 12/1998, S. 2

104 *Deutsche Stimme*, 10/2004, S. 18

105 Vgl. Maier/Bott, S. 17; siehe Anm. 10

106 Zit. nach Maier/Bott, S. 96 f.

107 Schwab, S. 207, 225

108 *Deutsche Stimme*, 10/2004

109 Zobel, S. 55

110 Zit. nach *ZEIT*, 18/1998 vom 23. April 1998, S. 16

111 Interview in der JN-Zeitschrift *Einheit und Kampf*, Nr. 15, Februar 1996, S. 11 ff.

112 Zobel, S. 55

113 Landtagsdrucksache 4/0670

114 Winter, S. 47; die Kranzniederlegung fand am Sonntag, den 29. August 1965 statt.

115 Siehe u. a. Heither, S. 139

116 Zit. nach *Frankfurter Rundschau* vom 15. März 2005, S. 3

117 Vgl. *Der Rechte Rand*, Nr. 92, Januar-Februar 2005, S. 8. f.

118 *Deutsche Stimme*, 3/2005, S. 2

119 *Welt am Sonntag* vom 30. Januar 2005, S. 4; unter Westdeutschen war die Zustimmung demnach größer als unter Ostdeutschen (19 zu 15 Prozent), unter den Befragten unter 30 Jahren stimmten 27 Prozent zu, von den PDS-Wählern 31 Prozent.

120 Landtagsdrucksachen 4/1159, 4/1160 und 4/1209

121 *Süddeutsche Zeitung* vom 20. September 2004, S. 2

122 https://www.freier-widerstand.net/forum/thread.php?thread id=3347&boardid=36&styleid=5&sid=76 694b6f34abd2acef01a7f7ec09 0 38e; eingesehen am 7. Mai 2005

123 »Die story« im WDR-Fernsehen, 25. Juni 2001 – vgl.: http://www.wdr.de/tv/diestory/archiv/2001/06/25.html

124 *Vorderste Front* Nr. 2, Juni 1991, S. 5 ff.

125 *Deutsche Stimme*, 1/2000, S. 18

126 *Deutsche Stimme*, 4/2000, S. 22

127 *Deutsche Stimme*, 5/2000, S. 16

128 *Deutsche Stimme*, 4/2000, S. 22

129 *tageszeitung* vom 24./25. Juli 1999, S. 7

130 Gertoberens, S. 70

131 *tageszeitung* vom 24./25. Juli 1999, S. 7

132 Hafeneger 1997, S. 23

133 Hafeneger 1995, S. 47

134 Busch, S. 364

135 Wagner, P., S. 230

136 Ebd., S. 230

137 Ebd., S. 37

138 Ebd., S. 232

139 Interview in der *Sächsischen Zeitung* vom 28. September 2000

140 Wagner, P., S. 232

141 http://www.npd-lahn-dill.de/GEMEINDEFRAKTIONEN/ Gegen_das_Vergessen/gegen_das_vergessen.html

142 Z. B. in der *Deutschen Stimme*, 4/2005, S. 11

143 *Sächsische Zeitung*, Lokalausgabe Pirna, vom 15. April 2005, S. 13

144 Landtagsdrucksache 4/0477

145 Zit. nach *Spiegel-Online*-Meldung vom 12. Februar 2005 – http://www.spiegel.de/politik/deutschland/0,1518,341 352,00.html; siehe auch: http://www.heise.de/tp/r4/artikel/19/19 445/1.html und http://www.stern.de/politik/deutschland/?id=535 764&p=3&nv=ct_cb

146 Landtagsdrucksache 4/1037

147 Dornbusch/Raabe, S. 26; später sagte sich die Band von ihren rechten Wurzeln los.

148 Ebd., S. 92

149 Ebd., S. 98

150 Terkessidis, S. 121 f.

151 Statistik aus Dornbusch/Raabe, S. 36

152 Dornbusch/Raabe, S. 63 f.; Searchlight, S. 7

153 *Deutsche Stimme*, 7/1999, S. 16

154 Dornbusch/Raabe, S. 52

155 Bundesamt für Verfassungsschutz, Jahresbericht 2004, S. 48

156 *Feuer&Sturm* aus Beilrode, Nr. 11; *Der Vorstoß* aus Gardelegen, Nr. 2; *Der Panzerbär* aus Chemnitz, Nr. 7

157 http://www.berlin.de/sen/inneres/verfassungsschutz/aktuell/landser.html

158 Drucksache 4/1160

159 www.backstreetnoise.com/shop/dept_16.html

160 *Deutsche Stimme*, 2/1999, S. 11

161 *Tagesspiegel* vom 6. Juli 1995

162 Loh, S. 115

163 http://www.guestbookking.de/cgi-bin/book2.cgi?u=rudolfrasta2&show=20&list=&s=2

164 http://www.freier-widerstand.net/forum/thread.php?threadid=4198&boardid=20&styleid=5&sid=c855ab05961e0021debeba9d39e039d7

165 http://www.wikingerversand.de/forum/showthread.php?t=2296&page=1&pp=10

166 Alle Zitate: ebd.

167 Antifaschistisches Infoblatt #63, Sommer 2004, S. 16 f.

168 http://www.npd-goettingen.de/Weltanschauung/Heimdall_und_Rudolf.html

169 *Antifaschistisches Infoblatt*, 63, Sommer 2004, S. 19

170 Dudek/Jaschke, Bd. 1, S. 122 f. (Dokument 48)

171 Laut Bundestags-Drucksache 14/4747, S. 111, betrug das »Reinvermögen« der NPD 1986 wieder eine knappe Million Mark, 1990: – 369.000 DM, 1991: – 130.000 DM, 1992: – 614.000 DM, 1993: – 603.000 DM

172 *Deutsche Stimme*, 2/1997, S. 8

173 Inflationsbedingt war dieselbe Summe allerdings weniger wert.

174 Angaben von NPD-Generalsekretär Ulrich Eigenfeld; neuere Zahlen waren nicht verfügbar.

175 Festsetzung der staatlichen Mittel für die Parteien 2004, Mitteilung des Deutschen Bundestages vom 9. Februar 2005

176 http://www.npd-goettingen.de/UeberUns/Fragen.htm

177 *Capital*, 5/1967, zit. nach Flechtheim, Bd. 8, S. 318

178 Frenz, S. 25 f. und S. 30

179 Es ist sehr wahrscheinlich, dass der Partei auf diesem Wege in der Zukunft weiteres Geld zufließt. In den kommenden Jahren werden hierzulande schätzungsweise 150 Milliarden Euro vererbt, das Vermögen der Wirtschaftswundergeneration, und es gibt etliche Alt-Nazis, die im Nachkriegsdeutschland zu Geld gekommen sind.

180 Lt. Drucksachen des Deutschen Bundestages

181 Lt. Wirtschaftsauskunftei Creditreform

182 Lt. Jahresbilanz 2000 der Deutsche Stimme GmbH, HRB Dresden 18901

183 Report München vom 8. November 2004; gleichlautend Hundseder, S. 152

222

184   HRB Dresden 18 901

185   Rundschreiben von Günter Deckert an die Leser der *Deutschen Stimme*, vermutlich vom Januar 1994

186   Jahresbericht 1998 des Landesamtes für Verfassungsschutz Nordrhein-Westfalen, S. 126

187   Apfel, S. 330

188   Zit. nach www.deutsche-stimme.de, eingesehen am 13. Juni 2005

189   *Blick nach Rechts* vom 2. Oktober 2003

190   Antifaschistisches Autorenkollektiv, S. 186

191   Berichte der Forschungsgruppe Wahlen Nr. 118, Mannheim 2004, S. 48 und S. 11

192   Brandenburger Landesamt für Verfassungsschutz, Jahresbericht 2002, S. 19

Dank

Ich möchte all meinen Gesprächspartnern innerhalb und außerhalb der NPD danken, den im Text genannten ebenso wie den ungenannten.

Besonders verpflichtet bin ich David Begrich vom Verein Miteinander in Magdeburg. Eine große Hilfe waren Ulli Jentsch und Kathrin Klever vom Antifaschistischen Pressearchiv und Bildungszentrum (apabiz) in Berlin. Tobias Dürr und Henning Flad gaben mir wichtige Denkanstöße. Jan Dörner half am Ende, als es mit der Zeit eng wurde. Ohne Christoph Links wäre dieses Buch womöglich nie entstanden, ohne die Agentur Graf & Graf und Barbara Wenner hätte ich es nicht in Ruhe schreiben können, ohne das Haus Kiepenheuer & Witsch und Lutz Dursthoff läge es jetzt nicht vor Ihnen. Das *Kursbuch* stimmte freundlicherweise dem Nachdruck der dort erstmals erschienenen Wurzen-Reportage zu. Und die *ZEIT* hat mir über Jahre ausgedehnte Recherchen über die NPD ermöglicht, die in dieses Buch einflossen.

Nicht zuletzt danke ich meiner Familie, meinen Freunden, Bine für Zuspruch und Nachsicht während der zurückliegenden Monate.

Toralf Staud   Berlin, im Juni 2005

Abkürzungen

ANS/NA	Aktionsfront Nationaler Sozialisten/Nationale Aktivisten
ANR	Aktion Neue Rechte
B&H	Blood&Honour
BHE	Block der Heimatvertriebenen und Entrechteten
DA	Deutsche Alternative
DP	Deutsche Partei
DRP	Deutsche Reichspartei
DVU	Deutsche Volksunion
FAP	Freiheitliche Arbeiterpartei
GdNF	Gesinnungsgemeinschaft der Neuen Front
JLO	Junge Landsmannschaft Ostpreußen
JN	Junge Nationaldemokraten
NA	Nationale Alternative
NF	Nationalistische Front (Deutschland)
	National Front (Großbritannien)
NHB	Nationaldemokratischer Hochschulbund
NJB	Nationaler Jugendblock
NO	Nationale Offensive
NPD	Nationaldemokratische Partei Deutschlands
NRAO	Nationalrevolutionäre Aufbauorganisation
NRB	Nationalrevolutionärer Bund
NR-KA	Nationalrevolutionärer Koordinationsausschuss
NSDAP-AO	Nationalsozialistische Deutsche Arbeiterpartei/Auslands- und Aufbauorganisation
PdA	Partei der Arbeit
SdV/NRAO	Sache des Volkes/Nationalrevolutionäre Aufbauorganisation
SRP	Sozialistische Reichspartei
SSS	Skinheads Sächsische Schweiz
SVB	Solidaristische Volksbewegung

Literaturverzeichnis

ANTIFASCHISTISCHES AUTORENKOLLEKTIV: *Drahtzieher im braunen Netz. Ein aktueller Überblick über den Neonazi-Untergrund in Deutschland und Österreich*. Hamburg 1996

APFEL, HOLGER (HRSG.): *Alles Große steht im Sturm. Tradition und Zukunft einer nationalen Partei*. Stuttgart 1999

ASSHEUER, THOMAS/SARKOWICZ, HANS: *Rechtsradikale in Deutschland. Die alte und die neue Rechte*. München 1992

BACKES, UWE/JESSE, ECKHARD: *Jahrbuch Extremismus und Demokratie IV*. Bonn. 1992

BACKES, UWE/MOREAU, PATRICK: *Die extreme Rechte in Deutschland*. München 1994

BARTSCH, GÜNTER: *Revolution von rechts? Ideologie und Organisation der Neuen Rechten*. Freiburg 1975

BENZ, WOLFGANG (HRSG.): *Rechtsradikalismus: Randerscheinung oder Renaissance? Frankfurt/Main 1980

BREUER, STEFAN: *Ordnungen der Ungleichheit – die deutsche Rechte im Widerstreit ihrer Ideen 1871–1945*. Darmstadt 2001

BUSCH, HEINZ: *Wetzlar, Aßlar, Ehringshausen. Drei Kommunen an der unteren Dill zwischen 1918 und 1934. Eine vergleichende Analyse der sozioökonomischen politischen Entwicklung*. Gießen 1990

CHAUSSY, ULRICH: *»Speerspitze der neuen Bewegung«. Wie Jugendliche zu Neonazis werden. Ein Bericht über die »Junge Front«*; in: Benz (1980), S. 184–209

DIETZSCH, MARTIN/SCHOBERT, ALFRED: *V-Leute bei der NPD. Geführte Führende oder führende Geführte? Sonderausgabe der Archivnotizen des Duisburger Instituts für Sprach- und Sozialforschung*. Duisburg 2002

DN-VERLAG (HRSG.): *NPD – Weg, Wille und Ziel*. Hannover 1967

DORNBUSCH, CHRISTIAN/RAABE, JAN (HRSG.): *RechtsRock. Bestandsaufnahme und Gegenstrategien*. Münster 2002

DS-Verlag (Hrsg.): *Taschenkalender des nationalen Widerstandes. Riesa 2005*

Dudek, Peter/Jaschke, Hans-Gerd: *Entstehung und Entwicklung des Rechtsextremismus in der Bundesrepublik. 2 Bde. Opladen 1984*

Eckhoff, Heinrich (V.i.S.d.P.): *1972–1994. 20 Jahre Neonazis in Hamburg. Broschüre hrsgg. von der antifaschistischen Gruppe »Druschba Narodnych«. Hamburg 1994*

Eichberg, Henning: *Manifest Neue Rationalität. In: Junge Kritik, 1/1971 (Beiheft des Deutschen Studenten-Anzeigers), S. 84–110*

Feit, Margret: *Die »Neue Rechte« in der Bundesrepublik. Frankfurt/Main 1987*

Flechtheim, Kurt O. (Hrsg.): *Dokumente zur parteipolitischen Entwicklung in Deutschland seit 1945. Bd. 6. Berlin 1968*

Flechtheim, Kurt O. (Hrsg.): *Dokumente zur parteipolitischen Entwicklung in Deutschland seit 1945. Bd. 8. Berlin 1970*

Frenz, Wolfgang: *Die Schlapphut-Affäre. Als V-Mann auf NPD-Führungsebene. Erfahrungen und Erlebnisse von 1959 bis heute. Solingen 2002*

Gertoberens, Klaus: *Die braune Gefahr in Sachsen. Edition Sächsische Zeitung. Dresden 2004*

Gössner, Rolf: *Geheime Informanten. V-Leute des Verfassungsschutzes: Kriminelle im Dienst des Staates. München 2003*

Gress, Franz/Jaschke, Hans-Gerd/Schönekäs, Klaus: *Neue Rechte und Rechtsextremismus in Europa. Opladen 1990*

Grumke, Thomas/Wagner, Bernd (Hrsg.): *Handbuch Rechtsradikalismus. Personen – Organisationen – Netzwerke vom Neonazismus bis in die Mitte der Gesellschaft. Opladen 2002*

Hafeneger, Benno: *Politik der extremen Rechten. Eine empirische Untersuchung am Beispiel der hessischen Kommunalparlamente. Schwalbach/Ts. 1995*

Hafeneger, Benno: *Sozialstruktur der extremen Rechten. Mandatsträger der Republikaner und der NPD am Beispiel der hessischen Kommunalparlamente. Schwalbach/Ts. 1997*

Heither, Dietrich: *Burschenschaften. Rechte Netzwerke auf Lebenszeit. In: Braun, Stephan/Hörsch, Daniel (Hrsg.): Rechte Netzwerke – eine Gefahr. Wiesbaden 2004. S. 133–145*

Hergt, Siegfried (Hrsg.): *Parteiprogramme. Grundsatzprogrammatik und aktuelle politische Ziele von SPD, CDU, CSU, FDP, DKP, NPD. Leverkusen 1977*

Hoffmann, Uwe: *Die NPD. Entwicklung, Ideologie und Struktur. Frankfurt/Main 1999*

Hundseder, Franziska: *Gelder für die braune Szene. In: Braun, Stephan/Hörsch, Daniel (Hrsg.): Rechte Netzwerke – eine Gefahr. Wiesbaden 2004. S. 147–156*

Kershaw, Ian: *Hitler. 1889–1936. Stuttgart 1998*

Konow, Gerhard: *Zur parlamentarischen Methode der NPD. In: Frankfurter Hefte 23/1968, S. 227–234*

Kühnl, Reinhard/Rilling, Rainer/Sager, Christine: *Die NPD.*

Struktur, Ideologie und Funktion einer neofaschistischen Partei.
Frankfurt/Main 1969

LOH, HANNES: *Patchwork der Widersprüche. Deutschrap zwischen Ghetto-Talk und rechter Vereinnahmung.* In: *Neumann-Braun, Klaus/Richard, Birgit: Coolhunters. Jugendkulturen zwischen Medien und Markt. Frankfurt/Main 2005. S. 111–126*

MAIER, HANS/BOTT, HERMANN: *Die NPD. Struktur und Ideologie einer »nationalen Rechtspartei«. München 1968*

MECKLENBURG, JENS (HRSG.): *Braune Gefahr. DVU, NPD, REP. Geschichte und Zukunft. Berlin 1999*

MEINRAD, MICHAEL: *Das Prinzip Nationalismus.* In: *Junge Kritik 3/1973, S. 7–16*

NIETHAMMER, LUTZ: *Angepasster Faschismus. Politische Praxis der NPD. Frankfurt/Main 1969*

NPD (HRSG.): *Grundgedanken zur Nationaldemokratischen Wirtschafts und Sozialordnung.* In: *Profil (Nationaldemokratische Schriftenreihe) 2/1974*

SCHLÜTER, DANIEL: *»He, wir trauern!« Der geschichtspolitische Fundamentalismus am Beispiel von Rudolf Heß.* In: *Antifaschistisches Infoblatt (67), Mai 2005, S. 47–49*

SCHMIDT, GISELHER: *Ideologie und Propaganda der NPD. Bonn 1968*

SCHMIDT, MICHAEL: *»Heute gehört uns die Straße ...« Der Inside-Report aus der Neonazi-Szene. Düsseldorf/Wien 1993.*

SCHMOLLINGER, HORST W.: *Die Nationaldemokratische Partei Deutschlands.* In: *Stöss, Richard (Hrsg.): Parteien-Handbuch. Die Parteien der Bundesrepublik Deutschland 1945–1980. Bd. 2. Opladen 1984, S. 1922–1994*

SCHWAB, JÜRGEN: *Volksstaat statt Weltherrschaft. Das Volk – Maß aller Dinge. Tübingen 2002*

SEARCHLIGHT U. A. (HRSG.): *White Noise. Rechts-Rock, Skinhead-Musik, Blood&Honour – Einblicke in die internationale Musik-Szene. Hamburg/Münster 2001*

SIEGLER, BERND: *Auferstanden aus Ruinen. Rechtsextremismus in der DDR. Berlin 1991*

SINGER, HARTWIG (= HENNING EICHBERG): *Nationalismus ist Fortschritt. Zu Gast in einem Arbeitslager französischer Studenten.* In: *Nation Europa 1/1967, S. 47–49*

SMOYDZIN, WERNER: *NPD. Geschichte und Umwelt einer Partei. Analyse und Kritik. Pfaffenhofen 1967*

STÖSS, RICHARD: *Rechtsextremismus im vereinten Deutschland. Bonn 1999*

TERKESSIDIS, MARK: *Die Normative Kraft des Ästhetischen. Zensur als Waffe des Staates.* In: *Annas, Max/Christoph, Ralph: Neue Soundtracks für den Volksempfänger. Nazirock, Jugendkultur und rechter Mainstream. Berlin/Amsterdam 1993. S. 121–135*

THIELEN: *Die NPD – eine politische Notwendigkeit.* In: *DN-Verlag, S. 17–22*

WAGNER, BERND: *Rechtsextremismus und kulturelle Subversion in den neuen Ländern. Bulletin des Zentrums Demokratische Kultur, Sonderausgabe. Berlin 1998*

WAGNER, PETER M.: *NPD-Hochburgen in Baden-Württemberg. Erklärungsfaktoren für die Wahlerfolge einer rechtsextremistischen Partei in ländlichen Regionen 1972–1994. Berlin 1997*

WEISS, MICHAEL: *Begleitmusik zu Mord und Totschlag. Rechtsrock in Deutschland. In: Searchlight 2001, S. 63–87*

WINTER, FRANZ FLORIAN: *Ich glaubte an die NPD. Mainz 1968*

ZOBEL, JAN: *Volk am Rand. NPD: Personen, Politik und Perspektiven der Antidemokraten. Berlin 2005*

Personenregister

Ralph Giordano
Wenn Hitler den Krieg
gewonnen hätte

Die Pläne der Nazis nach dem Endsieg
KiWi 587

In den Parteiämtern und Behörden des »Dritten Reichs«
arbeiteten intelligente und willfährige Köpfe an detaillierten Plänen für die Zeit nach dem Endsieg. Wie Deutschland, wie Westeuropa, wie die Welt nach dem gewonnenen Krieg aussehen würde, das war beschrieben in zahlreichen Denkschriften, Direktiven, Verordnungen, die nur
darauf warteten aus der Schublade gezogen zu werden –
was Giordano dann tat, nach der Niederlage.

Paperbacks bei Kiepenheuer & Witsch   KiWi PAPERBACK   www.kiwi-koeln.de

Ralph Giordano
Die zweite Schuld oder Von der Last Deutscher zu sein

KiWi 586

Die zweite Schuld hat die politische Kultur der Bundesrepublik bis auf den heutigen Tag wesentlich mitgeprägt. Ihr Kern ist die kalte Amnestie für jede Art von Naziverbrechern, darunter hohe Repräsentanten des NS-Vernichtungsapparats: Blutrichter und – Staatsanwälte, Militärs, Diplomaten, Wirtschaftsführer – die Funktionselite des »Dritten Reichs«, die bis 1958 nahezu lückenlos wieder in die Nachkriegsgesellschaft eingegliedert war. Ralph Giordano nennt das den »großen Frieden mit den Tätern«. Für ihn ein Fundament der bundesdeutschen Staatsexistenz. Das Hauptthema Giordanos sind die Folgen der moralischen Katastrophe, die eintrat, weil das Bekenntnis zur Kollektivschuld ausblieb.

Paperbacks bei Kiepenheuer & Witsch  www.kiwi-koeln.de

Hans-Peter Bartels
Victory-Kapitalismus

Wie eine Ideologie uns entmündigt
KiWi 872
Originalausgabe

Die Wirtschafts-Ideologen terrorisieren uns mit ihrem Gerede vom »Abstieg« Deutschlands. Hans-Peter Bartels, MdB, und einer der führenden Köpfe der neuen SPD, hält dagegen – mit einer überraschend modernen Kapitalismuskritik, argumentationsstark, zahlensicher und witzig.

»Ein klug argumentierendes, immer anschauliches, mutiges und engagiertes, erfrischend witziges Buch, das den neoliberalen Zeitgeist als lebensferne Ideologie entlarvt.«
Süddeutsche Zeitung

»Bartels liefert weit mehr als eine Abrechnung mit Ackermann & Co., nämlich eine überraschend moderne sozialdemokratische Programmatik.« *taz*

Paperbacks bei Kiepenheuer & Witsch  www.kiwi-koeln.de

Hans Weiss / Ernst Schmiederer
Asoziale Marktwirtschaft

Insider aus Politik und Wirtschaft enthüllen, wie
die Konzerne den Staat ausplündern
KiWi 914

Die hoch bezahlten Berater nennen es »Steueropti-
mierung«: internationale Großkonzerne wie Telekom,
Porsche, E.ON. oder Siemens zahlen trotz immenser
Gewinne kaum noch Steuern – und bereichern sich
zusätzlich an Milliardensubventionen des Staates.
Während die Multis mit üppigen Zuschüssen bedient
werden, wird die gesellschaftliche Infrastruktur –
Schulen, Universitäten, Krankenhäuser, Polizei, Straßen
usw. – im Wesentlichen von Lohnabhängigen und vom
Mittelstand finanziert. In diesem Buch kommen hochran-
gige Insider zu Wort, die ungeschminkt erzählen, wie
die Welt hinter den dick gepolsterten Türen aussieht.

»Ein politisches Buch. Akribisch recherchiert. Flott geschrieben.« *Falter, Wien*

»Die Autoren berichten Details über Steuergeschenke
und Subventionen für Konzerne, über die Macht der
Lobbyisten und die Willfährigkeit der Politiker.«
Süddeutsche Zeitung

Paperbacks bei Kiepenheuer & Witsch  www.kiwi-koeln.de

Rolf Hosfeld
Operation Nemesis

Die Türkei, Deutschland und
der Völkermord an den Armeniern
Gebunden

Der Völkermord an 1,4 Millionen Armeniern jährt sich
2005 zum 90. Mal. Die Türkei weigert sich bis heute, die
Schuld an diesem Menschheitsverbrechen anzuerkennen.
Rolf Hosfeld erzählt die Geschichte einer Rache – und
dieses frühen Genozids im 20. Jahrhunderts.

»Ausgezeichnetes Buch« *FAZ*

»Umfassend, detailreich und scharfsichtig.« *Literaturen*

»Eine Fülle an Fakten, an denen sich weitere Äußerungen
zum Thema mit Sicherheit zu messen haben.«
Frankfurter Rundschau

»Ein ebenso notwendiges wie aufwühlendes Geschichts-
werk – das Panorama eines Schreckens, der bis dahin
nicht seinesgleichen hatte, aber im Gegensatz zum
Holocaust bis heute nicht in das Weltbewusstsein einge-
drungen ist.« *Ralph Giordano*

Kiepenheuer
&Witsch
www.kiwi-koeln.de

Necla Kelek
Die fremde Braut

Ein Bericht aus dem Inneren
des türkischen Lebens in Deutschland
Gebunden

Tausende junger türkischer Frauen werden durch arrangierte Ehen nach Deutschland gebracht. Demokratische Grundrechte gelten für sie nicht, und niemand interessiert sich für ihr Schicksal. Necla Kelek deckt die Ursachen dieses Skandals auf. Sie ist in die Moscheen gegangen und hat mit den »Importbräuten« gesprochen, sie forscht den Traditionen nach und zeigt, wie sich die Parallelgesellschaft verfestigt, an der die Integration immer wieder scheitert. Dieses sehr persönliche Buch ist ein Schlüssel zum Verständnis der türkisch-islamischen Kultur und räumt mit Multi-Kulti-Illusionen auf.

»Das Buch sollte zur Pflichtlektüre in den Schulen gehören.« *taz*

»Kelek leistet mit ihrem Buch einen wichtigen Beitrag, die Integrationsdebatte noch intensiver zu führen als bisher.«
Otto Schily im Spiegel

»Ein mitfühlendes, mutiges, Augen öffnendes Buch.«
Alice Schwarzer

Kiepenheuer & Witsch   www.kiwi-koeln.de

Joe J. Heydecker/Johannes Leeb
Der Nürnberger Prozeß

Mit einem Vorwort von
Eugen Kogon und Robert M. W. Kempner
KiWi 761

Am 20. November 1945 begann in Nürnberg der vielleicht denkwürdigste Prozess der deutschen Geschichte. In 218 Tagen wurden 240 Zeugen gehört und 16.000 Protokoll-Seiten gefüllt. Am Ende dieser großen Abrechnung mit dem Nationalsozialismus stand die Verkündung von 12 Todesurteilen. Angeklagt war auch ein verbrecherisches System, das international anerkannte Rechtsnormen als Grenze der Machtausübung gänzlich leugnete. Damit gilt Nürnberg auch als Meilenstein auf dem schwierigen Weg zu einem internationalen Strafrecht, das Völkermord und Verbrechen gegen die Menschlichkeit zu ahnden erlaubt.

Das 1958 erstmalig veröffentlichte Standardwerk wurde in zahlreiche Sprachen übersetzt und zum 50-jährigen Jahrestag des Nürnberger Prozesses vollständig überarbeitet und aktualisiert.

Paperbacks bei Kiepenheuer & Witsch  www.kiwi-koeln.de

KiWi
PAPERBACK